ALLÔ AFFAIRES

Handelsfranzösisch
lesen – hören – schreiben – sprechen

1. Auflage

Verfasser
Renate Wolf
Marie-Rose Deschamps

Olto Becker
Buxtehude, 23. Juli 2003

Wir danken / Nous remercions

Michelle Schönfeldt, Hamburg
Françoise Donche, Givenchy / Paris
Martine Lamandé, Air France / Paris

und den Firmen / et les compagnies

Lucia AG, Lüneburg
Montblanc, Hamburg
Still GmbH, Hamburg
Mapa GmbH, Zeven
Görtz, Hamburg
Cambour, Paris
Braxenthaler, Saulxures les Nancy

für ihre freundliche Unterstützung / de leur aimable assistance.

Die Deutsche Bibliothek - CIP-Einheitsaufnahme

Allô affaires [Medienkombination] : Handelsfranzösisch lesen - hören - schreiben - sprechen
Wolf/Deschamps. - Hamburg : Feldhaus
    ISBN 3-88264-270-X

ISBN 3 88264 **270** X

Satz: FELDHAUS VERLAG, Hamburg
Umschlaggestaltung und Illustrationen: Albert Morell, Joachim Reinhardt
Druck und Verarbeitung: WERTDRUCK, Hamburg
Gedruckt auf chlorfrei gebleichtem Papier

Table des matières et contenus / Inhaltsverzeichnis

Allô affaires – Handelsfranzösisch © FELDHAUS VERLAG, Hamburg

Des symboles différents se trouvent dans les en-têtes des pages. Ils se reportent au »sujet« de la page en question et ont la signification suivante:

In den Kopfzeilen der Seiten werden verschiedene Symbole verwendet. Sie beziehen sich auf das „Thema" der entsprechenden Seite und haben folgende Bedeutung:

Ecrire: rédiger et traduire

Schreiben: Redigieren und übersetzen

Exercices de vocabulaire et de grammaire

Übungen zu Wortschatz und Grammatik

Lire et comprendre

Lesen und verstehen

Ecouter et parler

Hören und sprechen

Textes complémentaires

Landeskundliche Texte

Le symbole suivant signale qu'il s'agit d'un texte pouvant être écouté sur le CD joint à ce livre.

Bei im Buch abgedruckten Texten, die auf der beiliegenden CD gehört werden können, weist das folgende Symbol darauf hin:

= ce texte est le numéro 4 sur le disque compact

= dieser Text ist die Nr. 4 auf der CD

Allô affaires – Handelsfranzösisch © FELDHAUS VERLAG, Hamburg

Glossaire allemand-français

(Akten)vernichter, der	le destructeur
Ablage, die	le classement
Ablagekorb, der	la corbeille à courrier
Akte, die	le dossier
Anrufbeantworter, der	le répondeur
Bibliothek, die	la bibliothèque
Bleistift, der	le crayon
Block, der	le bloc
Bücherregal, das	le rayonnage bibliothèque
Buchführung, die	la compatabilité
Buchhalter/in, der/die	le/la comptable
Büroklammer, die	le trombone
Computer, der	l'ordinateur (m)
Direktor/in, der/die	le directeur, la directrice
Faxgerät, das	le télécopieur
Fensterumschlag, der	l'enveloppe avec fenêtre
Filzstift, der	le stylo feutre
Firmensitz, der	le siège
Fotokopiergerät, das	le photocopieur
Heft, das	le carnet
Hefter/Heftmaschine, der/die	l'agrafeuse (f)
Heftklammer, die	l'agrafe (f)
Kartei(kasten), die (der)	le fichier
kaufm. Angestellte/r, der/die	l'agent commercial
Klebstoff, der	la colle
Klebstreifen, der	le ruban adhésif
Kugelschreiber, der	le stylo à bille
Lampe, die	la lampe
Locher, der	le perforateur/la perforeuse
Mousepad, das	le tapis souris
Ordner, der	le classeur
Ordnungsmappe, die	la chemise
Papierkorb, der	la corbeille à papier
Pinnwand, die	le panneau d'affichage
Rechenmaschine, die	la calculatrice
Reißzwecke, die	la punaise
Rollcontainer (m. Schubladen), der	le coffre mobile à tiroirs
Schere, die	les ciseaux (m)
Schreibmaschine, die	la machine à écrire
Schublade, die	le tiroir
Sekretär/in, der/die	le/la secrétaire
Sekretariat, das	le secrétariat
Sessel, der	le fauteuil
Sitz, Stuhl, der	le siège
Tastaturablage, die	le support clavier
Telefon, das	le téléphone
Telefonbuch, das	le bottin
Telefonist/in, der/die	le/la standardiste
Terminkalender, der	l'agenda (m)
Textmarker, der	le marqueur
Umschlag, der	l'enveloppe (f)

Allô affaires – Handelsfranzösisch © FELDHAUS VERLAG, Hamburg

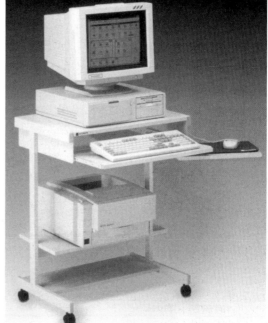

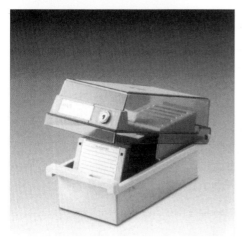

Glossaire allemand-français de l'informatique

angeschlossen sein	ètre branché sur
Anwendungen, die	les applications (f)
Anwender, der	l'utilisateur (m)
Arbeitsspeicher, der	la RAM / la mémoire vive
ausschneiden	couper
Befehl, der	la fonction, la commande
Benutzerdauer, die	le temps de consultation
bestätigen	valider
Betriebssystem, das	le système d'exploitation
Bildschirm, der	l'écran (m)
Bildschirmschoner, der	l'économiseur d'écran (m)
Browser, der	le navigateur
Bürotechnik, die	la bureautique
CD-ROM, die	un CD-ROM / un cédérom
CD-ROM-Laufwerk, das	le lecteur de CD-ROM
Computer, der	l'ordinateur (m)
Datei, die	le fichier
Daten, die	les données (f)
Datenverarbeitung, die	le traitement des données
Diskette, die	la disquette
Dokument, das	le document
doppelklicken	double-cliquer
Drucker, der	l'imprimante (f)
E-mail, die	le mél / le message / le courrier électronique
einfügen	insérer, coller
Explorer, der	l'explorateur
Fenster, das	la fenêtre
Festplatte, die	le disque dur
Gigabyte, das (GB)	le gigaoctet (GO)
Homepage, die	la page d'accueil
Information eingeben	entrer des informations
Internet-Nutzer, der	l'internaute (m/f), le / la cybernaute
Kilobyte, das (KB)	le kilo-octet (KO)
klicken	cliquer
Laufwerk, das	le lecteur
löschen	effacer
Mailbox, die	la boîte aux lettres électronique
markieren	sélectionner
Maus, die	la souris
Megabyte, das (MB)	un mégaoctet (MO)
Modem, das	le modem
Microchip, der	la carte à puce
Netz, das	le réseau, la toile
Ordner, der	le dossier
Software, die	le logiciel
speichern	enregistrer / stocker / mémoriser
surfen	naviguer
Tastatur, die	le clavier
Taste, die	la touche
Textverarbeitung	le traitement de texte
Terminkalender, der	l'agenda (m)
Ton, der	le son
verbundene Computernetze	des réseaux interconnectés (m)
vergrößern	agrandir
verkleinern	rétrécir
Web-Seite, die	le site
Zugangscode, der	le code d'accès

Allô affaires – Handelsfranzösisch © FELDHAUS VERLAG, Hamburg

l'expéditeur

le destinataire
SA = société Anonyme
L'adresse
le code postal
la ville

BRAXENTHALER SA
ZAC de la Solere
54420 SAULXURES-LES-NANCY

les références du destinataire

Nos réf. PB/MV/
Affaire suivie par Stéphanie ROUER

NANCY, le octobre 1996

la date

A l'attention de Madame BRAXENTHALER

titre de civilité

Madame,

Nous sommes très honorés de l'intérêt que vous nous accordez et vous prions de trouver, en annexe, tous les éléments qui constituent pour vouss une aide à la décision:

- Présentation de la société EST MULTICOPIE
- Caractéritiques techniques,
- Tarification adaptée à votre production,
- Délai d'installation et de mise en route.

EST MULTICOPIE, KONICA BUREAUTIQUE associent leurs efforts pour assurer un service de qualité sur les produits et la maintenance des matériels mis à votre disposition.

Nous sommes persuadés que notre offre retiendra votre attention, et, restant dévoués à vos ordres,

Nous vous prions d'agréer, Madame, l'expression de nos respecteuses salutations.

la formule de pditesse

Philippe BOUSSEMART   la signature

Chef des Ventes

le titre du signataire

les succursales

METZ	Tél. 03 87 20 36 20 · Fax 03 87 75 18 88 · 12, Boulevard Dominique François Arago · Technopôle 2000 · 57070 Metz	
NANCY	Tél. 03 83 93 28 88 · Fax 03 83 93 28 89 · Valparc de Gentilly · Rue Raymond Pinchard · Bâtiment A · 54000 Nancy	
BAR-LE-DUC	Tél. 03 29 45 27 27 · Fax 03 29 76 17 47 · BLC Concept · 3, Parc Bradfer · 55000 Bar-le-Duc	
ÉPINAL	Tél. 03 29 82 41 11 · Fax 03 29 82 41 16 · 7, rue de la Loge Blanche · 88000 Epinal	

SIRET B 326 714 805 00057 · S.A. AU CAPITAL DE 253 750 F · BPL METZ 00121477863

Le contrat de vente dans l'exportation

L'importateur **L'exportateur**

Annonce,
Publicité,
Offre spontanée

1. Demande des renseignements techniques et commerciaux, fait une demande d'offre

2. Soumet une offre comportant tous les détails techniques et commerciaux

3. Examine, compare l'offre avec d'autres

4. Passe une commande

5. Confirme la commande

6. Exécute la commande

7. Envoie un avis d'expédition, un bordereau d'envoi et une facture

8. Reçoit et accepte la marchandise

9. Règle la facture

Ou, en cas de non-conformité, …

10. N'accepte pas la marchandise

11. Formule une réclamation

12. Accepte la réclamation et règle l'affaire, remplace la marchandise

13. Refuse la réclamation

Une annonce

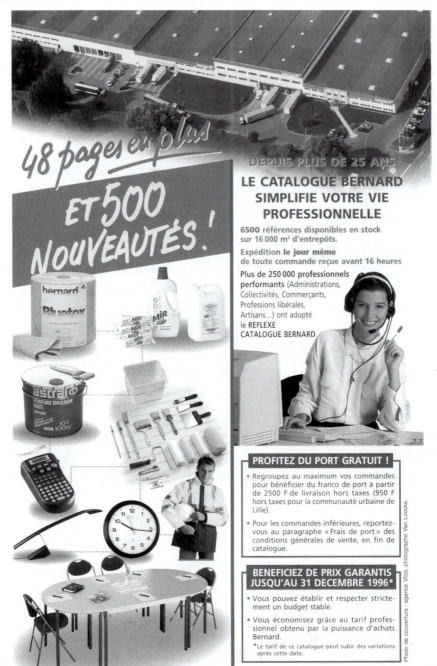

La Maison du Jouet

42, rue Grolée · 69002 LYON

Questions:

1. Qui a donné l'adresse du fabricant à l'entreprise française?

2. Pourquoi la Maison du Jouet s'adresse-t-elle à un fabricant allemand?

3. L'entreprise française sera-t-elle un partenaire intéressant pour le fabricant?

Natura GmbH
Spielzeugfabriken
Herderstraße 30
86165 Augsburg
Allemagne

Notre Réf.	Votre Réf.	Votre lettre du	Lyon,
gj/yb			le 28 juillet ....

Objet
Jouets éducatifs en bois

Madame,
Monsieur,

Nous devons votre adresse au Consulat d'Allemagne qui nous a informés que vous êtes fabricant de jouets et jeux éducatifs en bois. Nous sommes une maison de grande tradition, implantée dans la ville de Lyon depuis 180 ans et nous avons de très bons contacts avec les crèches et jardins d'enfants qui comptent parmi nos clients depuis de longues années.

Nous aimerions importer des produits allemands car ils jouissent d'une bonne réputation en ce qui concerne la qualité et la finition. Nous vous prions donc de nous envoyer le plus rapidement possible votre catalogue et votre dernière liste de prix.

Nous vous remercions à l'avance de votre prompte réponse et vous adressons, Madame, Monsieur, nos salutations distinguées.

Gerard Joyeux

Gérard Joyeux

Gérant

Siret 571223987   Insee 543.069.0.001   Capital 250.000 F   Joyeux   S.A.R.L., Lyon

auch möglich:
vous vous remercions d'avance

Galeries Janvier

8, rue Lafayette · 75008 Paris

Questions:

1. **Est-ce le premier contact entre les deux firmes?**
2. **Pensez-vous que le fabricant enverra des échantillons?**
   Expliquez votre raisonnement!
3. **Ce client est-il intéressant pour le fabricant allemand?**

Hoffmann AG
Gerätebau
A l'attention de Monsieur Hausmann
Postfach 44245
01324 Dresden
Allemagne

Votre Réf.	Votre lettre du	Notre Réf.	Paris,
		J/rz	le 10 janvier .....

Objet
Moulins à café "Herta" et "Jana"

Mesdames,
Messieurs,

Nous nous référons à notre entretien téléphonique de ce jour et vous demandons de nous faire parvenir les échantillons des modèles "Herta", Réf. n° 25, et "Jana", Réf. n° 26 - que nous a présentés votre représentant, Monsieur Julien Kaiser, lors de sa visite.

Pour obtenir régulièrement nos commandes, une excellente présentation des produits est indispensable, car nous avons une clientèle très exigeante.

Veuillez nous indiquer vos meilleurs prix pour la livraison de

> 800 unités du modèle "Herta", Réf. 25
> 500 unités du modèle "Jana", Réf. 26
> FOB Transitaire Dresde

Si vos conditions nous conviennent, nous serons en mesure de vous passer des commandes de 500 unités par mois.

Nous espérons qu'il vous sera possible de nous soumettre une offre rapidement.

Veuillez agréer, Mesdames, Messieurs, nos salutations distinguées.

Guillaume Janvier
PDG

Schlumberger GmbH
Heimwerker & Gartenbedarf
Großhandel - Vertrieb
Hoppestraße 2 · 30625 Hannover

Exercice:

1. Soulignez les parties de la lettre qui vous semblent importantes et justifiez votre choix.

2. Imaginez un entretien téléphonique d'après les données de cette lettre.

GAPA S.A.
59/61, rue Marius Aufan

F-92305 Levallois-Perret

Unser Zeichen	Ihr Zeichen	Ihr Schreiben vom	Hannover,
Notre réf.	Votre réf.	Votre lettre du	
KR/BL	-	-	le 18 mars ....

Betrifft/Objet
Gants "Lessiveur"

Mesdames, Messieurs,

Comme vous le proposez dans votre annonce parue dans "Le Jardinage" du mois de février, nous vous prions de nous adresser votre catalogue ainsi que vos fiches techniques et tarifs concernant vos gants "Lessiveur". Nous désirons compléter notre gamme de produits et serions acheteurs réguliers de vos produits si la qualité de vos gants nous satisfait et si vos prix sont compétitifs.

Nous sommes distributeurs d'articles de jardinage et bricolage vendus surtout dans les supermarchés et stations service de toute l'Allemagne. Nous disposons en outre de succursales dans plusieurs grandes villes. Nous pourrons donc vous garantir un chiffre d'affaires considérable si vos conditions de vente sont avantageuses.

En outre, nous vous prions de nous soumettre votre offre détaillée pour l'achat de 10.000 paires du gant dont nous venons de vous envoyer un échantillon. A notre avis, il s'agit d'un produit de votre fabrication. Sinon, veuillez nous informer si vous êtes en mesure de nous fournir un article analogue.

Si vous désirez des informations complémentaires, n'hésitez pas à contacter notre service "Achats". Madame Duchamps, ligne directe 87120123, vous renseignera avec plaisir.

Nous espérons qu'il vous sera possible de nous soumettre une offre intéressante et vous prions d'agréer, Mesdames, Messieurs, nos salutations distinguées.

Abteilungsleiter Einkauf

Un prospectus

MAISON	Codes	Descriptif	Plus-Produit	Tailles
Satiné NOUVEAU	10421	Gants latex naturel satiné Intérieur flocké coton	Extra souple STOP GOUTTES Système STOP GOUTTES	6-6½ 7-7½ 8-8½
Interchangeables	28321 28521	Gants latex naturel Intérieur flocké coton	Ambidextres vendus par 3 Ambidextres vendus par 5	6-6½ 7-7½ 8-8½
Extra Longue Manchette	21521	Gants latex naturel résistant Intérieur flocké coton	Extra Longue Manchette Protection de l'avant bras Bicolore Bleu/Vert	6-6½ 7-7½ 8-8½
Super Résistant	28121	Gants latex naturel et de synthèse Intérieur flocké coton	Protège des produits agressifs	6-6½ 7-7½ 8-8½
Gros travaux	30121	Gants latex naturel Intérieur doublé 100%coton	Triple épaisseur Excellente isolation chaud-froid	5-5½ 6-6½ 7-7½ 8-8½

MAISON	Codes	Descriptif	Plus-Produit	Tailles
Super Contact	29221	Gants latex de synthèse Intérieur flocké coton	Extra souple et résistant pour un toucher plus fin SPÉCIAL PEAUX SENSIBLES	6-6½ 7-7½ 8-8½
Douceur Velours NOUVEAU	30224	Gants latex naturel doublés 100% coton	NOUVELLE FORME ANATOMIQUE, pour un confort et une souplesse inégalés CORDON D'ACCROCHAGE	6-6½ 7-7½ 8-8½
Satiné x 10 NOUVEAU	91560	Gants fins en latex naturel x 10	Extra souple pour un excellent confort et une meilleure sensibilité tactile Boîte distributrice	6-6½ 7-7½ 8-8½
Vinyle x 10	93160	Gants fins vinyle x 10	Résistant aux produits domestiques les plus agressifs Boîte distributrice	6-6½ 7-7½ 8-8½
MAP'S x 20 NOUVEAU	92920	Gants jetables en polyéthylène x 20	Gants multi-usages décorés Longue manchette Faciles à mettre et à enlever Boîte distributrice	6-7 8-9

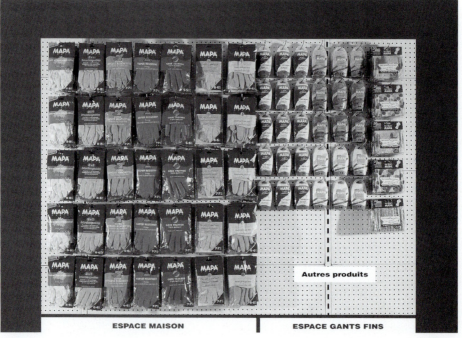

ESPACE MAISON   ESPACE GANTS FINS

SINGER KAUFHÄUSER
Hamburg-Berlin-Köln-Düsseldorf-München

Mouligarde S.A.R.L.
28, Rue du Président Kennedy

F-68200 Mulhouse

Unser Zeichen	Ihr Zeichen	Ihr Schreiben vom	Köln,
Notre Réf.	Votre Réf.	Votre lettre du	
pb/rw	-	-	le 15 septembre ...

Objet
Présentation spéciale d'articles électroménagers

Madame,
Monsieur,

A l'occasion de la Fête de Noël nous avons l'intention d'organiser une présentation d'articles français dans toutes nos filiales. En effet, nous sommes particulièrement intéressés par vos ustensiles de cuisine. Seriez-vous en mesure de nous proposer un choix de vos articles qui se vendent actuellement le mieux et qui pourraient intéresser notre clientèle allemande? Votre offre devrait porter sur des appareils ou ustensiles de petite taille et bon marché - genre petit cadeau - car ils se vendent plus facilement dans nos rayons et surtout avant Noël.

Nous pourrons retenir votre offre uniquement si elle nous parvient avant le 30 septembre car nous aimerions décorer nos vitrines à partir du mois de novembre et nos préparatifs sont déjà en cours.

En outre, nous aimerions informer notre clientèle sur la provenance des articles. A cet effet, nous aurions besoin de prospectus ou brochures - si possible en allemand - et d'affiches sur les différentes régions ou villes françaises concernées par vos produits. Au cas où vous ne seriez pas à même de nous envoyer cette documentation, nous vous prions de nous indiquer où nous pourrions nous la procurer.

Nous espérons que votre offre nous convaincra et qu'elle sera le début d'une fructueuse collaboration.

Recevez, Madame, Monsieur, nos salutations les plus distinguées.

SINGER KAUFHÄUSER
Einkaufsabteilung

Peter Banzhaf
Peter Banzhaf

Hauptsitz:
Balduinstrasse 20-24, 50676 Köln
Tel. 0221/330 31 13 - 15
Fax. 0221/330 31 20

Les Boutiques du Canada

Questions:

1. Qu'est-ce qui a incité les Boutiques du Canada à s'adresser à Monteverde?
2. Quelle gamme de produits est vendue par les Boutiques du Canada?
3. Les Boutiques du Canada seraient-elles des partenaires intéressants pour Monteverde?
4. Pourquoi vendent-elles leurs articles surtout dans les aéroports et les galeries marchandes?
5. Comment le fournisseur peut-il obtenir des renseignements supplémentaires?
6. Qui est Monsieur Kellermann et quelle est sa fonction?

Distributeurs
d'articles
de luxe

QUEBEC / Canada

Monteverde
Präzisionsschreibgeräte
Mittelweg 45
20148 Hamburg
Allemagne

sc/mrw

Québec, le 30 mai ...

Objet
Distribution de votre griffe au Canada

Mesdames,
Messieurs,

Nous venons d'étudier le dernier numéro de la revue "En Vogue" dans laquelle vous présentez plusieurs modèles récemment sortis. Le modèle qui a particulièrement attiré notre attention est "Salvador DALI" mais nous vous prions de nous envoyer une documentation complète de toute la gamme des produits qui sortent de votre maison.

Nous faisons partie d'un groupe de distributeurs d'articles de luxe réparti sur l'ensemble du pays. Nos boutiques se trouvent dans les grands aéroports de Vancouver, Montréal, Toronto etc. et dans les galeries commerçantes de haut niveau des plus grandes villes du Canada. Nous visons un public à fort pouvoir d'achat et serions en mesure de vous garantir un chiffre d'affaires assez important pour justifier une exclusivité de distribution.

Outre vos conditions générales de vente veuillez nous préciser vos conditions de représentation. En général, nous avons des contrats de transport avec Air Canada. Veuillez en tenir compte dans vos indications de prix.

Pour tout renseignement complémentaire nous vous prions de vous adresser à notre bureau d'achats à Francfort, Monsieur Kellermann, tél. 069/234 00 02.

Veuillez croire, Mesdames, Messieurs, à l'assurance de notre parfaite considération.

Galeries Précieuses

S. Connery

Jean Connery
Directeur Achats

G & F
Gestion et Financement
40, Bd. Richard-Lenoir · 75011 Paris

Question:

Quelle différence y a-t-il entre une demande d'offres et un appel d'offres?

BRAXENTALER
Ave du Château
54420 Saulxures

Paris, le 30 mai ....

Objet: Appel d'Offres - Institut Geneviève

Mesdames,
Messieurs,

Nous avons l'avantage de vous informer que G & F se propose de construire une Ecole Primaire située au 20, rue Légendre, Paris.

A cet effet, nous vous adressons ci - joint un dossier contenant tous les détails de notre appel d'offres. Veuillez nous le remettre avant le 30 juin au plus tard.

Nous vous souhaitons bonne réception de la présente et vous prions d'agréer, Mesdames, Messieurs, l'expression de nos sentiments distingués.

Claude Echéance
Claude Echéance
Directeur Département Immobilier

Annexe

Exercices de lecture

Elargissez votre champ visuel!

fabricant
un fabricant qui
cherchons un fabricant qui
nous cherchons un fabricant qui
nous cherchons un fabricant qui produit

meilleur
meilleur prix
votre meilleur prix
indiquer votre meilleur prix
indiquer votre meilleur prix par fax
nous indiquer votre meilleur prix par fax
Veuillez nous indiquer votre meilleur prix par fax

finition
excellente finition
excellente finition des produits
une excellente finition des produits
une excellente finition des produits est indispensable
car une excellente finition des produits est indispensable

soumettre
nous soumettre
de nous soumettre
de nous soumettre une offre
prions de nous soumettre une offre
vous prions de nous soumettre une offre favorable
nous vous prions de nous soumettre une offre favorable

importer
importer des produits
aimerions importer des produits
aimerions importer des produits finis
nous aimerions importer des produits finis français
parce que nous aimerions importer des produits finis français

possible
sera possible
il vous sera possible de
il vous sera possible de nous soumettre
qu'il vous sera possible de nous soumettre une offre
qu'il vous sera possible de nous soumettre une offre intéressante

Soulignez le mot témoin chaque fois qu'il se trouve dans la liste qui le suit.

FABRICANT   FRACTION FRAGILE FABRICANT FABRIQUER FRACTIONNER FRACTURER FRACASSER FABRICATRICE FABRIQUE FABLIER FRAGILE FABRICANT FABRIQUEZ FABRICANT FABRIQUES FRACTURE

CLIENT   CLIENTELE CLIGNEMENT CLIMAT CLICHER CLIENT CLINICIEN CLIENT CLINQUANT CLIQUE CLIENTELE CLIENTE CLOUER CLOPINER CLINIQUE CLINICIEN CINEMA CLIENT CLIMAT CLIGNOTER

FINITION   FINISSEZ FINANCER FINALE FINISSONS FINITION FIANCE FINESSE FINISSAGE FINANCE FINITION FINISH FINISSANT FINANCIER FINI FINITION FINISSONS FINANCER FIANCE

EXIGEANT   EXIGENCE EXISTER EXISTENCE EXIGEANT GEANT EXISTANT EXISTENTIALISTE EXIT EXOTIQUE EXOTISME EXPANSION EXIGEZ EXIGEONS EXIGEANT EXIGEANTES EXISTER EXIGENCES EXISTENTIEL EXISTENT EXIGER

SOUMETTRE   SOUHAITER SOUMISSION SOULIER SOUMETTRE SOULIGNER SOUPAPE SOUPÇON SOUMIS SOUMETTRE SOUFFLE SOUDER SOUMETTONS SOULIGNEZ SOUMETTRAI SOUPÇONNEZ SOURIRE

CONVENIR   CONVERSION CONVICTION CONVENIR CONVAINCRE CONVENU CONVENIR COUVENT CONVENTION CONVENANCE CONVENABLE CONVENIR CONVECTION CONVERSATION CONVENU CONVIENNENT CONVENIR

CONVAINCRE   CONVAINCU CONVAINCANT CONVAINCRE CONVENU CONVIENT CONVERTI CONVIER CONVIENT CONVAINC VAINCRE CONVAINCU CONVAINQUENT CONVAINCRE CONVERSION

Soupe aux lettres (1) Trouvez au moins 15 mots!

N	Q	I	R	M	R	T	O	U	T	E	S	T
S	U	C	C	U	R	S	A	L	E	O	R	A	N
F	A	B	R	I	C	A	N	T	S	T	A	D	P
C	L	I	E	N	T	P	T	O	U	P	O	U	R
S	I	N	T	E	R	E	S	S	E	R	M	C	E
E	T	N	O	P	Q	N	W	V	Z	O	X	C	B
E	E	C	U	D	M	V	N	M	O	D	E	L	E
N	G	U	R	A	Y	O	N	E	G	U	N	I	X
T	P	R	M	N	I	Y	R	N	T	I	M	E	I
R	E	P	O	N	S	E	M	T	V	T	D	N	G
E	R	O	N	E	P	R	S	I	A	C	B	T	E
T	O	R	U	E	Y	T	A	O	F	F	R	E	A
I	N	T	E	N	S	I	O	N	G	A	L	L	N
E	M	E	L	P	G	A	N	N	O	N	C	E	T
N	R	P	R	O	P	O	S	E	R	R	E	D	A
A	S	O	U	M	E	T	T	R	E	B	T	O	N

Soupe aux lettres (2) Trouvez au moins 30 mots!

R	N	E	N	T	R	E	T	I	E	N	T	O	U	S	L
O	E	X	M	E	F	F	E	T	Y	O	F	F	R	E	Z
I	C	I	Z	U	A	G	R	E	E	R	T	R	U	R	M
L	G	G	B	Z	B	O	N	G	L	D	M	L	E	S	O
T	O	E	R	P	R	O	D	U	I	T	W	V	I	R	W
S	D	A	N	S	I	M	I	N	T	E	N	T	I	O	N
C	O	N	T	A	C	T	Z	O	U	M	O	D	E	L	E
L	N	T	O	C	A	T	A	L	O	G	U	E	R	T	Z
I	T	O	T	O	N	N	E	I	A	G	A	M	M	E	R
E	A	E	R	O	T	A	R	I	F	M	R	A	U	N	U
N	U	L	B	O	N	N	E	N	R	S	O	N	Z	V	U
T	O	U	R	N	G	J	P	R	I	X	J	D	U	O	G
E	L	L	E	M	O	U	U	S	I	N	E	E	Z	Y	R
L	O	R	F	I	N	I	T	I	O	N	M	S	T	E	Z
E	U	G	C	O	N	N	A	I	N	C	R	E	M	R	G
R	S	O	U	M	E	T	T	R	E	M	O	U	S	S	E
T	A	U	X	R	C	L	I	E	N	T	M	C	G	M	Z
U	N	E	I	R	G	C	O	M	P	E	T	I	T	I	F
L	S	I	M	P	L	A	N	T	E	R	Z	E	U	L	W

Allô affaires – Handelsfranzösisch © FELDHAUS VERLAG, Hamburg

L'essentiel d'une demande d'offre – comment l'exprimer

1. Entrer en contact

Nous devons votre adresse à   Monsieur/Madame X de la Société

au   Consulat de France

à la Chambre de Commerce

Votre maison nous a été recommandée par ....

qui nous a informés que vous êtes fabricant de ....

.... distributeur de

.... importateur/exportateur de ....

Nous avons lu votre annonce parue dans .... et nous avons appris que vous fabriquez ....

(distribuez, exportez, importez) .... des ....

Comme vous le proposez dans votre annonce ....

Nous nous référons à l'entretien téléphonique ....

Suite à l'entretien avec votre représentant ....

Nous avons visité votre stand à la Foire de ....

2. Présenter son entreprise

Nous sommes distributeurs/exportateurs/importateurs/fabricants de ....

.... avec plusieurs succursales/magasins/boutiques à / en ....

Nous sommes une maison de grande tradition ....

.... implantés en /à .... depuis .... ans.

Nous avons de très bons contacts avec ....

.... des relations très étendues avec ....   *weitreichende*

3. Motivation

Nous aimerions importer

Nous avons l'intention d'introduire ....

Nous serions acheteurs réguliers de ....

Nous désirons compléter notre gamme de produits par ....   *Produktpalette*

Nous aimerions comparer vos articles avec ceux de la concurrence.

Pour faire face aux nombreuses/multiples demandes de .... nous aimerions ....   *lagern einlagern lagern faire Lager*

4. Concrétiser sa demande

Nous vous prions de bien vouloir ....

Nous vous serions très obligés si vous nous faisiez parvenir ....

Nous vous serions obligés de nous faire parvenir ....

Nous vous serions reconnaissants de nous envoyer ....

Pourriez-vous

.... nous faire parvenir votre catalogue, les conditions de vente et votre dernier tarif

et vos délais ....

.... livrer/fournir des articles analogues à ceux offerts par ....

.... à l'échantillon ci-joint ....

.... à l'échantillon joint à notre lettre.

.... soumettre votre offre détaillée pour la fourniture de ....

.... jusqu'à la fin de ce mois/ jusqu'au ...., délai de rigueur *verbindliche = Frist*

Quels rabais accorderez-vous?

Accorderez-vous des rabais si nous vous passons des commandes de ....

unités/pour une valeur de ....?

5. Futures relations

Si la qualité de votre produit nous convainc / nous convient / nous satisfait ....

.... nous serons acheteurs de ....

.... nous vous passerons régulièrement des commandes de ....

.... vous pourrez compter sur un chiffre d'affaires important.

6. Proposer des renseignements

Si vous désirez vous renseigner sur notre entreprise, vous pouvez vous

adresser à/contacter/ ....

7. Formule de politesse

Nous vous prions d'agréer, Mesdames, Messieurs, nos salutations distinguées.

Veuillez recevoir, Mesdames, Messieurs, nos salutations distinguées.

Exercices de vocabulaire et de grammaire

1. Donnez un synonyme pour les mots suivants:

1. le tarif:
2. être prêt à :
3. avoir l'intention de :
4. une demande croissante :
5. indiquer:
6. nous aimerions :
7. être intéressé par :
8. aussitôt que possible
9. les renseignements :
10. concernant :
11. le produit :
12. le prospectus :
13. l'entretien :
14. le commerce :
15. prier :
16. adresser :
17. l'appel d'offre:

la liste de prix
être en mesure de
désirer
une forte demande
communiquer
nous voudrions
s'intéresser à
dans les plus brefs délais
les informations

un article, la marchandise
la brochure
la conversation

demander
envoyer, contacter
la demande

zunehmende,
steigende
Nachfrage

2. Cherchez l'intrus!

1. le catalogue - la brochure - le devis - le dépliant
2. l'avion - l'expédition - le bateau - le train
3. les délais - les exigences - les besoins - la demande
4. les informations - les précisions - les détails - les prix
5. l'annonce - la réclame - la publicité - le journal

3. Que signifient ces abréviations?

1. p.o.
2. P.J.
3. B.P.
4. Cedex
5. S.A.
6. BNP
7. N/Réf.
8. V/Réf.
9. CB
10. r.s.v.p.

LES ADJECTIFS POSSESSIFS

4. Complétez

1. N........ représentant a contacté v........ client.
2. Il m'a communiqué s........ adresse à temps.   *= mitteilen*
3. Veuillez croire en m........ sentiments les meilleurs.
4. Ils ont envoyé des catalogues à l........ correspondants.
5. S........ marchandise se vend bien.
6. V........ propositions intéressent n........ clients.
7. Nous ouvrons n........ magasin à la fin du mois.
8. Elle a répondu à s........ annonce.
9. S........ affaire marche très bien.
10. Il nous envoie s........ instructions sous peu.
11. Nous pourrions avoir une idée de l........ produit.

LES ADJECTIFS QUALIFICATIFS

5. Utilisez la forme correcte et placez l'adjectif à la bonne place!

1. (excellent): Vous devez garantir une .... qualité ....
2. (nouveau): Nous sommes intéressés par votre .... ordinateur ....
3. (spécial): Nous exigeons des .... remises ....
4. (général): Quelles sont vos .... conditions .... de vente?
5. (vieux): S'agit-il d'un .... appareil .... ?
6. (bref): Quel est votre plus .... délai .... ?
7. (détaillé/exigeant) : Nous avons besoin de/d' .... informations .... pour notre .... clientèle ....
8. (important/dernier): Nous pourrions vous passer des .... commandes .... dès que nous aurons reçu votre .... tarif ....
9. (premier/fort): C'est notre .... annonce .... et nous avons déjà une .... demande ....
10. (étranger/élevé): Les prix de l'/ la .... concurrence .... sont trop ....

6. Mettez la forme correcte du présent

1. Nous vous (prier) de nous faire parvenir quelques échantillons.
2. Vous (mentionner) dans votre annonce que vous (être) fabricants de gants.
3. Je (obtenir) les meilleurs prix auprès de la concurrence belge.
4. Vous nous (soumettre) notre offre sans engagement.
5. Si vos conditons nous (convenir) nous vous (garantir) des ordres réguliers.
6. Que (penser) vous d'une collaboration avec notre entreprise?
7. Nous (devoir) votre adresse au Consulat.
8. Nous (être) une entreprise de grand renom.
9. Les produits allemands (jouir) d'une bonne réputation.
10. Nous vous (remercier) à l'avance.
11. Nous vous (proposer) de nous envoyer votre représentant.
12. Si la qualité de vos jouets nous (convaincre) nous serons acheteurs de grandes quantités.
13. Vous nous (garantir) un délai de livraison de trois semaines.
14. Elle n'(hésiter) pas à nous contacter par téléphone.
15. Ils (pouvoir) se renseigner à la CCIP.
16. Vous nous (renseigner) sur tous les détails.
17. Vous (construire) des entrepôts?
18. Nous (se référer) à votre annonce.
19. (pouvoir) je compter sur une prompte réponse?

7. Mettez le futur

> **donner:** je donner**ai**, tu donner**as**, il donner**a**, nous donner**ons**, vous donner**ez**, ils donner**ont**
> **Attention! Formes irrégulières:** être = je serai / avoir = j'aurai / faire = je ferai / prendre = je prendrai / envoyer = j'enverrai / recevoir = je recevrai …

1. Nous (acheter) de grandes quantités.
2. Notre maison (travailler) avec les meilleurs fournisseurs.
3. Nous espérons qu'il vous (être) possible de nous soumettre une offre.
4. Vous nous (soumettre) vos conditions rapidement.
5. Ils (contacter) la concurrence.
6. Nous vous (indiquer) l'adresse du fabricant.

7. Nous (obtenir) les meilleures conditons.

8. Est-ce que vos échantillons nous (parvenir) bientôt?

9. Nous sommes sûrs que vous (faire) de votre mieux pour nous satisfaire.

10. Nous (avoir) la possibilité de vérifier la qualité de vos produits?

11. Il (falloir) entrer en contact avec une entreprise française.

12. Vous nous (envoyer) vos échantillons la semaine prochaine.

13. La qualité nous (convaincre) certainement.

14. (pouvoir) -ils nous garantir un délai de 10 jours?

15. (être) -vous en mesure de nous fournir ces pièces?

16. Ils ne (hésiter) pas à contacter Mme Rose.

17. Vous nous (adresser) un dossier.

18. Ils (pouvoir) compter sur un chiffre d'affaires important.

LE PASSE COMPOSE

> demander : j'ai demandé, tu as demandé, il a demandé, nous avons demandé, vous avez demandé, ils ont demandé
>
> arriver : je suis arrivé(e), tu es arrivé(e), il est arrivé, elle est arrivée, nous sommes arrivé(e)s, vous êtes arrivé(e)(s), ils sont arrivés, elles sont arrivées

8. Formez le passé composé des verbes suivants:

1. envoyer	je
2. s'intéresser	nous
3. joindre	tu
4. voir	il
5. se référer	je
6. ouvrir	vous
7. entrer	ils
8. lire	je
9. expédier	elles
10. avoir	nous
11. obtenir	je
12. offrir	vous
13. paraître	elle
14. convenir	il
15. croire	nous

herzlich!

9. Utilisez le passé composé et accordez le participe si nécessaire!

Exemples: Votre représentant **est venu** ce matin.
L'annonce que nous **avons lue** nous intéresse.

1. Nous vous (garantir) de bons débouchés.

2. Un de nos correspondants nous (informer).

3. Il nous (faire parvenir) un catalogue.

4. Les marchandises qu'ils (importer) nous conviennent.

5. L'annonce (paraître) dans tous les grands journaux.

6. La qualité de votre échantillon nous (convaincre).

7. Les produits auxquels vous (s'intéresser) viennent d'Asie.

8. Nous sommes satisfaits de l'offre que vous (faire) à notre représentant.

9. Il leur (communiquer) les informations dont ils ont besoin.

10. Je me réfère à la conversation que je (avoir) avec votre secrétaire.

L'IMPERATIF

1.8.2003

essayer :	essaie, essayons, essayez / n'essaie pas, n'essayons pas, n'essayez pas
finir :	finis, finissons, finissez
recevoir :	reçois, recevons, recevez
aller :	va, allons, allez

10. Donnez les 3 personnes des verbes suivants à l'impératif:

1. demander
2. faire
3. finir
4. être
5. écrire
6. appeler
7. s'adresser
8. vendre
9. vouloir
10. avoir
11. aller
12. envoyer
13. lire
14. s'informer
15. remettre

Utilisez aussi l'impératif à la forme négative !

11. Traduisez!

1. Unterbreiten Sie uns ein Angebot!
2. Benutze doch dieses Gerät!
3. Hoffen Sie nicht zuviel!
4. Geben Sie uns Ihre Referenzen an!
5. Kauft bei uns!
6. Warten wir nicht länger!

L'IMPARFAIT

écrire :	j'écriv**ais**, tu écriv**ais**, il écriv**ait**, nous écriv**ions**, vous écriv**iez**, ils écriv**aient**
Exception!	être : j'étais, tu étais, il était ...

12. Mettez à l'imparfait

1. Elle (proposer) des articles plus intéressants.
2. Ce journal (paraître) une fois par mois.
3. Ils (utiliser) des machines très modernes.
4. Vous (faire) votre travail plus soigneusement.
5. Ils (garantir) une exécution très soignée.
6. Nous (envoyer) des échantillons gratuitement.
7. Vous (vendre) surtout à l'étranger.
8. Elle (convaincre) tous ses clients.
9. Nous (obtenir) de meilleurs résultats avant.
10. Elles nous (fournir) de la bonne marchandise.
11. Je (être) en voyage d'affaires.
12. Nous (expédier) des prospectus à tous nos clients.
13. Ils (compter) sur des ordres importants.
14. Autrefois, on (offrir) beaucoup plus d'articles.
15. Nous (s'attendre) à une forte demande.

LE CONDITIONNEL 1 / LE CONDITIONNEL 2

Conditionnel 1
commander : je commander**ais**, tu commander**ais**, il commander**ait**, nous
commander**ions**, vous commander**iez**, ils commander**aient**
avoir : j'aurais, tu aurais, il aurait ...
aller : j'irais, tu irais, il irait ...

Conditionnel 2
commander : j'aurais commandé, tu aurais commandé, il aurait commandé nous
aurions commandé, vous auriez commandé, ils auraient commandé
avoir : j'aurais eu, tu aurais eu, il aurait eu ....
aller : je serais allé(e), tu serais allé(e), il serait allé, elle serait allée ...

13. Mettez les formes suivantes au conditionnel 1 et au conditionnel 2

1. nous nous intéressons:
2. elle achète.
3. je prends:
4. vous répondez:
5. il demande:
6. il est possible:
7. vous pouvez envoyer:
8. je suis d'accord:
9. vous cherchez:
10. nous avons:

14. Ecrivez la forme correcte du verbe au conditionnel 1

1. Nous (être) acheteurs , si vous mainteniez vos prix.
2. (Pouvoir)- vous nous livrer des articles semblables?
3. Vous (être)-il possible de nous livrer une fois par semaine?
4. Vos modèles nous (convenir) certainement.
5. (Garantir)-vous vos prix jusqu'à la fin de l'année?
6. Si nous le pouvions, nous (s'adresser) directement à des firmes à l'étranger.
7. Si vos articles nous convenaient, nous vous (passer) un ordre.
8. Nous (aimer) recevoir votre catalogue le plus vite possible
9. Il ne (hésiter) pas à nous contacter.
10. Je (désirer) parler à votre directeur.
11. Si vous baissiez vos prix, nous vous (commander) ces machines.
12. Dans le cas où vous ne (être) pas en mesure de nous donner satisfaction, nous (s'adresser)
ailleurs.
13. Au cas où vous (avoir) des brochures en français, nous vous (être) reconnaissants de nous
en faire parvenir.
14. Pour le cas où vous (avoir) besoin de renseignements sur notre maison, vous (pouvoir)
vous informer auprès du Crédit Lyonnais.

LES PRONOMS INTERROGATIFS

15. Posez des questions en utilisant les pronoms interrogatifs cités ci-dessous

avec qui/de quoi/où/quand/qu'est-ce qui/qu'est-ce que/à qui/à quoi/comment/que/combien

Exemple: Elle désire **des informations.**
Qu'est-ce qu'elle désire?
Que désire-t-elle?

1 Vos prix sont **compétitifs.**
2 Nous nous référons **au numéro XY520 de votre annonce.**
3 Ils envoient des demandes **à des firmes allemandes.**
4 **Cette affaire** nous intéressera certainement.
5 Notre client a décidé **de vous consulter.**
6 La marchandise doit arriver **avant la fin du mois.**
7 Nous avons besoin **de 150 boîtes de conserve.**
8 Votre annonce a paru **dans un grand journal.**
9 Nous avons des contacts **avec de nombreux représentants.**
10 Il est convaincu **de la bonne qualité de vos articles.**
11 Ces machines coûtent **plus de € 5.000,–** pièce.
12 **Nos stocks** s'épuisent très rapidement.

16. Traduisez les questions:

1. Wer hat angerufen?
2. Was importieren Sie aus Frankreich?
3. Wann kann ich Sie erreichen?
4. Wofür interressieren Sie sich?
5. Wen möchten Sie sprechen?
6. Was brauchen Sie?
7. Mit wem haben Sie gesprochen ?
8. Wer ist am Apparat?
9. Was muß ich Ihnen noch schicken?
10. Mit wem habt ihr gute Kontakte?
11. Mit welchen Firmen arbeiten Sie?
12. Wann erscheint Ihre neueste Preisliste?
13. Um wieviel Uhr kann ich zurückrufen?
14. Können wir einen Termin vereinbaren?
15. Wann kommt er zurück?

LECTURE ET TRADUCTION

Des chiffres

17. A) Lisez à haute voix!

125, 50F ; 13.h 30 ; 5,75 m ; 1er ; 12 e ; ½ ; 18° ; 3m x 5,20m ; 12 mm ; ¾ ; 02.82.27.01.50
Code postal de Marseille 1er : 13001 / de Paris 1er : 75001 / de Limoges : 8700 : 24 h sur 24;
10 m³ ; Cette commune a 1.760 ha ; Le 00 remplace le 19 ; 410 km jusqu'à Paris ; 140 m² ;
l'autoroute A4 et la route nationale RN 61 ; le 15 septembre 1999 ; BP 602 ; Cedex 1

17. B) Traduisez : das Doppelte ; in dreifacher/ vierfacher Ausführung ; in 14 Tagen ; ein Dutzend etwa 10 Personen ; auf Seite eins ; die Hundertjahrfeier ; die Hälfte ; das Paar

17. C) Traduisez!

1. Es ist das erste Mal/ zweite Mal, dass ich Ihnen eine Anfrage schicke.
2. Könnten Sie uns zwischen dem 15. und dem 30. jeden Monats beliefern?
3. Wir haben Sie am 1. Juni / am 2. Juni angerufen. Heute ist der 10./11. und wir haben noch keine Antwort bekommen.
4. Wir würden Ihnen große Mengen abkaufen: wir bräuchten 800 /880 kg Reis, 1000 /1500 kg Mehl und 750 /770 kg Kartoffeln.
5. Wir brauchen Ware erster Wahl/ zweiter Wahl.
6. Da wir schon ⅔ / ¾ unserer Artikel verkauft haben, wenden wir uns jetzt an Sie.
7. Unser Büro ist von 7.30 Uhr bis 17.15 Uhr/ 8.15 bis 16.30 Uhr geöffnet.
8. Beachten Sie bitte unsere neue Nummer. Es ist die 02.31.03.27.00 / 04.93.37.78.76
9. Die französischen Telefonnummern bestehen jetzt alle aus 10 Ziffern.
10. Am 18. Oktober 1996 um 23 Uhr haben sich die Nummern geändert.
11. Bis jetzt betrug der Preis Ihrer Maschine 175,50 F./ 195,90 F.
12. Wir brauchen Kleider in den Größen 36 bis 42 / 46 bis 52 .
13. Das Gerät, das uns interessiert hat die Referenznummer 83040. Seine Maße sind: 2,5 m x 1,3 m / 5,7 m x 3,4 m. Es wiegt eine halbe Tonne.
14. Die Postleitzahl unserer Stadt lautet: 88130. Unsere Telefonnummer lautet: 03.29.24.23.06 Die Vorwahl für Sie ist : 0033

EXERCICE AVEC L'ARTICLE DÉFINI, INDEFINI, PARTITIF ...

18. Traduisez!

1. die Sammlung von Stoffen
2. der Erhalt des Auftrags / der Aufträge
3. die Kollektion der französischen Stoffe
4. ein Katalog mit technischen Einzelheiten
5. ein Katalog mit den technischen Einzelheiten, die Sie brauchen
6. Adressen der Firmen in Frankreich
7. die Qualität der Artikel
8. die Qualität englischer Produkte
9. Wir kaufen Waren im Ausland.
10. die Sendung der Muster
11. die Sendung von Mustern
12. die Preise der Konkurrenz
13. Muster dieser Qualität
14. die Rechnung der Sendung / der Sendungen
15. Wir brauchen dringend Artikel aus Spanien.
16. Wir brauchen dringend die spanischen Produkte
17. die Bedingungen des Verkäufers / der Verkäufer
18. das Ergebnis der Analysen
19. Qualitätsstoffe zu günstigen Preisen
20. Qualitätsstoffe zu den angegebenen Preisen
21. Ware von ausgezeichneter Qualität
22. Es sind schöne Geräte.
23. Es sind praktische Handschuhe
24. Es sind Kunden aus dem Ausland

25. Wir brauchen Maschinen für die Herstellung dieser Produkte.
26. Die Bedingungen dieser Firma sagen uns nicht zu.
27. die Qualität dieses Artikels / der Artikel / einiger Artikel / aller Artikel
28. Wir brauchen Geschäftsbeziehungen mit England.
29. Das Angebot über franz. Weine
30. Er kauft die franz. Weine direkt in Frankreich ein.
31. Wir mögen franz. Weine / Wir mögen keine franz. Weine
32. der Betrag der Rechnung Nummer 1501 / der Rechnungen
33. die Aufträge der Kunden
34. Wir haben Kunden in Frankreich.
35. die Nachfrage nach deutschen Geräten
36. Die Nachfrage nach den deutschen Geräten steigt.
37. die Überprüfung des Musters / der Muster
38. Sie haben Produkte in Asien gekauft.
39. Sie haben die Produkte aus Asien importiert.
40. Sind Sie Hersteller von Holzspielzeug?

19. Complétez la lettre avec les mots suivants:

> plutôt-par-avant-à même-sur-délai-intention-besoin-assortiment-offre-origine-clientèle-conservation-décorer-proposer-retenir-procurer-aujourd'hui-promptement-particulière-ment-meilleurs-également-clientèle

Pour la fin de l'année nous avons l'........ d'organiser dans nos filiales une semaine de spécia-lités françaises. Nous nous adressons .... à vous car nous sommes .... intéressés .... le choix de vos fromages.

Seriez-vous .... de nous .... un .... de différentes sortes de fromages AOC (1) pasteurisés et au lait cru ?

Notre .... préfère en général les fromages .... doux et avec moins de 50% de matière grasse.

Pourriez-vous nous faire une .... pour une quantité de 200 kg environ en nous indiquant vos conditions de paiement et de livraison?

Il nous faudrait .... des informations .... l'........, le procédé de fabrication et sur la durée de .... car notre .... est très exigeante.

Pour .... nos magasins nous aurons .... de cartes de la route des Fromages français.

Nous vous serions reconnaissants de nous en faire parvenir ou de nous faire savoir où nous pourrions nous en ....

Nous ne pouvons .... votre offre que si elle nous parvient .... la fin de ce mois.

Nous espérons que ce .... vous conviendra et que vous nous répondrez .... Veuillez agréer, Messieurs, l'expression de nos sentiments les ....

(1) AOC = Appelation d'origine contrôlée (label de qualité)

Exercices de rédaction et de traduction

Un peu d'ordre, s'il vous plaît !

1. Si la qualité de vos menus nous convainc, nous vous garantirons des commandes régulières de 120.000 menus par mois.
2. Veuillez, agréer, Mesdames, Messieurs, nos salutations distinguées.
3. Pourriez-vous nous faire parvenir un choix de menus pour les faire tester par un de nos clients?
4. Jusqu'à présent, nous avons importé nos menus du Danemark à des prix très intéressants, mais notre fournisseur n'a pas toujours pu garantir une prompte livraison.
5. Nous sommes fournisseurs des grands et petits hôpitaux depuis de longues années et notre clientèle est très exigeante.
6. Nous vous remercions à l'avance d'une documentation complète et, éventuellement, d'un envoi d'échantillons.
7. Nous désirons livraison franco domicile d'environ 30.000 (menus) par semaine.
8. Mesdames, Messieurs,
9. Nous avons vu votre annonce dans la revue "Gastronomie" du mois de novembre et sommes intéressés par vos menus surgelés.
10. Si vous pouvez nous garantir de respecter rigoureusement les dates de livraison nous serons prêts à changer de fournisseur.

Exercice de rédaction (A)

Regardez l'annonce de la page 14 et rédigez une demande d'offre.

Exercices de rédaction (B)

1. Firma Santé Biologique in Aix-en-Provence an Biotop GmbH

1. Sie haben eine Getreidemühle (1) gesehen und erfahren, daß Firma Biotop Hersteller dieses Geräts ist.
2. Sie vertreiben seit 25 Jahren Haushaltsgeräte in der Region und haben gute Kontakte zu Reformhäusern (2).
3. Sie bitten um umfangreiche Dokumentation aller hergestellten Geräte und um den Preis für 800 Getreidemühlen, Modell „Xénia".

(1) le moulin à céréales (2) la maison de produits diététiques

2. Galeries Précieuses, Montréal, schreiben am 10. September an Monteverde, Hamburg

1. Sie haben die neueste Werbekampagne (1) der Firma Monteverde verfolgt und interessieren sich für die Füllfederhalter (2) und Kugelschreiber (3), insbesondere für das Modell „Leonard Bernstein".
2. Ihre Firma besitzt mehrere Boutiquen in den Einkaufszentren von Montréal, Vancouver und Ottawa.
3. Sie bitten um Unterlagen mit technischen Daten, Preislisten und Lieferzeiten.
4. Für den Weihnachtsverkauf interessiert Sie auch das Modell „Mozart"
5. Sie glauben, dass Sie die Marke „Monteverde" in Kanada einführen können und rechnen damit, große Aufträge erteilen zu können.

(1) la campagne publicitaire (2) le stylo-plume (3) le stylo-à-bille

3. Firma Kaufhort, Düsseldorf an Lucia S.A., Lille (Frankreich)

1. Sie beziehen sich auf ein Telefongespräch mit dem Exportchef von Lucia und bitten um Zusendung von Stoffmustern der Stoffe, aus denen die Modelle „Elodie", „Jeannette" und „Céline" hergestellt sind.
2. Sie bitten um ein Angebot für 1.000 Stück pro Modell in den Größen (1) 38 - 44 und fragen, ob innerhalb eines Monats geliefert werden kann. Die Lieferung soll CAD Düsseldorf erfolgen.
3. Sie benötigen das Angebot umgehend und bitten um den Besuch eines Vertreters von Lucia.
4. Sie möchten ferner wissen, welche Rabatte die Firma Lucia gewährt.
5. Da Sie eine sehr anspruchsvolle Kundschaft haben und ein Haus mit langer Tradition sind, kann die Firma Lucia nur dann mit größeren Aufträgen rechnen, wenn die Qualität der Kleidungsstücke überzeugt.

(1) la taille

4. Monsieur Charles Bricoleur, Inhaber eines Supermarktes in Cavaillon (Südfrankreich), schreibt an den deutschen Hersteller von Werkzeugen, Firma Eisenstange:

1. M. Bricoleur schreibt aufgrund einer Anzeige in „Mon Jardin" vom ..., in der die deutsche Firma Werkzeuge (1) für Haus und Garten anbietet.
2. Stellt sein Unternehmen vor: Einziger großer Supermarkt der Region. Eine Abteilung für Heimwerker (2) und Gartenfreunde soll eröffnet werden. Kaum Konkurrenz in der Stadt. Deshalb erwartet man gute Umsätze (3).
3. M. Bricoleur interessiert sich nicht nur für den Katalog und die allgemeinen Liefer- und Zahlungsbedingungen, sondern auch für das in der Anzeige beschriebene Produkt „Utilbox", einen kleinen Plastikkoffer, der verschiedene Werkzeuge enthält.
4. Von der „Utilbox" würde er zunächst 150 Stück bestellen, wenn der deutsche Hersteller ihm ein günstiges Angebot unterbreitet und wenn die Produkte von guter Qualität sind.
5. Deshalb bittet er um Zusendung einer „Utilbox", um sie von einem guten Kunden testen zu lassen.
6. M. Charles hofft, dass der deutsche Hersteller ihm alle nötigen Unterlagen und das Muster schicken und dass es zu guten Geschäftsbeziehungen kommen wird.

(1) les outils (m) (2) le bricoleur (3) les chiffres (m) d'affaires (f)

5. Frau Bernhard, die Leiterin der Einkaufsabteilung der Firma „Schlemmereck", Düsseldorf, schreibt an Firma Frigomenu, Lyon:

1. Sie hat die Anschrift von der französischen Handelskammer erhalten und würde gern mit Frigomenu in Geschäftsverbindung treten.
2. „Schlemmereck" hat Filialen in den Zentren aller deutschen Großstädte und eine anspruchsvolle Kundschaft.
3. Deshalb ist man ausschließlich an erstklassigen Produkten interessiert und sucht einen Lieferanten, der diesen Anforderungen genügt.
4. Sollte die französische Firma an einer Zusammenarbeit interessiert sein, so wäre es erforderlich, einige Muster aller Konserven und tiefgekühlten (1) Menus zu schicken, die angeboten werden, um die Qualität testen zu können.
5. Man bittet um allgemeine Verkaufsbedingungen und Preise sowie um die Mitteilung, ob regelmäßig alle 3-4 Wochen geliefert werden kann. Nur wenn pünktliche Lieferung garantiert werden kann, ist Zusammenarbeit möglich.
6. Sollten Qualität und Preise zusagen, stellt „Schlemmereck" monatliche Aufträge über sehr große Mengen in Aussicht, da die Firma 82 Filialen hat.
7. Schlemmereck hofft auf rasche Antwort und hält einen Vertreterbesuch ebenfalls für wünschenswert.

(1) surgelé

6. Fax der Firma Petersen Fischgroßhandel, Hamburg, an Midi-Pêche, Fischexport, Sète

1. Sie verdanken die Anschrift des Fischexporteurs der Firma „France Marée", die Ihnen empfohlen hat, mit Midi-Pêche Kontakt aufzunehmen.
2. Sie benötigen täglich 800 kg - 1,2t Frischfisch und Meeresfrüchte (1) und bitten, ab heute täglich, die aktuelle Preisliste zu faxen, weil Sie erwägen, den Lieferanten zu wechseln.
3. Sie bitten um Preisangaben ab Lager Sète, da Sie bisher mit dem Spediteur Frigotrans sehr gut zusammengearbeitet haben, wären aber auch mit einer anderen Lösung einverstanden.
4. Sollte Midi-Pêche Informationen über die Liquidität Ihres Unternehmens wünschen, wäre die Vereinsbank in Hamburg bereit, jede Art von Auskünften zu erteilen, bzw. die Firma France Marée, mit der schon seit vielen Jahren zusammengearbeitet wird.

(1) Meeresfrüchte: les fruits de mer (m)

Exercices de traduction

Traduisez! (1)

Datum von heute !

Betrifft
Import von Cidre

Sehr geehrte Damen und Herren,

wir verdanken Ihre Anschrift dem französischen Generalkonsulat und bitten Sie, uns Ihren Katalog sowie eine Preisliste zugehen zu lassen. Wir sind ein Nahrungsmittelvertrieb und beliefern Warenhäuser in ganz Deutschland. Im nächsten Monat möchten wir Produkte aus der Bretagne und der Normandie in einigen Lebensmittelabteilungen präsentieren. Deshalb benötigen wir auch einige Muster sowie Werbematerial. Außerdem bitten wir Sie, uns mitzuteilen, ob Sie auch 0,5-Liter-Flaschen produzieren. Wir glauben, daß sich diese Größe in Deutschland besser verkaufen lässt.
Wenn Sie in der Lage sind, unsere anspruchsvolle Kundschaft mit hoher Qualität und günstigen Preisen zufriedenzustellen, wird es nicht schwierig sein, Ihnen Aufträge über 10.000 Flaschen und mehr zu erteilen.
Da wir die Absicht haben, einige Schaufenster zu dekorieren und Werbeprospekte drucken zu lassen, können wir Ihr Angebot nur dann berücksichtigen, wenn es uns innerhalb der nächsten 2 Wochen zugeht.
Wir sind sehr an einer Zusammenarbeit mit Ihnen interessiert und freuen uns, bald von Ihnen zu hören.

Mit freundlichen Grüßen

Traduisez! (2)

Datum von heute

Betrifft
Bestecke(1) für Hotels und Kaufhäuser

Sehr geehrte Damen und Herren,

wir haben Ihre Anzeige in der Novemberausgabe der Zeitschrift „Gastronomie" gesehen und sind sehr an Ihren Bestecken aus Edelstahl (2) interessiert.
Wir sind seit vielen Jahren Lieferant großer und kleiner Hotels und Kaufhäuser im Süden Frankreichs und haben eine anspruchsvolle Kundschaft. Wenn die Qualität Ihrer Erzeugnisse uns überzeugt, garantieren wir Ihnen Aufträge von ca. 2.500 Bestecken pro Jahr. Wir bevorzugen Lieferung frei Haus.

Könnten Sie uns eine Auswahl von Mustern zugehen lassen, damit wir sie von unseren Kunden testen lassen können?

Bisher haben wir unsere Bestecke zu sehr interessanten Preisen aus Dänemark importiert, doch unser Lieferant hat nicht immer prompte Lieferung garantieren können. Qualität und Pünktlichkeit sind sehr wichtige Faktoren in diesem Geschäft, und wir sind an einer engen Zusammenarbeit mit unseren Lieferanten interessiert.

Für ein großes Krankenhaus benötigen wir sofort 1.500 Teelöfel (3) aus Edelstahl. Bitte unterbreiten Sie uns ein entsprechendes Angebot bis zum 15. d.M.

Wir danken Ihnen im voraus für die Zusendung vollständiger Unterlagen und sehen Ihrer Antwort mit großem Interesse entgegen.

Mit freundlichen Grüßen

(1) le couvert
(2) l'acier affiné
(3) la petite cuiller

Traduisez! (3)

Datum von heute

Import von Campingausrüstungen (1)

Sehr geehrte Damen und Herren,

in der Zeitschrift "Equipe" vom 20. d.M. haben wir gelesen, daß Sie Hersteller und Exporteure von Campingartikeln sind. Deshalb bitten wir Sie, uns Ihren Sommerkatalog und Ihre Preisliste für den Verkauf in Deutschland und Italien zuzuschicken.

Außerdem bitten wir Sie, uns ein Spezialangebot zur sofortigen Lieferung von Leinenkissen (2) (2.000 Stück) und Wolldecken (3) mit den Maßen (4) 120 x 180 cm oder 140 x 200 cm (2.500 Stück) zu unterbreiten. Bitte senden Sie uns entsprechende Stoffmuster, damit wir die Qualitäten mit den Produkten, die wir bisher importiert haben, vergleichen können. Es ist außerordentlich wichtig, dass Sie sofort liefern, da wir die Artikel noch vor den Ferien anbieten möchten. Wir wären bereit, sofort nach Eingang der Ware per Scheck abzüglich Skonto zu zahlen.

Wenn die Qualität Ihrer Erzeugnisse unseren Erwartungen entspricht, würden wir uns gern bei Ihrem Unternehmen eindecken. Allerdings müssen Sie uns die Einhaltung der Lieferzeiten garantieren. Wir könnten regelmäßig Ausrüstungsgegenstände wie Rucksäcke (5), Zelte (6), Schlafsäcke (7), Decken und Baumwollkleidung beziehen.

Wir gehen davon aus, dass Sie an Geschäftsbeziehungen mit uns interessiert sind. Wir hoffen deshalb, dass Sie uns ein günstiges Angebot unterbreiten werden und dass dies der Beginn einer fruchtbaren Zusammenarbeit sein wird.

Mit freundlichen Grüßen

(1) l'équipement de camping
(2) le coussin en lin
(3) la couverture de laine
(4) la dimension
(5) le sac à dos
(6) la tente
(7) le sac de couchage

Au téléphone

Dialogue A

Les interlocuteurs:
Monsieur Kurt Rose, Schlumberger GmbH
La standardiste de GAPA S.A., Fabricants d'articles de bricolage et jardinage

	Ring ring ring ...
Standardiste	Société GAPA - Bonjour! Que puis-je faire pour vous?
M. Rose	C'est Monsieur Rose de Schlumberger GmbH à l'appareil. Je m'intéresse aux gants que vous proposez dans votre annonce. Pourriez-vous me passer la personne responsable de ce service?
Standardiste	Bien sûr. C'est Madame Oeillet. Veuillez patienter un instant. J'essaie de la joindre.
————————	
Standardiste	Je suis désolée, Monsieur. Elle est à l'extérieur. Puis-je noter votre numéro? Mme Oeillet vous rappellera cet après-midi.
M. Rose	Très bien. C'est le 32 89 92 et l'indicatif de Hanovre c'est le 511. Je quitterai mon bureau vers 17.30 heures.
Standardiste	Parfait, je le lui dirai. C'était bien Monsieur Rose.
M. Rose	Oui, ça s'écrit R-O-S-E comme la rose.
Standardiste	C'est noté. Merci de votre appel. Au revoir, Monsieur.
M. Rose	Au revoir, Madame.

Je m'intéresse

Merci pour votre entretien.

Pour téléphoner

```
MEMO ☎ FICHE

Date _____ Heure _____

pour _____

poste numéro _____


Monsieur/Madame _____

de la Société _____

Tél. _____

a appelé              ❏
rappellera            ❏
doit être rappelé     ❏          à              heures

                                 le _____

Messages _____
_____
_____
_____
_____
_____
_____
_____
```

L'alphabet au téléphone

		FRANÇAIS	INTERNATIONAL		ALLEMAND
A	(a)	Anatole	Amsterdam	A	Anton
B	(be)	Berthe	Baltimore	Ä	Ärger
C	(se)	Célestin	Casablanca	B	Berta
D	(de)	Désiré	Danemark	C	Cäsar
E	(ø)	Eugène	Edison	CH	Charlotte
F	(ɛf)	François	Florida	D	Dora
G	(ʒe)	Gaston	Gallipoli	E	Emil
H	(af)	Henri	Havana	F	Friedrich
I	(i)	Irma	Italia	G	Gustav
J	(ʒi)	Joseph	Jerusalem	H	Heinrich
K	(ka)	Kléber	Kilogramm(e)	I	Ida
L	(ɛl)	Louis	Liverpool	J	Julius
M	(ɛm)	Marcel	Madagaskar	K	Kaufmann
N	(ɛn)	Nicolas	New York	L	Ludwig
O	(o)	Oscar	Oslo	M	Martha
P	(pe)	Pierre	Paris	N	Nordpol
Q	(ky)	Quintal	Quebec	O	Otto
R	(ɛr)	Raoul	Roma	Ö	Ökonom
S	(ɛs)	Suzanne	Santiago	Q	Quelle
T	(te)	Thérèse	Tripoli	R	Richard
U	(y)	Ursule	Upsala	S	Siegfried
V	(ve)	Victor	Valencia	SCH	Schule
W	(dubløve)	William	Washington	T	Theodor
Y	(igrek)	Yvonne	Yokohama	U	Ulrich
Z	(zed)	Zoé	Zurich	Ü	Übermut
				V	Viktor
é	(ø)	accent aigu		W	Wilhelm
è	(ø)	accent grave		X	Xanthippe
ê	(ø)	accent circonflexe		Y	Ypsilon
ë	(ø)	tréma		Z	Zacharias

Vocabulaire thématique du téléphone

la communication téléphonique
le coup de téléphone/ de fil
l'appel
la cabine téléphonique
la télécarte à 50 unités (par ex.)
la carte à puce
le téléphone portatif/sans fil/le portable
le téléphone/fax/répondeur
le téléphone de voiture
le numéro vert
l'horloge parlante

consulter l'annuaire
chercher le numéro d'un abonné
décrocher le combiné
attendre la tonalité
composer l'indicatif et le numéro
formuler sa demande/ transmettre un message à quelqu'un/ essayer de joindre quelqu'un/
demander quelqu'un/ repousser/annuler un rendez-vous
raccrocher

le répondeur automatique
parler après le signal/ bip sonore
laisser un message sur le répondeur
enregistrer un message

La ligne est en dérangement.
On / ça ne répond pas.
On entend très mal l'interlocuteur.
C'est occupé.
Il n'y a pas d'abonné au numéro demandé.

Pour téléphoner d'Allemagne en France, il faut composer 13 chiffres :
Pour l'étranger : 0033
Indicatif de la région (voir carte) : exemple pour l'Est: 3
Numéro de l'abonné : 8 chiffres

Pour téléphoner de France en France, il faut composer 10 chiffres :
Indicatif de la région (voir carte): exemple pour l'Est : 03
Numéro de l'abonné : 8 chiffres

Pour les services mobiles, il faut ajouter le 06 en tête des numéros de téléphone de voiture ou
portatifs

Au téléphone (1) Comment s'exprimer

se présenter: Bonjour, Madame/Monsieur/Mademoiselle.
Gérard Dépardieu de la Société Dépardieu & Fils à l'appareil.

répondre après avoir décroché: Société CINEMA. Bonjour. Que puis je faire pour vous?

donner le motif de son appel: Je voudrais parler à Madame ... s.v.p. / A quelle heure
pourrais-je la joindre?
Pourriez-vous me passer M. Lemercier du service
après-vente, s.v.p.?
Pourriez-vous me passer le service export, s.v.p.?
Je voudrais parler à la personne qui s'occupe de ...
Je voudrais parler au responsable de ...

donner suite à un appel: Un instant, s.v.p.. Je vous le passe.
Un instant, s.v.p. Je vais me renseigner qui est la personne
compétente.

- le correspondant n'est pas là: M. Lemercier n'est pas là. *erreichen*
M. Lemercier est absent. Vous pourrez le joindre vers ...
heures.
M. Lemercier est absent jusqu'à ...
M. Lemercier sera là cet après-midi.
M. Lemercier n'est pas à son poste, je vais le chercher.
M. Lemercier n'est pas à son poste, j'essaie de le joindre.

*joindre
je joins
je le joins
nous joignons
ils joignent*

filtrer l'appel: a) Voulez-vous lui laisser un message?
b) Si vous me laissez vos coordonnées, il vous rappellera à
son retour.

*joindre qc a qn
je joins*

- le correspondant parle sur une autre ligne:
c) Je suis désolé(e). M. Lemercier est en ligne en ce moment.

filtrer l'appel: c1) Voulez-vous patienter?
c2) Voulez-vous rester en ligne, s'il vous plaît! Je vous le
passe dès qu'il aura raccroché. *aufgelegt hat*

laisser un message: a) Oui, dites-lui que je rappellerai plus tard.
a1) Oui, dites-lui que je voudrais lui parler au sujet du modèle B.
b) Oui, c'est Gérard Dépardieu de la Société Dépardieu et
Fils, numéro de télépone 04 90 56 47 21 à Arles.
L'indicatif c'est le 04 90.

ne pas attendre: c1) Non, merci, Madame, je suis très pressé. Je rappellerai.
c2) Non, merci, Madame. Quand est-ce que je peux le joindre?

se renseigner: Voulez-vous rester en ligne, s.v.p. Je vais me renseigner.

informer: Monsieur Lemercier sera là cet après-midi.

Au téléphone (2) **Situations plus compliquées**

Vous n'avez pas compris le nom de votre interlocuteur:

Excusez-moi, Madame, je n'ai pas très bien compris votre nom.
Pourriez-vous me répéter votre nom, s.v.p.?
Pourriez-vous épeler votre nom s.v.p.?
Pourriez-vous répéter plus lentement, s.v.p.?

Votre interlocuteur a fait un faux numéro:

Je crois que vous faites erreur. Ici, c'est le numéro ... de la Société ...

La ligne est coupée:

Je regrette, je pense que nous avons été coupés.

Vous voulez prendre un message:

Pourriez-vous me donner le motif de votre appel?

Votre interlocuteur peut composer le numéro de poste direct:

Standardiste/Interlocuteur:
a) Je vous donne son numéro de poste direct.
Faites le ... s.v.p. et puis le ...
b) Faites le 98, c'est l'indicatif de ... , puis le ..., c'est direct.

La personne appelée parle sur une autre ligne et vous appelez sa secrétaire sur un autre poste:

Standardiste/Interlocuteur:
Je suis désolé(e). Monsieur Lemercier est en ligne en ce moment.
Voulez-vous patienter?

Interlocuteur/Standardiste:
Non, je suis très pressé. Quand est-ce que je peux le joindre?

Standardiste/Interlocuteur:
Voulez-vous rester en ligne, s.v.p. Je vais me renseigner.

Standardiste/Secrétaire:
J'ai Monsieur Dépardieu en ligne qui voudrait parler à M. Lemercier. Quand est-ce qu'il peut rappeler?

Secrétaire/Standardiste:
a) Dites-lui de rappeler vers 15 heures.
b) Donnez-le moi, je vais m'en occuper.

Standard/Interlocuteur:
a) Monsieur Dépardieu. La secrétaire de M. Lemercier vient de me dire que vous pourrez rappeler vers 15 heures.
b) Monsieur Dépardieu. Je vous mets en communication avec la secrétaire de M. Lemercier. Elle va vous renseigner.

Secrétaire/Interlocuteur:
Bonjour, Monsieur Dépardieu. Monsieur Lemercier ne peut pas vous prendre en ce moment.
a) Puis-je vous renseigner?
b) Puis-je vous rendre service? *bsh. Gleichsein*

Interlocuteur/Secrétaire:
a) Oui, j'aimerais savoir si ...
b) Oui, dites-lui que ...
b) Oui. Il faut absolument qu'il me rappelle dans la journée.

Votre interlocuteur est contrarié:

Se montrer compréhensif:
Je comprends que vous soyez contrarié. *verärgern*
Je partage entièrement votre point de vue.

Allô affaires – Handelsfranzösisch © FELDHAUS VERLAG, Hamburg

Soupe aux lettres (1) Téléphone

	C	O	M	P	O	S	E	R		B	S	U	B	N	I
C	O	M	M	U	N	I	C	A	T	I	O	N	M	E	R
L	C	O	Q	U	I	G	P	C	U	P	N	U	W	V	I
A	C	F	T	R	I	N	O	C	A	U	N	M	O	T	N
I	P	Z	Y	L	A	L	L	O	R	M	R	R	R	L	E
E	E	I	E	R	U	S	E	C	O	M	P	O	S	E	R
R	L	D	E	C	R	O	C	H	E	R	R	R	D	U	P	L
F	I	L	F	J	P	U	Q	E	T	A	O	I	T	H	O
M	G	I	F	A	X	U	N	R	N	U	M	E	R	O	C
E	N	R	E	G	I	S	T	R	E	R	A	T	O	N	U
S	E		A	U	T	O	M	A	T	I	Q	U	E	I	T
S	R	É	P	O	N	D	E	U	R	U	L	J	H	Q	E
A	N	N	V	A	I	R	E	K	I	O	H	Z	S	U	U
E	M	P	O	R	T	A	B	L	E	S	C	O	U	P	E

Soupe aux lettres (2) Ordinateur

B	O	I	T	I	N	S	E	R	E	R	M	E	M	E	A
X	B	Y	M	R	S	L	T	G	F	O	U	R	I	O	G
A	R	R	E	T	O	L	O	G	I	C	I	E	L	R	R
V	A	L	I	D	E	R	U	X	C	L	Y	T	O	D	A
W	N	G	J	O	S	R	C	I	H	A	M	R	G	I	N
I	C	I	R	S	O	X	H	Y	I	V	D	E	I	N	D
L	H	H	M	S	U	L	E	G	E	I	O	C	C	A	I
M	E	M	O	I	R	E	M	G	R	E	N	I	I	T	R
S	C	E	D	E	I	C	L	G	C	R	N	R	E	E	M
R	R	I	E	R	S	T	M	Z	G	L	E	M	L	U	L
H	A	N	M	G	J	E	H	S	I	T	E	W	V	R	Z
S	N	C	F	W	Z	U	N	O	M	L	S	G	J	W	E
M	E	R	I	T	E	R	S	G	C	L	I	G	U	E	R
N	A	V	I	G	A	T	E	U	R	X	Z	Y	L	L	E
M	O	U	S	E	F	F	A	C	E	R	W	R	N	E	A
A	R	I	M	P	R	I	M	A	N	T	E	V	E	N	E

Au téléphone

Dialogue B

Les interlocuteurs: **St**andardiste de Werkzeugfabrik Stillgabel   = ST
                     Secrétaire de Monsieur Bonjean   = SE
                     Madame **W**iese de Werkzeugfabrik Stillgabel   = W
                     Monsieur **B**onjean de la Société Entrecaisses   = B

ST   Werkzeugfabrik Stillgabel. Guten Tag!

SE   Société Entrecaisses, Bonjour! Vous parlez français?

ST   Oui, Madame.Bonjour. Quel service puis-je vous rendre?

SE   Et bien, notre directeur général, Monsieur Bonjean, aimerait parler à votre reponsable du service des ventes.

ST   C'est à quel sujet, Madame?

SE   Je pense qu'il s'agit de l'achat d'un chariot élévateur.

ST   Ah, oui. Alors je vais vous passer Mme Wiese.C'est elle qui s'en occupe.

SE   Elle parle français ou anglais?

ST   Ce n'est pas un problème, je pense. Mme Wiese a l'habitude de parler les deux langues.Un instant, j'essaie de vous la passer.Voulez-vous rester en ligne, s'il vous plaît?

SE   Oui, bien sûr.

ST   Excusez-moi, Mme, sa ligne est occupée. Pourriez-vous patienter un instant ou vous préférez que je vous rappelle dans 10 minutes?

SE   Oui, rappelez-moi au 192 3456987.

ST   Attendez, je le note.Vous pouvez répéter s'il vous plait?

SE   19 23 45 69 87

ST   Merci, Madame. A bientot, Madame. Au revoir

SE   Au revoir.

... (10 minutes plus tard) ...

W   Wiese. Bonjour, Madame!

SE   Bonjour, Madame Wiese. Je vous passe notre directeur général, Monsieur Bonjean. Restez en ligne, s'il vous plaît.

B   Bonjean. Bonjour Madame Wiese. Ma secrétaire m'a dit que vous parlez français. Ça facilitera les choses, car mon anglais est minable.

W   Ne vous inquiétez-pas Monsieur. Que puis-je faire pour vous?

B   Bon, alors. J'ai vu votre chariot élévateur chez mon concurrent et j'aimerais en savoir d'avantage: prix, délai de livraison, garantie etc.

W   Mais oui, certainement Monsieur.Vous souvenez-vous du type de chariot que vous avez vu? Il y a un numéro sous notre sigle.

B   Je ne sais pas exactement si c'était un ST23 ou un ST 32. En tout cas, j'avais l'impression que c'était exactement ce dont nous avons besoin.

W   Les deux modèles que vous venez de citer sont de taille différente. Je pense que le mieux sera que je vous envoie un catalogue avec tous les détails techniques. Il vous faut un seul chariot ou plusieurs?

B   Je pense qu'il m'en faut 3 au moins. Mais cela dépendra aussi de vos prix, bien sûr!

W   Très bien, Monsieur. Je vous enverrai notre liste de prix et je vous signale déjà que les prix se réfèrent à la livraison d'un chariot par modèle. Pour le reste, on verra.

B   Entendu, j'attends votre documentation et je vous rappellerai sous peu. Merci et au revoir, Madame Wiese. A bientôt!

W   Au revoir, Monsieur, et merci!

GAPA

Destinataire

M./Mme _____

Date _____ Heure _____

Pendant que vous étiez absent

M./Mme _____

Société _____

N° Téléphone ._____

a téléphoné	❏	Veuillez rappeler	❏
est venu vous voir	❏	rappellera	❏
désire vous voir	❏	Urgent	❏

Message: _____

_____

_____

_____

Signature: _____

Au téléphone

3

Dialogue C

Les interlocuteurs: Madame Pérou des Galeries Montauban
Monsieur Bruhns de Bruhns Gerätebau.

Bruhns	Bruhns Gerätebau, Bruhns am Apparat. Guten Tag.
Pérou	Pérou des Galeries Montauban. Bonjour, Monsieur. Parlez-vous français?
Bruhns	Oui, un peu. Bonjour, Madame.
Pérou	C'est très bien. Je ne parle pas un mot d'allemand, vous savez.
Bruhns	Ce n'est pas grave, Madame. Que puis-je faire pour vous?
Pérou	Et bien, j'ai été au Salon des Arts Ménagers à Cologne et j'ai vu votre stand.
Bruhns	Ah, très bien.
Pérou	Et oui, et j'ai vu votre nouveau moulin à céréales, je crois qu'il s'appelle „Céréomix" ou quelque chose comme ça.
Bruhns	C'est exact. Il s'appelle „Céréomix". C'est le nouveau modèle qui est sorti au mois d'avril. C'est un appareil très solide et très fort.
Pérou	Oui, c'est l'impression qu'il me fait. Mais j'ai une question, Monsieur.
Bruhns	Oui?
Pérou	J'aimerais savoir si vous le faites seulement en blanc ou si vous le fabriquez aussi dans d'autres couleurs - en bleu ou vert, par exemple.
Bruhns	C'est une question importante, Madame. Nous le fabriquons aussi en bleu et jaune, mais pas en vert.
Pérou	Le jaune ne nous intéresse pas, mais si vous le faites en bleu, c'est très bien. Le modèle en bleu est plus cher que le modèle en blanc?
Bruhns	Non, non, c'est le même prix, Euro 75,–.
Pérou	Ah, bon, Euro 65,–. C'est un prix acceptable.
Bruhns	Je suis désolé, Madame, mais notre prix est de Euro 75,– - 75,– et pas 65,–. Je regrette, mais on ne peut pas le livrer à ce prix.
Pérou	Alors 75,–. D'accord. Et ce prix s'entend ex usine?
Bruhns	Non, Madame, c'est un prix franco domicile si c'est en Europe.
Pérou	Ah, bon. Je note: Euro 75,– franco domicile. Et - accordez-vous des remises?
Bruhns	Cela dépend de la quantité que vous commandez.
Pérou	Et bien, j'ai pensé à une commande de 1.500.
Bruhns	Bon, dans ce cas-là on vous accordera une remise de 5 %.
Pérou	D'accord. 5 % de remise. Et vous livrez tout de suite?
Bruhns	Si vous commandez 1.500 moulins, on les livrera dans les 15 jours environ. Vous les voulez tous en bleu?
Pérou	Non, non. Je pense qu'on va prendre 500 en blanc et 1.000 en bleu. C'est un problème?
Bruhns	Je ne pense pas. On les a en stock - pas de problème, Madame.
Pérou	Très bien, Monsieur Bruhns. Je vais préparer ma commande. Quel est votre numéro de fax?
Bruhns	Une seconde, je regarde. C'est le 42 24 82.
Pérou	Le 42 24 82. Et l'indicatif de Cologne?
Bruhns	L'indicatif de Cologne - c'est le 221.
Pérou	0221. Très bien. Alors, je vais vous envoyer ma commande par fax demain matin.
Bruhns	Merci beaucoup, Madame.
Pérou	Au revoir, Monsieur Bruhns.

Allô affaires – Handelsfranzösisch © FELDHAUS VERLAG, Hamburg

Exercices au téléphone

Annahme eines Telefongesprächs (1)

Das Telefon klingelt.
Sie nehmen ab und melden sich mit dem Namen Ihrer Firma.
Der Anrufer stellt sich vor. Er wünscht, mit jemandem von der Importabteilung zu sprechen.
Sie antworten, dass Frau Meunier zuständig ist und versuchen, eine Verbindung herzustellen.
Sie bitten den Anrufer um etwas Geduld.
Frau Meunier spricht gerade.
Sie fragen den Anrufer, ob er noch warten möchte.
Der Anrufer ist bereit, zu warten.
Sie versuchen erneut, Frau Meunier anzurufen. Diesmal haben Sie Glück und können das Gespräch durchstellen.

Annahme eines Telefongesprächs (1a)

A   Melden Sie sich mit dem Namen Ihrer Firma
B   Stellen Sie sich als Herr/Frau X von der Firma Y vor, der/die jemand von der Exportabteilung sprechen möchte.
A   Sagen Sie, daß es sich um Herrn/Frau Z handelt und daß Sie versuchen werden, zu verbinden. Bitten Sie um Geduld.
A   Die gewünschte Person ist in einer Sitzung und wird, sobald sie frei ist, zurückrufen, gegen .... Uhr. Bitten Sie um die Telefonnummer des Anrufers.
B   Nennen Sie Ihre Telefonnummer und sagen Sie, daß Sie gern vor ... Uhr angerufen werden möchten, sonst morgen ab ... Uhr.
A   Wiederholen Sie die Daten und bitten Sie B, den Namen zu buchstabieren.
B   Buchstabieren Sie Ihren Namen und den Ihrer Firma.
A   Wiederholen Sie die Daten und beenden Sie das Gespräch.

Annahme eines Telefongesprächs (2)

Das Telefon klingelt.
Sie nehmen ab und melden sich mit dem Namen Ihrer Firma.
Der Anrufer stellt sich vor. Er wünscht, mit jemandem von der Verkaufsabteilung zu sprechen.
Sie antworten, dass zwei Personen (Frau Dubois und Herr Renard) in Frage kommen und versuchen, eine Verbindung herzustellen.
Sie bitten den Anrufer um etwas Geduld.
Frau X ist leider nicht an ihrem Platz.
Sie erklären dem Anrufer, dass Sie versuchen werden, Herrn Y zu erreichen.
Sie fragen den Anrufer, ob er noch warten möchte.
Der Anrufer ist bereit, zu warten.
Sie versuchen, Herrn Renard zu erreichen, doch der ist auch nicht in seinem Büro.
Sie schlagen dem Anrufer vor, eine Nachricht zu hinterlassen oder es selbst nocheinmal zu versuchen und geben die Direktwahl von Herrn Renard und Frau Dubois bekannt. Sie bedauern, nicht mehr tun zu können.
Der Anrufer hinterlässt seine Daten und bittet um Rückruf.

Annahme eines Telefongesprächs (3)

Das Telefon klingelt.
Sie nehmen ab und melden sich mit dem Namen Ihrer Firma.
Der Anrufer stellt sich vor. Er wünscht, mit jemandem von der Exportabteilung zu sprechen.
Sie antworten, dass zwei Personen (Frau X und Herr Y) in Frage kommen und versuchen, eine Verbindung herzustellen.
Sie bitten den Anrufer um etwas Geduld.
Frau X ist leider nicht an ihrem Platz.
Sie erklären dem Anrufer, dass Sie versuchen werden, Herrn Y zu erreichen.
Sie fragen den Anrufer, ob er noch warten möchte.
Der Anrufer ist bereit, zu warten.
Sie versuchen, Herrn Y anzurufen, doch dort meldet sich die Sekretärin, da Herr Y in einer Besprechung ist, die bis 16.00 Uhr dauern wird.
Sie teilen dem Anrufer mit, was die Sekretärin Ihnen gesagt hat. Sie schlagen dem Anrufer vor, eine Nachricht zu hinterlassen oder es selbst nocheinmal zu versuchen, und geben die Direktwahl von Herrn Y und Frau X bekannt. Sie bedauern, nicht mehr tun zu können.
Der Anrufer hinterlässt seine Daten und bittet um Rückruf vor 19.00 Uhr.

Annahme eines Telefongesprächs (4)

Das Telefon klingelt.
Sie melden sich.
Der Anrufer möchte mit Frau Dubois sprechen.
Sie bitten den Anrufer, am Apparat zu bleiben, weil Sie nachfragen möchten, ob Frau Dubois im Hause ist.
Der Anrufer dankt und wartet.
Sie rufen bei Frau Dubois an, die sich sofort meldet.
Sie teilen mit, wer sie zu sprechen wünscht.
Frau Dubois möchte mit dem Anrufer nicht sprechen und trägt Ihnen auf, ihm zu sagen, Sie sei nicht im Hause und Sie wüssten nicht, wann sie zurückkomme.
Sie teilen dem Anrufer mit, was Frau Dubois Ihnen aufgetragen hat.
Der Anrufer entgegnet etwas genervt, dass er schon zum zweiten Mal anruft und in einer halben Stunde sein Büro verlassen wird.
Sie fragen, ob er eine Nachricht hinterlassen möchte.
Der Anrufer möchte das nicht, da er mit Frau Dubois persönlich sprechen muss.
Sie bedauern, nicht mehr für ihn tun zu können, und verabschieden sich.

Annahme eines Telefongesprächs (5)

Das Telefon klingelt.
Sie melden sich.
Der Anrufer möchte mit Frau Dubois sprechen.
Sie bitten den Anrufer, am Apparat zu bleiben, weil Sie nachfragen möchten, ob Frau Dubois im Hause ist.
Der Anrufer dankt und wartet.
Sie rufen bei Frau Dubois an, die sich sofort meldet.
Sie teilen mit, wer sie zu sprechen wünscht.
Frau Dubois hat gerade einen Kunden in ihrem Büro und bittet Sie, die Daten des Anrufers aufzunehmen. Sie wird in ca. 1 Stunde zurückrufen.
Sie teilen dem Anrufer mit, was Frau Dubois Ihnen aufgetragen hat.

Der Anrufer entgegnet etwas genervt, dass er schon zum dritten Mal anruft und in einer halben Stunde sein Büro verlassen wird.
Sie bitten den Anrufer um etwas Geduld und versuchen es noch einmal bei Frau Dubois.
Frau Dubois ist zwar nicht sehr erfreut, läßt aber ausrichten, daß sie in ca. 10 Minuten zurückrufen wird.
Sie sagen dem Anrufer, dass man ihn in 10 Minuten anrufen wird, und bitten um seine Daten.
Der Anrufer hinterlässt schließlich seine Daten und fügt hinzu, dass es um den Preis für eine bestimmte Maschine geht und er dringend ein Angebot benötigt.
Sie sagen ihm, dass Sie alles tun werden, um ihm die Information zukommen zu lassen.

Telefonische Anfrage (1)

(Telefonistin B, Kunde A, Verkaufsleiter C, Sekretärin des Verkaufsleiters D)

A   hat eine Messe besucht und ein Produkt der Firma X gesehen und wünscht nun Informationen darüber
B   Die Telefonistin verbindet mit dem Sachbearbeiter C
C   nimmt das Gespräch an und fragt nach der Modellbezeichnung, der gewünschten Menge und dem Liefertermin.
A   nennt Modellnamen, weiß aber noch nicht, wieviel er bestellen wird, benötigt ein Stück jedoch noch vor Ende des Monats.
C   verspricht, Dokumentation und detailliertes Angebot zu schicken, und gibt das Gespräch an seine Sekretärin weiter, die Anschrift und weitere Daten des Anrufers aufnehmen soll.
D   Die Sekretärin bittet um die erforderlichen Daten, damit das Angebot sofort geschrieben werden kann.

Telefonische Anfrage (2)

Frau Lambert ist mit Herrn Jansen von der Exportabteilung der Firma „Monteverde" verbunden worden.

Herr Jansen meldet sich und fragt, was er für Frau Lambert tun kann.
Frau Lambert stellt sich als Chefin der Boutiquenkette „Luxe de Montréal" vor.
Sie hat eine Anzeige der Firma in der Zeitschrift „Elle" gesehen und möchte wissen, ob die Feder des Modells „Mozart" vergoldet oder aus Gold ist.
Herr Jansen versichert ihr, dass alle Federn, die „Monteverde" herstellt, aus Gold sind.
Frau Lambert möchte wissen, wie hoch der Preis für den Export nach Kanada ist.
Herr Jansen antwortet: USD 100,— einschließlich Verpackung und Luftfracht.
Frau Lambert fragt nach der Lieferzeit.
Herr Jansen fragt zunächst nach der Anzahl der Federhalter, die Frau Lambert bestellen möchte.
Frau Lambert möchte ca. 250 Stück bestellen, wenn man ihr einen Rabatt von 5 % gewährt.
Herr Jansen ist nicht sicher, ob man ihr diesen Rabatt gewähren wird, nennt aber eine Lieferzeit von 3 - 4 Wochen.
Frau Lambert möchte die Federhalter vor dem 15. Oktober erhalten und würde diese Menge bestellen, wenn „Monteverde" den Rabatt gewährt.
Herr Jansen bittet um ihre Telefonnummer. Er wird sie in ca. 2 Stunden wieder anrufen, um ihr seine Entscheidung mitzuteilen.
Damit ist Frau Lambert einverstanden, übermittelt ihre Telefonnummer und verabschiedet sich.

Telefonische Anfrage (3)

Herr Peters ist mit Frau Frugier von „Laine & Compagnie" verbunden worden

Herr Peters stellt sich vor als Verkaufsleiter eines Kaufhauses. Er hat eine Anzeige in „Les Echos"
gelesen und dadurch erfahren, dass „Laine & Compagnie" Hersteller von Wolldecken sind.
Frau Frugier bestätigt das und fügt hinzu, dass die Firma seit 100 Jahren existiert.
Herr Peters möchte ein Angebot über alle Produkte, die „Laine & Compagnie" herstellen.
Frau Frugier schlägt vor, ihm zunächst einen Katalog mit Preisliste zu schicken.
Herr Peters fragt nach Mustern.
Frau Frugier antwortet, dass der Katalog einige Wollmuster enthält.
Herr Peters möchte wissen, ob bei Abnahme von großen Mengen Rabatte gewährt werden.
Frau Frugier meint, das hänge von der Menge ab, darüber könne man noch sprechen.
Herr Peters möchte wissen, mit welchen Lieferzeiten er rechnen muß.
Frau Frugier nennt die normale Lieferzeit von 4 Wochen, die aber je nach Menge variieren könne.
Sie rät Herrn Peters, den Katalog abzuwarten. Sie würde eventuell einen Vertreter schicken,
wenn Peters interessiert ist.
Herr Peters hält das für möglich und dankt im Voraus für den zu erwartenden Katalog.

Exercice de conversation téléphonique

1. Vous êtes propriétaire de deux chevaux et êtes intéressé par cette annonce , téléphonez!

    Vends **blé,** orge (grains) + paille moitié blé
    moitié foin, excellent pour chevaux.
    Téléphone 03.83.74.98.21. Heures repas

2. Vous avez un stand au marché et seriez intéressé de vendre des oignons, téléphonez!

    Vends récolte **oignons** frais environ 90 kg, tout ou
    séparément, € 1,00 le kilo; échalotes € 2,10 le kilo
    Téléphone 03.83.27.72.47.

3. Vous aimeriez faire une réserve de bois de chauffage, prenez contact!

    Vends **bois de chauffage,** sec, coupé sur demande, livré.
    Téléphone 03.83.19.36.15, après 19 H.

4. Vous travaillez dans le bâtiment et auriez besoin de ces volets, renseignez vous!

    Vends tiers du prix, des centaines de **volets** neufs, avec
    quincaillerie, fenêtres double vitrage, portes, radiateurs
    chauffage central. Téléphone 06.81.06.37.77.

5. Vous êtes installateur de chauffage et vous êtes intéressé par cette annonce, appelez le no.!

    Vends douze **radiateurs** fonte différentes puissances,
    très bon état, ensemble ou séparément.
    Téléphone 03.83.73.42.14 heures repas

6. Vous êtes à la recherche d'un local pour votre travail, demandez plus de renseignements!

    Vends **locaux** commerciaux, bureaux et atelier,
    quartier Préville, environ 387 m². Téléphone
    03.83.35.67.20 ou 03.83.98.34.40

Exercice de conversation au téléphone

A vous d'imaginer des conversations téléphoniques d'après les données suivantes:

1. Vous êtes chef de rayon dans une grande surface et vous appelez un fabricant de jouets en bois:

    – Intérêt pour lesdits articles/destinés à quel âge?
    – Couleurs et bois utilisés?
    – Délais de livraison?/Prix?
    – Remises possibles pour jardins d'enfants?
    – Offre spéciale pour Noël?/Figurines de crèche livrables?

2. Vous êtes acheteur d'une centrale d'achat au niveau international et vous prenez contact avec le distributeur de produits alimentaires français

    – Intérêt pour produits gastronomiques typiquement français
    – Assortiments possibles (vins/fromages/pâtés/petits gâteaux/desserts..)?
    – Envoi d'un catalogue et d'échantillons/Visite d'un représentant?
    – Informations nécessaires sur l'origine des produits, leur conservation,leur composition
    – Délais de livraison? Prix? Remises?

3. Vous êtes revendeur de petits meubles et vous vous adressez à un fabricant de meubles

    – Intérêt pour petits meubles en bois naturel vus dans une annonce
    – Dimensions exactes? Possibilité de les varier?
    – Informations sur le bois utilisé et sur le montage
    – Meubles de différentes couleurs? Gamme des couleurs?
    – Envoi d'un modèle?
    – Délais de livraison?/Prix?/Emballage prévu?

Traduisez!

„Nature et découvertes" et la forêt tropicale

Nous vous proposons des bijoux en ivoire[1] végétal, fruit d'un palmier qui pousse dans la forêt tropicale d'Amérique du Sud et qui s'appelle "Tagua".
Les graines[2] qui ressemblent à de l'ivoire ont eu un succès exceptionnel en Europe de 1900 à 1940. On en faisait des boutons et des poignées de parapluies.
Nous avons décidé d'en relancer la vente avec le double avantage écologique de sauver les éléphants et de créer des ressources pour les Indiens des forêts tropicales.
De même, d'autres espèces d'arbres sont exploitées dans la forêt amazonienne. Afin de stopper la déforestation, il existe de nombreux programmes pour aider les Indiens à préserver et à gérer cette forêt afin d'exploiter ses ressources pour la pharmacopée, les produits cosmétiques et la menuiserie[3].
Nous aidons un programme de reforestation de l'Amazonie qui est organisé par Pro Natura.
Si vous voulez en savoir plus, contactez-nous!

1) l'ivoire (m) . Elfenbein
2) la graine : Korn
3) la menuiserie : Tischlerarbeit

Les jouets en bois

Au sud du massif montagneux du Jura, les artisans du jouet en bois continuent à travailler sur des plateaux[1] recouverts de forêts de feuillus[2] et de résineux[3].
Ils utilisent encore leur tour à bois[4] pour fabriquer de superbes jouets que plusieurs générations d'enfants ont testés et aimés!
Un canif[5] et un morceau de bois! Que de jouets (= de nombreux jouets) peuvent être fabriqués avec un couteau: toupie[6], yoyo, sifflet[7] ...

1) le plateau: Ebene
2) les feuillus: Laubbäume
3) les résineux: Nadelbäume
4) le tour à bois: Holzdrechselbank
5) le canif: Taschenmesser
6) la toupie: Kreisel
7) le sifflet: Pfeife

La forêt française

La France possède la plus grande superficie [1] forestière d'Europe.
La forêt couvre aujourd'hui 25 % du territoire.
Elle n'est plus naturelle; les hommes ont favorisé les espèces les plus utiles comme le chêne [2] et le châtaignier [3] ainsi que celles qui poussent vite comme le sapin [4] et le pin [5] parce qu'elles assurent une bonne rentabilité.
Les incendies d'été dans les régions méditerranéennes, les maladies et les pluies acides dans l'Est de la France sont des dangers qui menacent la forêt.
La France produit environ 30 millions de m³ de bois par an.
L'ensemble des activités dans le secteur du bois emploie 650.000 salariés dans 100.000 entreprises mais le déficit commercial augmente d'année en année.
Ceci est dû en partie à la forte concurrence étrangère mais aussi au fait que le potentiel forestier n'est pas assez bien utilisé.
La propriété des forêts est mal répartie. L'Etat et les communes ne contrôlent que 4 millions d'hectares. Le reste est propriété privée, soit 10 millions d'hectares qui sont aux mains de 1,6 million de propriétaires!
Ce sont souvent de petites propriétés improductives et mal entretenues.

1) la superficie : die Fläche
2) le chêne : die Eiche
3) le châtaignier : der Kastanienbaum
4) le sapin : die Tanne
5) le pin : die Kiefer

aus : Géographie de la France, Nouveau guide France

Le contrat de vente dans l'exportation

L'importateur   ## L'exportateur

Annonce,
Publicité,
Offre spontanée

1. Demande des renseignements techniques et commerciaux, fait une demande d'offre

2. Soumet une offre comportant tous les détails techniques et commerciaux

3. Examine, compare l'offre avec d'autres

4. Passe une commande

5. Confirme la commande

6. Exécute la commande

7. Envoie un avis d'expédition, un bordereau d'envoi et une facture

8. Reçoit et accepte la marchandise

9. Règle la facture

Ou, en cas de non-conformité, …

10. N'accepte pas la marchandise

11. Formule une réclamation

12. Accepte la réclamation et règle l'affaire, remplace la marchandise

13. Refuse la réclamation

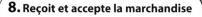

Pour bien vendre il faut ...

Savoir proposer
une bone affaire

Respecter
son client

Bien connaître
son Produit

Rester positif
en période creuse

Bien connaître
la concurrence
et le marché

Proposer un
arrangement financier

Utiliser
l'image de marque

Ne jamais
dénigrer
les concurrents

Savoir
se présenter soi-même
et sa maison

Savoir
écouter le client

Utiliser
la publicité
ou la presse

INFLUENCER
SANS MANIPULER

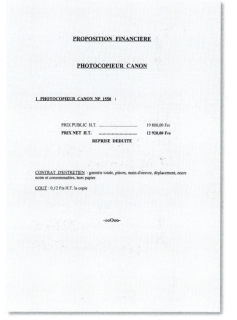

MIDI-PECHE
81, Grand Rue Mario-Roustan · 34200 SETE
Tel. 06 09 512251 · Fax 06 67 466731

TELECOPIE/FAX

DESTINATAIRE: Petersen Fischimport,
                    Hambourg
A L'ATTENTION DE: M. Ingo Werner
COPIE:
OBJET: Arrivages actuels
DATE: Sète, le 20 octobre ...
TOTAL PAGES: 2

> **Questions:**
> 1. **Pourquoi est-il si important de connaître le moyen et la durée du transport?**
> 2. **En quoi pourrait consister un emballage spécial?**

Monsieur,

Nous vous remercions de votre fax de ce matin et vous faisons parvenir notre brochure ainsi que nos conditions générales de vente aujourd'hui même.

Normalement, nos transports sont effectués via Paris ou Strasbourg par la Compagnie Express Maréen qui garantit l'arrivée des marchandises, sauf imprévu, dans la matinée suivant votre commande à la condition qu'elle nous parvienne avant 18.00 heures.

Veuillez trouver ci-après (page 2) la liste de nos prix actuels. Pour un emballage spécial il faut ajouter € 0,50/kg aux frais de transport.

Nous serions très intéressés par une collaboration avec votre maison et vous prions d'agréer, Monsieur, l'expression de nos meilleures salutations.

Gilles Délignac

Gilles Délignac
Directeur

Annexe: Page 2 (Tarif 20/10/...)

MIDI-PECHE
81, Grand Rue Mario-Roustan · 34200 SETE
Tel. 06 09 512251 · Fax 06 67 466731

COURS DU JOUR :		20/10/97	**DEPART**

Majoration pour emballage special : +2,00 F/R

Prix Départ

Désignation	Prix	Désignation	Prix	Orig.	Désignation	Prix	Orig.
PETITS POISSONS		*PETITS POISSONS*			*GROS*		
MEDITERRANNEES		*IMPORTS*			*POISSONS*		
Anchois x 4	20,00	Anneau Encornet x 5	30,00	ESP	Requin Piece		MAR
Bouille PT x 4	48,00	Encornet 1/2 cons x 5		ESP	Congre 3/5 Piece		MED
MY x 4	55,00	lamelle seiche x 5	26,00	ESP	5/7 Piece		MED
GR x 4	60,00	Bonite x 10			7/+ Piece		MED
Bogues x 4	10,00	Breka 5/10	55,00	MAR	Espadon Piece		ESP
Capelan PT x 4	15,00	Carpe PT bleu 5/10		DK	Espadon longe x 15		REU
MY x 4	20,00	Chapon 5/10	68,00	MAR	*Lotte queue*		EC
GR x 4	26,00	Coq rouge 5/10		MAR	0,5 / 1 Kg x 10		EC
Dorade royale x 6	42,00	*Dorade Rose*			1/2kg x 10	69,00	EC
encornet frais pt x 4	45,00	300/400 6/15					
Encornet frais my x 4	55,00	400/600 6/15			Merou jaun V.A.T Piece		
Encornet (*) x 4		600/800 6/15			V.D.K Piece		
Filacon (-1 Kg) x 6		800/1Kg 6/15			MERLU x 15		ESP
Filace (1/3 Kg) x 4		1/2KG 6/15			*Saumon*		EC
Gascon FRI x 4	12,00	2/3KG 6/15			Label x 20		EC
MY x 4	15,00	Encornet PT 5/10		MAR	Superieur T 2/3		EC
GR x 4	15,00	MY 5/10		MAR	SUP 4/5	28,50	EC
Jol x 4	38,00	G 5/10		MAR	ordinaire 4/5 x 20		EC
Lisette x 4	13,00	F.Breka 5/10		MAR	Thioff V.A.T Piece		DK
Loup x 4		F.Sar 5/10		MAR	ecosse 1/2 vide	27,50	
Maquereau MY x 6	15,00	Grondin 5/10		MAR	Ordinaire T1/2		
GR x 6	15,00	Gros yeux G 5/10		MAR	*ocean*		
Merlan x 4		MY 5/10		MAR	aile de raie		
Bic friture x 4	35,00	Loup 5/10		MAR	cabillaud 2/3		
N°1 100/150 x 4	39,00	Loup truite 5/10		MAR	saumonette		
X 200/250 x 4	42,00	Rouget PT 4/6		DK	F DE LOUP		
XA 350/400 x 4	52,00	MY 4/6		DK			
X- 500/600 x 4	52,00	G 4/6	45,00	DK	*FILETS*		
MM800/1Kg x 6		5/10		MAR	Merou x 4		DK
Muge x 6	13,00	Sar 5/10	50,00	MAR	Sole pac		DK
marbre 300/400 x 6		St Pierre 5/10	68,00	MAR	Rouget vrac x 4		DK
Poulpe x 4	19,00	Vive 5/10		MAR	Sole x 4	62,00	DK
Poulpe roc x 6	40,00				Turbot x 4		DK
Raie pelée x 4					*FILETS MAIN*		
Rouget FRIT x 4		*COQUILLAGES*			KBIO x 5	42,00	OC
MY x 4		Huitre Bouzigues x 10	15,00		Julienne x 6	32,00	OC
G x 4		Moule Bouzigues x 10	8,00		MERLAN x 5		OC
Rouget de roche x 4		Moule Espagne X 15	8,00		LIEU NOIR x 5		OC
Sabre Piece		Palourdine x 5			*POISSONS*		
Sardine x 4	6,50	Pointu	65,00		*ELEVAGE*		
Saupe x 4		St Jacques noix x 2			Loup 200/300 x 5		
Seiche (*) x 6		Telline x 5	30,00		300/400 x 5		
Sépion (*) x 6	26,00	Violet x 5	23,00		400/600 x 5		
Soupe roche x 4	48,00	*CRUSTACES*			600/+ x 5		
Soupe rouge x 4	15,00	Homard			Royale 300/400 x 5		
Vernière x 4		Crabe			400/600 x 5		
Piste x 4	60,00	Gambas 10/20			800/1 KG		
		CIGALES			Truite rose		
		Langouste Rouge 280/300			*POISSONS*		
		DIVERS			*PLATS*		
THON MEDIT 10/15					SOLE 200 G x 5		
15/20		Tielles	5,50		Sole N°4 x 5		HOLL
20/25		Chausson	6,00		Turbot x 5		
		Pizzas	6,00				

BIOTOP GmbH
Geräte für den ÖKOhaushalt
Händelstraße 23 · 59073 Hamm/Westf.

SANTE BIOLOGIQUE
12, rue de Courcy

F-13100 Aix-en-Provence

Ihr Schreiben vom	Unser Schreiben vom	Ihre Zeichen	Unsere Zeichen	Hamm,
12 mai ...	--	gp/gr	BG/cp	le 15 mai ...

Objet
Livraison de 800 moulins à céréales, Modèle "Xénia"

Mesdames,
Messieurs,

Nous vous remercions de votre demande de prix et vous soumettons avec plaisir notre proposition:

Modèle:	Xénia
Quantité:	800
Emballage:	Cartons individuels, 50 x 50 x 40 cm
Poids:	1,6 kg
Prix:	€ 75,00/unité, H.T.
Livraison:	franco domicile, par camion, dans les 15 jours suivant la réception de la commande
Paiement:	par virement bancaire dans les 30 jours net; CAD avec un escompte de 3 %

En outre, nous avons le plaisir de joindre à la présente notre catalogue valable jusqu'au 31 octobre qui contient tous les modèles de notre propre fabrication. Dans ce catalogue vous trouverez un bon de commande comportant nos conditions générales de vente au verso. La valeur minimum par commande est de € 350,00.

Nous vous remercions de votre confiance et restons à votre disposition pour toute information complémentaire.

Veuillez agréer, Mesdames, Messieurs, nos salutations distinguées.

BIOTOP GmbH

Petra Wächter

Petra Wächter

Tel. 2318/324015 · Fax 2318/324016
Bankverbindung: Deutsche Bank ,Kto. 20/345899

Natura GmbH
Spielzeugfabriken
Herderstraße 30 · 86165 Augsburg

Questions:

1. **Quelle est la spécialité de Natura GmbH?**
2. **En quoi les produits de Natura GmbH se distinguent-ils d'autres jouets ?**
3. **Quelle sorte de précisions attendez-vous?**
4. **Pourquoi l'entreprise Natura GmbH propose-t-elle une rencontre avec leur représentant?**
5. **Que se passera-t-il probablement pendant la visite du représentant?**

La Maison du Jouet
42, rue Grolée

F-69002 Lyon

Ihr Schreiben vom	Ihre Zeichen	Unsere Zeichen	Augsburg,
28 juillet	gb/yb	z/bc	le 10 août ....

Objet
Jouets éducatifs en bois

Mesdames,
Messieurs,

Nous vous remercions de l'intérêt témoigné par votre demande de documentation et nous empressons de vous faire parvenir par courrier séparé notre catalogue général qui vous donnera toutes les précisions sur les modèles que nous fabriquons.

Nos jouets à l'usage des enfants en bas âge sont particulièrement robustes et sûrs car nous respectons rigoureusement les consignes de la législation allemande. Ils correspondent aux exigences des parents qui souhaitent de plus en plus de jouets intelligents, éducatifs et résistants à l'usure.

Nous serions heureux de collaborer avec votre maison et vous proposons de rencontrer notre représentant, Monsieur Spielberg, pour discuter des conditions de commercialisation en France. M. Spielberg pourra vous montrer une partie de notre collection afin de vous convaincre de la qualité supérieure de nos articles.

Nous restons à votre disposition pour fixer la date d'une visite dans vos bureaux et vous prions d'agréer, Mesdames, Messieurs, nos salutations les plus distinguées.

Natura GmbH

Bernd Köster

Bernd Köster
Produktionsleiter

GAPA S.A.
Tous les Gants
59/61, rue Marius Aufan · F 92305 Levallois-Perret

Schlumberger GmbH
Heimwerker & Gartenbedarf
Hoppestrasse 2
30625 Hannover
Allemagne

Votre réf.	Votre lettre du	Notre réf.	Levallois,
KR/BL	28 août ...	JM/gg	le 03 septembre ...

Objet
Nos gants "Lessiveur"

Madame,
Monsieur,

Merci de nous avoir contactés. Nous vous adressons avec plaisir notre catalogue ainsi que les fiches techniques concernant nos gants "Lessiveur".

Quant à l'échantillon qui accompagnait votre demande il s'agit, en effet, d'un produit de notre fabrication. Vous trouverez donc, ci-joint, la fiche technique de notre gant "Bricoleur" qui est - comme vous l'avez certainement constaté - extrêmement solide. Vous verrez que cette matière est d'un excellent rapport qualité - prix. Cet article se vend très bien aux Etats Unis.

Nous vous proposons ce modèle sur la base d'une livraison de 10.000 paires (livraisons partielles exclues) au prix de € 2, 10 la paire, départ usine, dans les 10 jours après réception de votre commande.

Etant donné qu'il s'agit d'une première transaction, nos conditions générales de vente que vous trouverez également en annexe sont applicables. Toute commande ultérieure peut être négociée individuellement si son volume le permet.

Dans l'attente de votre décision, nous vous prions d'agréer, Madame, Monsieur, nos salutations distinguées.

GAPA S.A.

Jules Massenet

Jules Massenet
Service Export

Société Anonyme au Capital de 80.000.000 Frs   Siège Social Correspondance et Commandes
59/61, rue Marius Aufan F 92305 Levallois-Perret   Tel (1) 4567662   Fax (1) 4567663

MONTEVERDE
PRÄZISIONSSCHREIBGERÄTE
Mittelweg 45 · 20148 Hamburg

Galeries Précieuses
Place de la Concorde
Montréal, Canada

Unser Zeichen / Notre Réf. : jt/rw
Ihr Zeichen / Votre Réf. : sp/11
Ihr Schreiben vom / Votre lettre du: 10 septembre ....

Hamburg, le 10 octobre ....

Objet
Stylos / Plumes – Emballages Cadeau

Madame,
Monsieur,

En raison d'une grève des services postaux nous n'avons reçu que ce matin votre lettre en date du 10 septembre. Veuillez donc nous excuser de vous répondre aussi tardivement.

Nous nous empressons de vous envoyer une documentation technique sur les stylos "Monteverde". Vous trouverez le modèle qui vous intéresse particulièrement à la page 23, n° de référence 03 20 301.

En étudiant notre catalogue vous constaterez que nous sommes spécialisés dans la fabrication de stylos et plumes haut de gamme. Nous vous signalons également que la valeur minimum par commande doit dépasser € 10.000,00 si vous désirez devenir distributeurs de notre griffe. Toutefois, nous accordons une remise de 5 % pour toute commande dépassant € 25.000,00.

En outre, nous ne compterons aucun supplément pour les emballages spécialement conçus pour la vente saisonnière. L'écrin du modèle "Mozart" (en bleu foncé ou rouge bordeaux - à votre choix) est destiné à la vente de Noël.

Si vous le désirez, nos marchandises pourront être livrées franco domicile. Pour tout ce qui concerne nos conditions générales de vente, veuillez consulter le verso du bon de commande joint à la présente.

Vu la finition parfaite et la renommée mondiale de nos produits, nous sommes convaincus que vous arriverez rapidement à réaliser un chiffre d'affaires plus que satisfaisant. N'hésitez pas à nous consulter pour tout renseignement complémentaire et une éventuelle assistance publicitaire.

Recevez, Madame, Monsieur, l'expression de nos plus sincères sentiments.

MONTEVERDE

Tarniepark

Service Export

*conçus –
concevoir –
geschaffen
für*

*diesem
Schreiben*

Geschäftsführer Michael Ludwig, Johannes Weißberg · Vereinsbank in Hamburg, Kto. Nr. 40/2309

MOUCHINTON S.A.
26, rue Quinine
49100 Angers
France

Henrici & Jade
Parfumerieartikel
A l'attention de Madame Henrici
Kurfürstenstraße 100
40211 Düsseldorf
Allemagne

Chère Madame,   Angers. le 20 mai .....

Le mouchoir en papier est devenu un produit indispensable à notre vie quotidienne. Il est utilisé dans de multiples situations: au bureau, à la maison, dans la voiture, à tout instant de la journée.

Un mouchoir imprimé, quelle remarquable manière de participer à tous les moments de la vie!

Les mouchoirs et leurs boîtes de 4 couleurs différentes et au logo de votre société sont entièrement personnalisés. Vous avez le choix entre plusieurs formes de boîte, et pouvez aussi créer votre propre boîte.

100 mouchoirs portant à chaque fois votre nom ou votre logo sortent l'un après l'autre de votre boîte. Imaginez pour votre société cette présence permanente.

Lancé au début de l'année en Belgique, le mouchoir PROMOTISSUE connaît un immense succès. Lors d'un salon professionnel, la presse l'a déclaré objet promotionnel le plus attractif de l'année.

Je suis convaincue que les mouchoirs PROMOTISSUE seront pour vous la façon idéale de communiquer. Leur originalité et la multiplicité de leurs utilisations font de PROMOTISSUE un produit unique en son genre.

Je suis entièrement à votre disposition pour vous donner tous les renseignements souhaités sur nos mouchoirs et leurs boîtes. Contactez-moi au 52 80 80 ou faxez-moi la carte-réponse ci-jointe au 52 81 81.

Veuillez croire, Chère Madame, à l'assurance de ma parfaite considération.

Danièle Ribau
Direction Générale

SARL au capital de 1.000.000 F   RC Angers C 240 123
Siret 316 234 667   No d'identification FR 30 234 136 200

MOUCHINTON S.A.

26, rue Quinine
49100 Angers
France

Boîtes standards de 100 mouchoirs double épaisseur avec fenêtre en carton

Articles	Quantités	1500	3750	5000	7000	10000	15000	20000	25000	50000
Mouchoir 1 ou 2 C, boîte 2C		13,40	12,40	11,40	11,20	10,50	10,10	9,80	9,40	9,00
Mouchoir 1 ou 2 C, boîte 3C		14,10	12,90	12,50	11,60	11,00	10,50	10,20	9,60	9,10
Mouchoir 1 ou 2 C, boîte 4C		14,20	13,20	12,80	11,80	11,10	10,60	10,30	9,70	9,10
Mouchoir 3 ou 4 C, boîte 2C		14,60	13,40	12,90	12,00	11,20	10,70	10,40	10,00	9,60
Mouchoir 3 ou 4 C, boîte 3C		14,80	13,70	13,20	12,30	11,80	11,10	10,90	10,20	9,70
Mouchoir 3 ou 4 C, boîte 4C		15,40	14,10	13,60	12,60	11,90	11,30	11,00	10,30	9,70
Fenêtre transparente		2,30	1,35	1,15	1,00	1,00	0,80	0,80	0,80	0,80

Frais techniques mouchoir 1ère commande	:	1 couleur	5 500,00	F .H.T.
		2 couleurs	10 800,00	F .H.T.
		3 couleurs	16 000,00	F .H.T.
		4 couleurs	20 900,00	F .H.T.

En supplément	: voir modèles joints	
	fenêtre transparente	voir tarif ci-dessus
	moule pour une fabrication spéciale	2 500,00 F .H.T.

Conditions de vente :

Prix	: en Francs Français, H.T., départ BEAUVAIS.
Quantités	: minimum 1.500 boîtes. Les quantités peuvent varier de plus ou moins 5% par rapport à la commande. La facture sera établie en fonction des quantités livrées.
Délai	: environ 6 semaines après réception de votre commande et accord du bon à tirer. Octobre, Novembre, Décembre : 8 semaines après réception de votre commande et accord du bon à tirer.
Paiement	: 30 jours net date de facturation. Tout retard de paiement portera intérêts de plein droit à partir de la date d'échéance au taux légale en vigueur.
Annulation	: toute annulation de commande entraîne le remboursement de tous frais engagés.

cube

largeur   110 mm
profond. 110
hauteur 120

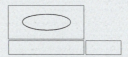

rectangular

largeur   230 mm
profond. 120
hauteur 50

CONDITIONS GENERALES DE TRAVAUX ET DE VENTE

1 - CLAUSE GENERALE

Nos travaux et nos ventes sont soumis aux présentes conditions générales qui prévalent sur toute condition d'achat, sauf dérogation formelle et expresse de notre part.

Toute commande emporte de plein droit l'adhésion de l'acheteur aux présentes conditions générales.

2 - FORMATION DU CONTRAT - OFFRES ET DEVIS

Offres et devis

Les offres verbales ne sont définitivement valables qu'après confirmation écrite de l'entreprise.

Préalablement à la commande, il peut être établi un devis. Celui-ci constitue les conditions particulières venant compléter ou, le cas échéant, modifier les conditions générales.

Formation du contrat

Le contrat se forme par l'acceptation formelle de l'acheteur soit sur le devis, soit sur le bon de commande après avoir pris connaissance des conditions générales de travaux et de vente.

Le client qui choisira d'accepter notre proposition telle quelle contenue dans le devis apposera sa signature après avoir écrit de sa main "BON POUR COMMANDE AUX CONDITIONS PROPOSEES AU (- date.............. ").

Si l'acheteur souhaite voir apporter des modifications à la proposition, il devra nous les faire connaître par écrit et la commande ne deviendra définitive qu'après acceptation écrite de notre part des modifications envisagées. L'acceptation expresse par la société des modifications apportées aux conditions générales de travaux et de vente est indispensable pour leur mise en oeuvre.

Si une contradiction apparaît, les conditions particulières acceptées formellement par les deux parties prévalent sur les conditions générales. En cours d'exécution, le client ne peut apporter de modification à sa commande, sauf accord écrit de l'entreprise. Il s'interdit également de donner directement des ordres au personnel de l'entreprise, soit pour l'exécution des prestations prévues, soit pour lui faire exécuter des prestations étrangères à la commande, sauf accord exprès donné par l'entreprise.

3 - CONFIDENTIALITE - PROTECTION DES DESSINS ET MODELES

Les études, plans, dessins, maquettes et documents remis ou envoyés par nous-mêmes demeurent notre propriété ; ils ne peuvent donc être communiqués à des tiers sous quelque motif que ce soit par l'acheteur. L'acheteur est également averti que certains dessins et modèles diffusés par la Société BRAXENTHALER sont protégés conformément aux dispositions du Code de la propriété intellectuelle.

4 - LIVRAISON - TRANSPORT - INSTALLATION

Transport

Sauf stipulation contraire, la livraison est réputée effectuée chez l'acheteur. Notre société supporte les risques afférents au transport.

Si par exception, la livraison est effectuée dans nos ateliers ou magasins, il incombe à l'acheteur d'assurer les frais et risques du transport des biens vendus, postérieurement à la livraison.

L'acheteur ou son mandataire est tenu de vérifier les marchandises au moment de la livraison et doit mentionner sur le bon de livraison les réserves qu'il entend faire au sujet des avaries de transport qu'il peut constater. Dans le cas où les marchandises sont acheminées par un transporteur, les réserves faites sur le bon de livraison doivent impérativement être confirmées au transporteur par lettre recommandée avec accusé de réception expédiée dans les 3 jours (non compris les jours fériés) de la réception des marchandises (article 105 Code de Commerce). La lettre doit comporter l'énonciation des marchandises et la nature des dommages. L'acheteur devra nous communiquer sans délai une copie de cette lettre. A défaut de se conformer à cette règle et si notre société perdait de ce fait ses possibilités de recours contre le transporteur, l'acheteur supporterait seul les conséquences de l'avarie du transport et ne serait donc pas fondé à formuler quelque réclamation que ce soit à ce titre, même si le transporteur avait été choisi par notre société.

Installation

Nous ne pouvons en aucun cas être rendus responsables dans l'hypothèse où les marchandises commandées ne pourraient être acheminées à l'intérieur du domicile de l'acheteur ou à tout autre endroit indiqué par lui, en cas d'exiguïté des locaux ou des moyens d'accès à ceux-ci, sauf dans le cas où cette difficulté nous aurait été signalée au moment de la commande, celle-ci devant être expressément consignée sur le bon de commande au titre des conditions particulières.

Délai

A moins qu'il ne soit donné à titre indicatif sous réserve de confirmation, nous nous engageons à respecter le délai de livraison porté sur le bon de commande. Mais si la livraison est retardée pour une raison indépendante de notre volonté, elle sera réputée avoir été effectuée à la date convenue. L'acheteur est pareillement tenu par la date de livraison. Si, après mise à disposition des marchandises, la date de livraison est repoussée par l'acheteur, les marchandises seront considérées comme livrées à la date de mise à disposition. La facturation sera alors faite à cette date.

5 - RESERVE DE PROPRIETE

Le vendeur conserve la propriété des biens vendus jusqu'au paiement effectif de l'intégralité du prix en principal et accessoire. Le défaut de paiement de l'une quelconque des échéances peut entraîner la revendication des biens. Ces dispositions ne font pas obstacle au transfert à l'acheteur, dès la livraison, des risques de perte et de détérioration des biens vendus ainsi que des dommages qu'ils pourraient occasionner.

6 - PRIX - CONDITIONS DE PAIEMENT - PENALITES

Les prix sont stipulés hors taxe ; leur nature (ferme ou révisable), leur montant sont précisés dans les conditions particulières. **Sauf stipulation contraire, les prix sont payables au comptant, sans escompte, avant l'enlèvement de la marchandise ou lors de sa livraison. Un acompte de 30 % du prix devra être versé le jour de la commande.** Si toutefois, un paiement à terme est exceptionnellement accordé à l'acheteur, les modalités de ce paiement seront mentionnées dans les conditions particulières. Le paiement anticipé ne donnera lieu à aucun escompte.

A titre de clause pénale et en application des dispositions légales, l'acheteur sera de plein droit redevable d'une pénalité pour retard de paiement, calculée par application à l'intégralité des sommes restant dues d'un taux d'intérêt égal à trois fois le taux d'intérêt légal, lorsque le règlement intégral de la dette ne sera pas intervenu dans les huit jours de la date de paiement portée sur la facture. Le taux de référence sera celui en vigueur au jour de l'utilisation des conditions générales de vente. La date qui sera retenue pour apprécier le dépassement du délai contractuel est la date à laquelle la société aura effectivement reçu le chèque, sous réserve de son encaissement. Pour les effets de commerce, la date qui sera prise en compte sera celle résultant de l'échéance inscrite par le débiteur sur le billet à ordre ou la lettre de change.

7 - GARANTIE

Les biens vendus sont garantis contre tout vice de fonctionnement provenant d'un défaut de matière, de fabrication ou de conception dans les conditions ci-dessous. Selon la nature et la destination du bien vendu, l'acheteur bénéficiera soit de la garantie légale, décennale ou biennale, conformément aux dispositions des articles 1792 et suivants et 2270 du Code Civil, soit de notre garantie conventionnelle fixée à 12 mois à compter de la livraison pour une utilisation normale du bien telle que prévue dans la commande.

Dans tous les cas, la garantie est exclue :
- si la matière ou la conception défectueuse provient de l'acheteur ;
- si le vice de fonctionnement résulte d'une intervention sur le bien, effectuée sans autorisation ;
- si le fonctionnement défectueux provient de l'usure normale du bien ou d'une négligence ou défaut d'entretien ou de protection de la part de l'acheteur ; notamment, l'exposition à une humidité importante et/ou une chaleur excessive sont des causes exclusives de notre garantie ;
- si le fonctionnement défectueux résulte de la force majeure.

Au titre de la garantie, le vendeur réparera ou remplacera gratuitement les pièces reconnues défectueuses par ses services techniques. Cette garantie couvre les frais de transport sur le site et les frais de main-d'oeuvre, à l'exclusion du temps passé aux travaux de démontage et remontage rendus nécessaires par les conditions d'utilisation ou d'implantation de ce bien. Le remplacement des pièces n'a pas pour conséquence de prolonger la durée précisée au paragraphe ci-dessus. Par ailleurs, si l'expédition du bien est retardée pour une raison indépendante du vendeur, le point de départ de la période de garantie n'est pas repoussé.

L'acheteur est averti, qu'en tout état de cause, la garantie légale prévue par l'article 1641 du Code Civil est applicable.

8 - CLAUSE RESOLUTOIRE DE PLEIN DROIT

En cas d'inexécution de ses obligations provenant d'une partie, le présent contrat sera résolu de plein droit au profit de l'autre partie sans préjudice des dommages-intérêts qui pourraient être réclamés à la partie défaillante.

La résolution prendra effet 10 jours après l'envoi d'une mise en demeure restée infructueuse.

9 - REGLEMENT DES LITIGES

Tout litige relatif à la présente vente, même en cas de recours en garantie ou de pluralité de défendeurs, serait à défaut d'accord amiable avec l'acheteur commerçant, de la compétence exclusive du Tribunal de Commerce dans le ressort duquel se trouve le domicile du vendeur.

Exercices de lecture

Elargissez votre champ visuel!

accorderons
nous accorderons
vous accorderons une remise
nous vous accorderons une remise
nous vous accorderons une remise de 5 %

bancaire
virement bancaire
par virement bancaire
par virement bancaire dans les
par virement bancaire dans les 10 jours
paiement par virement bancaire dans les 10 jours

parvenir
faisons parvenir
vous faisons parvenir
nous vous faisons parvenir
nous vous faisons parvenir par courrier
nous vous faisons parvenir par courrier séparé
que nous vous faisons parvenir par courrier séparé

qualité
qualité excellente
d'une qualité excellente
sont d'une qualité excellente
nos produits sont d'une qualité excellente
tous nos produits sont d'une qualité excellente
que tous nos produits sont d'une qualité excellente
convaincus que tous nos produits sont d'une qualité excellente
nous sommes convaincus que tous nos produits sont d'une qualité excellente

valable
valable jusqu'au
est valable jusqu'au 30 juillet
catalogue est valable jusqu'au 30 juillet
notre catalogue est valable jusqu'au 30 juillet seulement
signalons que notre catalogue est valable jusqu'au 30 juillet seulement
nous vous signalons que notre catalogue est valable jusqu'au 30 juillet seulement

Soupe aux lettres

P	O	V	E	N	T	E	U	Q	U	A	N	T	I	T	E	Z	P
U	T	I	L	E	R	M	P	U	X	T	O	R	U	N	I	E	A
B	D	E	M	B	A	L	L	A	G	E	N	G	S	O	U	S	R
G	A	B	O	N	N	E	Z	L	I	V	R	A	I	S	O	N	N
B	O	Î	T	E	S		F	I	C	H	E	G	N	O	U	S	E
O	L	C	D	E	P	A	R	T	I	E	N	T	E	L	L	E	N
U	M	O	D	T	O	G	J	E	F	F	E	C	T	U	E	R	I
C	O	M	M	E	R	C	I	A	L	I	S	A	T	I	O	N	R
K	B	M	Z	R	T	U	B	C	O	N	V	A	I	N	C	R	E
A	C	A	T	A	L	O	G	U	E	I	N	M	E	N	I	S	M
B	A	N	C	A	I	R	E	A	B	T	A	G	I	T	T	Y	I
E	N	D	R	O	I	T	M	Z	V	I	R	E	M	E	N	T	S
G	N	E	G	O	C	I	E	R	J	O	I	N	D	R	E	O	E
P	O	U	R	T	A	T	E	C	H	N	I	Q	U	E	G	U	I
A	N	B	I	S	U	P	E	R	I	E	U	R	N	D	O	S	E
Y	T	E	F	F	E	C	T	U	E	R	I	M	E	N	P	B	U
E	A	R	F	I	N	P	S	A	P	R	E	C	I	S	I	O	N
R	I	R	E	N	S	E	I	G	N	E	M	E	N	T	S	N	O

Allô affaires – Handelsfranzösisch © FELDHAUS VERLAG, Hamburg

L'essentiel d'une offre - comment l'exprimer

1. Réagir à une demande

Nous vous remercions de l'intérêt témoigné par votre lettre et ....

Il nous est très agréable de répondre à votre lettre du ....

Nous vous remercions de votre lettre par laquelle vous nous demandez une documentation

sur ....

Nous nous référons au récent entretien que vous avez eu avec notre collaborateur/

collaboratrice/représentant ....

Comme nous l'avons précisé lors de notre entretien du ....

A la suite de notre conversation téléphonique du ....

Nous venons de recevoir votre lettre du ... et nous nous empressons de ....

Nous vous prions de nous excuser de vous répondre si tard.

2. Présenter l'entreprise

Notre entreprise existe depuis .... *ans.*

Nous (nous) sommes spécialisés dans la fabrication de ....

Nous exportons nos produits surtout en ....

L'excellente finition/qualité de nos produits nous a assuré un bon débouché ....

Nous nous sommes spécialisés dans la distribution/fabrication de produits haut de gamme.

3. Soumettre une offre

Nous sommes heureux de vous soumettre notre offre:

Nous sommes heureux que vous soyez intéressé(s) par ....

Nous avons le plaisir de joindre à la présente .... notre catalogue, liste de prix, tarif ....

Nous avons le plaisir de vous faire parvenir par courrier séparé ....

Nous avons le plaisir de vous envoyer ci-joint/en annexe ....

Nous avons l'avantage de vous soumettre ....

En ce qui concerne/Quant à votre demande de ...., nous ....

Nous nous permettons d'attirer votre attention sur le fait que ....

Vous remarquerez que ....

4. Stipuler les conditions de vente

Nos conditions de vente générales sont applicables/valables jusqu'au ....

Notre offre est soumise aux conditions générales de vente (imprimées au verso de ....).

Notre offre est valable jusqu'au .... / jusqu'à épuisement de stock

Le prix indiqué est valable sur la base de .... unités.

Nous accordons une remise* de .... % pour toute commande dépassant la valeur
de ....

Nous accorderons une remise de .... % si votre commande dépasse la valeur
de ....

Nous accorderions une remise de .... % si votre commande était supérieure
à .... unités.

Nous appliquons la remise de .... % si votre commande nous parvient avant
le ....

Nos conditions habituelles de règlement sont:

    Net, à 30 jours, ou dans les .... jours avec .... % d'escompte.

    Par traite à .... mois/jours de date.

    Par crédit documentaire irrévocable et confirmé.

La marchandise sera acheminée par .... dès réception de votre commande.

L'envoi sera expédié par .... dans les .... jours suivant la réception de   votre ordre.

La marchandise sera livrée FOB/CIF/DDP (+ ville) (Voir Incoterms, page 76)

---

* Remise, Rabais, Ristourne, Escompte

La remise est une réduction que le fournisseur accorde si la commande est importante ou s'il s'agit d'un ancien ou gros client.

Le rabais est une réduction que le fournisseur accorde pour compenser un défaut de qualité ou un retard de livraison ou si les marchandises ne sont pas conformes à la commande.

La ristourne est une réduction que le fournisseur accorde sur le montant des factures d'une période pour remercier le client de sa fidélité.

L'escompte est une réduction accordée sur le montant d'une facture à un client qui paie comptant ou dans un délai de 8 à 10 jours après la date de la facture.

5. Terminer la lettre

Nous sommes à votre disposition pour toute information complémentaire.

Pour tout renseignement complémentaire, veuillez vous adresser à notre service des ventes,
ligne directe numéro ....

Pour toute mise au point de certains détails vous pouvez vous adresser à ....

Nous espérons que notre proposition retiendra votre attention.

Nous serions heureux d'être favorisés de votre commande.

Nous espérons que ces tarifs vous inciteront à nous confier vos ordres.

Les Incoterms

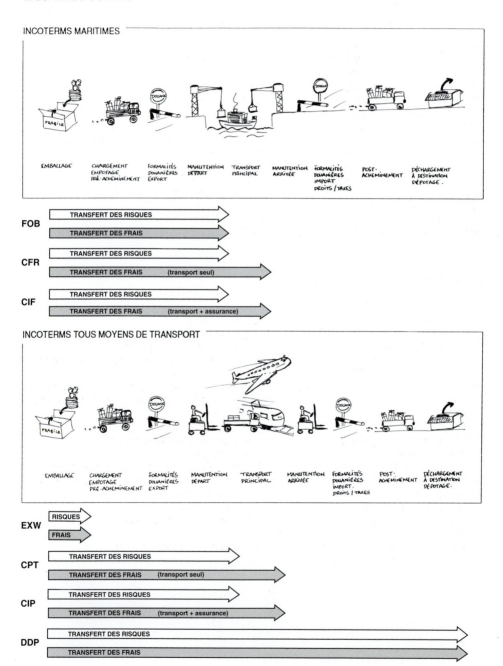

La livraison à l'étranger – Les INCOTERMS

EXW	ex usine/départ usine	ab Werk
FCA	franco transporteur + lieu	frei Frachtführer + Ort
FAS	franco le long du navire + port	frei Längsseite See- oder Binnenschiff + Verschiffungshafen
CPT	fret ou port payé jusqu'à … + lieu	frachtfrei bis … + Ort
CIP	fret ou port payé, assurance comprise, jusqu'à … + lieu	frachtfrei und versichert bis … + Ort
FOB	franco à bord (F.A.B.) + port	frei an Bord + Verschiffungshafen
CFR	coût et fret (C & F) + port	Kosten und Fracht bis Bestimmungshafen
CIF	coût, assurance, fret (CAF) + port	Kosten, Versicherung und Fracht bis Bestimmungshafen
DAF	rendu frontière + lieu	frei Grenze geliefert + Ort
DDU	rendu droits non acquittés	unverzollt geliefert
DDP	rendu droits acquittés	verzollt geliefert
DEQ	ex quai (droits acquittés)	ab Kai, verzollt + Hafen
DES	rendu ex ship	ab Schiff + Hafen

Les conditions de paiement

Paiement anticipé *(d'avance)*	Vorauszahlung
contre remboursement	gegen Nachnahme
comptant à la commande	Barzahlung bei Auftragserteilung
par chèque dès réception de la facture	per Scheck sofort nach Eingang der Rechnung
à la réception de la marchandise	bei Erhalt der Waren
dans les … jours suivant la date de la facture	innerhalb von … Tagen nach Rechnungsdatum
dans les … jours fin de mois	… Tage nach Rechnungsdatum zum Monatsende
… jours net	… Tage netto
… % d'escompte pour paiement comptant	… % Skonto bei Barzahlung
… % d'escompte pour paiement dans les … jours	… % Skonto bei Zahlung innerhalb von … Tagen
1/3 à la commande, 1/3 à la livraison, 1/3 dans les ….. jours/mois suivant la livraison.	1/3 bei Auftragserteilung, 1/3 bei Lieferung, 1/3 innerhalb von … Tagen/Monaten nach Lieferung
par traite à … jours	per … - Tage-Wechsel
D/P documents contre paiement	Zahlung gegen Dokumente
D/A documents contre acceptation d'une traite	Zahlung gegen Akzept einer Tratte
D/L paiement par crédit documentaire irrévocable et confirmé	Zahlung durch unwiderrufliches und bestätigtes Akkreditif

Les emballages

(un emballage) sous plastique

une cagette en carton

un cageot

un sac

un ruban adhésif

une caisse

Allô affaires – Handelsfranzösisch © FELDHAUS VERLAG, Hamburg

un etui

un flacon

un tube

une boîte

une bouteille

un verre / un pot

une boîte de conserve

un tonneau

un carton

des feuilles de papier de soie

des particules de calage
(en polystrène)

du carton ondulé

Test (1)

1) Quels sont les détails qui doivent apparaître dans une offre?

2) Quels types d'emballage connaissez-vous pour des produits comme par exemple:

    a) l'huile d'olive
    b) le parfum
    c) les boîtes de conserves
    d) la porcelaine
    e) le dentifrice
    f) le lait solaire
    g) les pommes
    h) le riz

3) Donnez 3 formes de transport/livraison avec leurs INCOTERMS

4) Donnez 3 formes de paiement (exportation)

5) Faites votre choix! - Nous sommes le 2 novembre. Vous avez reçu 3 offres. Décrivez d'abord votre propre entreprise (importance, lieu, vos clients) et expliquez pourquoi vous choisissez l'une des offres et pas les autres!

A)	B)	C)
2.500 m de tissu pour robes d'été	3.000 m de tissu p. robes d'été	3.000 m de tissu p. robes d'été
100 % coton	80 % coton 20 % polyester	60 % coton 40 % polyester
ballots de 50 m, 140 cm de large	ballots de 50 m, 135 cm de large	ballots de 25 m, 140 cm de large
couleurs: jaune, blanc, bleu	couleurs: blanc, bleu, rouge	couleurs: jaune, bleu, blanc
poids: 200 g le mètre	poids: 180 g le mètre	poids: 180 g le mètre
Prix: € 8,00 le m	Prix: € 6,60 le mètre	Prix: € 6,00 le mètre
Livraison: 6 semaines	Livraison: immédiate	Livraison: 2 semaines
FCA Roubaix (France)	Franco domicile	Franco domicile
Paiement: 10 jours date facture	Paiement: 30 jours date facture	Paiement: 10 jours date facture
net, virement bancaire	net ou 10 jours 2 % d'escompte	2 % d'escompte

Réponse:
Je préfère l'offre .... parce que j'ai/je suis .... et ....

Test (2)

Faites votre choix !

1. Nous sommes le 15 mai. Il fait beau et la saison commence bientôt. Vous êtes propriétaire de plusieurs boutiques sur la Côte d'Azur et vendez, entre autres, des serviettes et des articles de toilette aux vacanciers et aux petits hôteliers de la région. Vous avez adressé une demande d'offre à plusieurs fabricants car votre stock en serviettes s'épuise. Voici les offres que vous avez reçues:

a) SERVIRA, Rouen

1.500 serviettes, 50 x 80 cm, éponge en pur coton, uni, coloris: rose ou blanc, lots de 10, à € 83,00 le lot. Emballage: dans des cartons de 50
1.000 draps de bain, 75 x 135 cm, éponge en pur coton, uni, coloris: bleu clair ou blanc lots de 2, à € 13,50 le lot. Emballage: dans des cartons de 10
Livraison: dans les 10 jours après la réception de la commande, franco domicile.
Paiement: dans les 10 jours suivant la date de la facture avec 2 % d'escompte ou net par virement bancaire dans les 30 jours suivant la date de la facture.

b) FROTTEE, Cologne

1.000 serviettes, 50 x 80 cm, éponge en pur coton, uni, coloris: bleu clair, jaune, beige, blanc, rose
lots de 10, à € 80,00 le lot. Emballage: dans des cartons de 30
1.000 draps de bain, 80 x 140 cm, éponge pur coton, uni, couleurs: bleu clair, jaune, beige, blanc, rose
lots de 2, à € 13,50 le lot. Emballage: dans des cartons de 10
Livraison: dans les 15 jours après la réception de la commande DAF Kehl.
Paiement: dans les 10 jours suivant la date de la facture avec 2 % d'escompte ou net par virement bancaire dans les 30 jours suivant la date de la facture.

c) TOALLITA, Barcelona

1.200 serviettes, 50 x 80, 100 % coton piqué, uni, coloris: vert clair, bleu clair, blanc lots de 10, à € 58,00 le lot. Emballage: dans des cartons de 50.
800 draps de bain, 75 x 135, 100 % coton piqué, uni, couleurs: vert clair, bleu clair, blanc. lots de 4, à € 20,00 le lot. Emballage: dans des cartons de 20.
Livraison: ex usine Mataró, dans les 15 jours après la réception de la commande.
Paiement: dans les 30 jours après la date de la facture net.

Exercices:

1. Choisissez et justifiez votre choix!

2. Choisissez vous-même la forme et raison sociale de votre entreprise et faites votre choix selon vos besoins!

Exercices de vocabulaire et de grammaire

1. Trouvez les mots qui correspondent aux définitions

1. ... : réduction accordée à un client s'il passe une grosse commande.

2. ... : détails des travaux à exécuter avec l'estimation des prix.

3. ... : développement des ventes par la publicité et la baisse des prix.

4. ... : réduction habituellement accordée à un client qui paie comptant ou très rapidement.

5. ... : ordre passé pour la première fois.

2. Trouvez le substantif (avec l'article) correspondant au verbe

1. emballer:
2. vendre:
3. recevoir:
4. livrer:
5. fournir:
6. payer:
7. rembourser:
8. espérer:
9. virer:
10. posséder:

3. Faites des phrases avec les mots suivants

1. être en état de – demande d'offre – répondre aux besoins – recevoir
2. frais de transport – valable jusqu'... – offre – à votre charge – compris – emballage
3. initiale – accorder – à titre – commande – remise – exceptionnel
4. prix – passer – espérer – inciter – ordre
5. maintenir – ne que – pouvoir – jusqu'à la fin – prix – mois

LES ADVERBES

4. Formez l'adverbe!

1. Nous exécuterons vos ordres (rapide et soigneux).
2. Nos produits correspondent (exact) à votre demande.
3. Nous veillerons (particulier) à la bonne exécution de votre commande.
4. Prenez contact avec nous, car nous recevons (constant) de nouveaux articles!
5. Nous avons (rare) la demande de cet article.
6. (Malheureux) nous ne pouvons pas satisfaire votre demande.
7. Nous pourrons (facile) répondre à vos besoins.
8. Notre maison tient (absolu) à vous satisfaire.
9. Vous trouverez (certain) tous les détails dans notre catalogue.
10. Ces produits sont (entier) fabriqués à la main.

5. Choisissez : adjectif ou adverbe?

1. général :   Nous joignons à cette lettre nos conditions ... de vente.

2. :   ... nous n'exportons pas nos articles.

3. cher :   Comme ces articles ne sont pas ..., nous n'accordons pas de remise.

4. :   Les marchandises coûteraient trop ... .

5. strict :   Nous respecterons ... les délais demandés.

6. :   Cette maison a un réglement très ....

7. récent :   Il s'agit d'un produit tout ... sur le marché européen.

8. :   Nous avons fait ... de la publicité pour cet article.

9. constant :   Notre marchandise est ... contrôlée.

10. :   Nos prix restent ... toute l'année.

11. spécial :   Ce sont des stylos ... conçus pour la vente de Noël.

12. :   Nous vous offrons ces articles à des prix ... .

13. vrai :   Nous sommes ... honorés de l'intérêt que vous nous accordez.

14. ferme :   Nos prix sont ... jusqu'à la fin de l'année.

15. individuel :   Vous pouvez négocier ... toute commande ultérieure.

LE COMPARATIF – LE SUPERLATIF (ADJECTIFS/ADVERBES)

6. Utilisez le comparatif d'infériorité, d'égalité ou de supériorité et accordez!

1. Les prix de la concurrence sont (+) les nôtres. (élevé).
2. Nos délais sont (=) mais nos prix (–) . (long/ bas).
3. Notre marchandise est (+) celle de XY. (bon marché)
4. La vente de ces articles est (+) avant. (bon)
5. Cet article est (=) le précédent. (solide)
6. Vous nous avez envoyé votre demande (+) d'habitude. (tard)
7. La filiale dans votre ville pourra résoudre ce problème (=) nous. (vite)
8. Les jouets en bois sont (–) avant. (demandé)
9. Ces articles de bricolage sont (+) les anciens. (pratiques)
10. Cette machine fonctionne (=) l'autre. (bien)

7. Utilisez le superlatif d'infériorité ou de supériorité et accordez:

1. Nos prix sont (–). (bas)
2. La qualité de nos articles est actuellement (–). (bon)
3. C'est la machine (–) de l'année. (attractif)
4. Nous livrons dans les délais (–). (bref)
5. Cette marque est (–) en Europe. (connu)
6. Nous essayons de livrer (–) possible. (rapide)
7. Ces produits se vendent (–). (bien)
8. Nous exécuterons votre commande (–) possible. (tôt)
9. Les pays européens achèteront (–). (beaucoup)
10. Nos conditions de vente sont (–). (avantageux)

EXPRESSIONS DE TEMPS

8. Faites des phrases avec les expressions suivantes:

L'année dernière/prochaine
en 1998
en l'an 2000
la semaine dernière
hier/aujourd'hui/demain/après-demain/la veille
de 8 à 14 heures/à 14 h 30
mercredi dernier/prochain/matin/après-midi/le mercredi
en mars/en avril/début mars/fin avril/mi-mai
à la mi-janvier/à partir de février/à partir de la mi-février
jusqu'à la fin de la semaine/du mois/de l'année
dans 8 jours/dans une semaine/dans quinze jours/sous quinzaine
dans les 8 jours/dans les 2 semaines
dès réception/après réception
au début de la semaine/du mois/du siècle
en début de semaine/de mois

LES ADJECTIFS DEMONSTRATIFS ET „TOUT"

ce, cet (m) cette (f)	} ces (pl.)	tout (m, sg.) tous (m, pl.) toute (f, sg) toutes (f, pl)	} + article défini

9. Complétez!

1. Nous n'avons plus c .... article en stock.
2. T- .... produits vous sont offerts à des prix réduits.
3. T- .... marchandise vient de l'étranger.
4. C .... offre vous conviendra certainement.
5. C .... ordre sera exécuté avec rapidité.
6. C .... mouchoirs sont indispensables à la vie de t .... jours.
7. Dans ce catalogue vous trouverez t .... nos modèles.
8. T .... c .... articles ont un emballage spécial.
9. Pour t .... questions adressez-vous à notre filiale.
10. C .... fiche technique est traduite en français.
11. Nous vous accorderons une remise pour c .... 500 paires de gants.
12. T .... nos ustensiles de cuisine sont bon marché.
13. C .... appareil sera apprécié par votre clientèle.
14. C .... fromage est un des plus vendus en Europe.
15. C .... région est très connue pour la fabrication de couteaux.
16. Vous pouvez garder c .... exemplaire.
17. C .... spécimen est gratuit.
18. Nos clients apprécient c .... panneaux d'informations.
19. C .... année, nous avons déjà t .... vendu.
20. Nous proposons donc à t .... nos clients c .... nouveau modèle.

Allô affaires – Handelsfranzösisch © FELDHAUS VERLAG, Hamburg

LES PRONOMS PERSONNELS

me				
te	le	lui		
se	la	leur	y, en	+ verbe conjugué
nous	les			
vous		~~leurs~~		

10. Remplacez les objets directs et / ou indirects:

1. Ils envoient leur demande à la fin de la semaine.
2. Vous pouvez recevoir ces brochures en allemand.
3. Nous avons soumis cette offre à nos clients attitrés
4. Vous trouverez le modèle en question à la page 45.
5. Vous avez envoyé ces catalogues à vos clients?
6. Nous devons compter les frais de port à l'acheteur.
7. Ils voudraient recevoir la marchandise le plus tôt possible.
8. Nous disons à la secrétaire de répondre immédiatement.
9. Nous avons fabriqué ces articles seulement pour l'exportation.
10. Nous avons informé nos clients/ notre clientèle.
11. Ils nous ont recommandé cette firme.
12. Ils préfèrent acheter les serviettes blanches.
13. Nous faisons venir nos tissus d'Inde.
14. Nous proposons à nos collaborateurs de nous réunir régulièrement.
15. Ils ont adressé cette demande à plusieurs fabricants.

11. Mettez les phrases de l'exercice 1(avec les pronoms) à la forme négative!

12. Utilisez aussi les pronoms adverbiaux „en" et „y" !

1. Ils ont besoin d'échantillons
2. Nous appliquons un nouveau tarif.
3. Nous vous remercions de votre demande d'offre.
4. J'ai offert des calendriers à mes clients.
5. Nous vendons ce matériel surtout aux Etats-Unis.
6. Nous avons toujours accordé des rabais à notre clientèle.
7. Nous pouvons fixer une date.
8. Ils ont offert ces outils à la Foire de Hanovre.
9. Nous avons emballé la marchandise dans nos ateliers.
10. Nous désirons présenter des articles typiquement français.

LES PRONOMS RELATIFS

qui	Votre demande qui nous est parvenue hier ...
que	L'appareil que nous vous proposons dans cette offre ...
lequel	Le client pour lequel (pour qui) nous fabriquons ce produit ...
laquelle	L'entreprise avec laquelle nous travaillons actuellement ...
lesquels/lesquelles	
auquel/à laquelle	
auxquels/auxquelles	
pour qui, chez qui,	
avec qui, à qui etc...	L'artisan avec qui il travaille a une très bonne réputation.
dont	Les articles dont vous avez besoin ...
où	L'usine où nous fabriquons ces articles est à Bordeaux.
ce qui	Vous choisirez ce qui vous plaira le mieux.
ce que	Nous possédons tout ce que vous désirez.
ce dont	Tout ce dont votre secrétaire a parlé est faisable.

13. Mettez le pronom relatif qui convient !

1. Ce vin ... est d'une excellente qualité vous conviendra certainement.

2. Nous nous référons à l'entretien ... nous avons eu avec votre secrétaire.

3. Ces gants, ... la qualité est très solide répondront à vos exigences.

4. Le bois ... nous utilisons est seulement traité à l'huile de lin.

5. Les maisons avec ... nous collaborons sont toutes en Europe.

6. Les clients pour ... nos moulins sont prévus sont très exigeants.

7. Vous trouverez ... vous intéresse dans notre dernier catalogue.

8. Nous livrons la marchandise ... vous voulez sans frais supplémentaires.

9. Nous possédons tout ... vous pourriez avoir besoin.

10. Les données ... vous vous référez dans votre demande ne sont plus actuelles.

11. Vous désirez sans doute savoir ... nous vendons à l'étranger.

12. Nous n'avons plus les articles ... vous avez mentionné dans votre appel d'offre.

13. Nous pouvons vous livrer ... vous désirez dans les 8 jours.

14. Nous sommes à votre disposition pour les renseignements ... vous souhaiteriez.

15. Nous ne fabriquons plus les jouets ... vous auriez besoin.

LES PREPOSITIONS

14. Mettez la préposition qui convient

1. Nous sommes – votre entière disposition pour vous donner des renseignements – nos produits.
2. – ce moment, nous pouvons vous proposer ces machines – des prix intéressants.
3. Nous sommes prêts – vous accorder une remise – la quantité.
4. Nous serions heureux – travailler– vous.
5. Nous joignons – cette lettre le catalogue valable – 1er décembre.
6. Le paiement devra se faire – comptant.
7. Nous sommes – mesure – vous livrer immédiatement.
8. Nous sommes – même – livrer immédiatement.
9. Vous pouvez payer – virement.
10. Nous vous remercions – votre appel d'offre – 15ct.
11. Un délai de livraison – 4 - 6 semaines est nécessaire.
12. La livraison sera effectuée – un délai –3 mois.
13. – leur première commande, nos clients bénéficient – une remise – 5% –le montant de la facture.
14. Le paiement s'effectue – les 30 jours – réception – la marchandise.
15. Nous sommes spécialisés – la fabrication d'outillage.
16. Nous vous envoyons – le même courrier/– colis postal nos brochures – français.
17. Nous attirons votre attention– la qualité très robuste – nos appareils – plastique.
18. Nous nous empressons – répondre – votre demande.
19. Les frais - transport sont – notre charge, – titre exceptionnel.
20. Nous accordons une remise – des commandes dépassant – € 10.000,00.
21. Tous nos vêtements – laine et – soie sont vendus – des prix très compétitifs.
22. Nous vous informerons régulièrement – nos nouveautés.
23. – l'espoir – être favorisés – vos ordres, ...
24. Espérant que nos prix vous inciteront – nous passer une commande ...
25. La livraison pourra se faire – les 8 jours/– la fin –mois/– une semaine.
26. Nous vous adressons – annexe/ – ce pli des prospectus --nos articles.
27. Le paiement devra s'effectuer – chèque bancaire –la réception – la facture.
28. – réponse – votre demande/ Suite – votre demande ...
29. Le transport se fait – le train/ –chemin – fer/ – port payé.
30. Le prix est– € 30,00 – article.
31. Vous pouvez vous adresser directement – notre filiale – Lyon/ – France/ – Canada.
32. Il s'agissait dans votre lettre – une demande –- gants – caoutchouc.

PHRASES HYPOTHETIQUES

> Si vous désirez d'autres échantillons, nous vous en enverrons.
> Si vous commandiez plus de 1000 unités par article, nous vous accorderions une remise.
> Si nous l'avions su avant, nous aurions pu vous satisfaire.

7. Employez les 3 possibilités d'exprimer ces phrases:

1. Si vous vous (s'intéresser) au programme de notre collection, nous vous (envoyer) réguliè-rement notre catalogue.

2. Si vous (désirer) d'autres renseignements, vous (pouvoir) vous adresser à notre représentant.
3. Nous vous (faire) parvenir des échantillons de nos autres produits, si vous le (vouloir).
4. Si vous (avoir) l'intention de devenir distributeur de notre marque, votre commande (devoir) s'élever à un minimum de € 3.400,00.
5. Si vous (régler) le montant de la facture dans les 8 jours, nous vous (accorder) 3% d'escompte.
6. Si vous (examiner) soigneusement la finition de nos articles, vous (constater) qu'il n'y a rien à leur reprocher.
7. Notre représentant vous (montrer) sur place le reste de notre collection, si vous le (souhaiter).
8. Si vous (comparer) nos prix à ceux de la concurrence, vous (remarquer) qu'il s'agit ici d'un excellent rapport qualité-prix.
9. Nous (appliquer) notre remise habituelle de 4% si votre commande nous (parvenir) avant la fin du mois.
10. Si vous (avoir) besoin d'informations complémentaires, je (pouvoir) vous envoyer une documentation plus détaillée.

LE SUBJONCTIF

LE SUBJONCTIF PRESENT

Exemples : ils conseill**ent** - que je conseill**e**, que tu conseill**es**, qu'il conseill**e**
que nous conseill**ions**, que vous conseill**iez**, qu'ils conseill**ent**
ils finissent - que je finisse
ils écrivent - que nous écrivions

Attention! que j'achète, que nous achetions/que je doive, que nous devions/que j'envoie
que nous envoyions/que je prenne, que nous prenions/que je reçoive, que nous
recevions/que je vienne, que nous venions/que je voie, que nous voyions ...

Verbes irréguliers:
avoir : que j'aie, que tu aies, qu'il ait, que nous ayons, que vous ayez, qu'ils aient
être : que je sois, que tu sois, qu'il soit, que nous soyons, que vous soyez, qu'ils soient
aller que j'aille - que nous allions
vouloir: que je veuille - que nous voulions, qu'ils veuillent
faire: que je fasse - que nous fassions
pouvoir: que je puisse - que nous puissions
savoir: que je sache - que nous sachions

LE SUBJONCTIF PASSE

Exemples: j'ai fait - que j'aie fait/j'ai eu - que j'aie eu./j'ai été - que j'aie été
je suis allé(e) - que je sois allé(e)

Allô affaires – Handelsfranzösisch © FELDHAUS VERLAG, Hamburg

15. Formez le subjonctif des verbes suivants

Il faut que ....
1. je (proposer) 2. tu (se référer) 3. il (être) 4. elle (exporter) 5. nous (offrir) 6. vous (répondre)
7. ils (payer) 8. elles (venir) 9. vous (s'adresser) 10. nous (chercher) 11. nous (préciser) 12. nous
(s'excuser) 13. vous (joindre) 14. ils (fixer) 15. vous (indiquer) 16. il (envoyer) 17. vous (avoir lu)
18. ils (pouvoir passer...) 19. elle (arriver) 20. nous (essayer)

Nous sommes heureux que ....
1. vous (être intéressé) 2. vous (avoir pris contact) 3. elle vous (donner satisfaction) 4. nos
articles vous (plaire) 5. cet appareil vous (convenir) 6. notre annonce vous (intéresser) 7. notre
annonce (retenir) votre attention 8. vous (s'être adressé) à nous. 9. vous nous (contacter)
10. nos articles (répondre) à vos besoins.

TEXTES À TROUS

16. Complétez le texte avec les mots suivants:

> choix - livraisons - accueille - outil de travail - aider - chauffeurs - commandes - échan-
> geons - qualité - vendredi - retourné - conseils - délais - emballage - questions - factures -
> simple - riche - téléphone - proposons -

Nos conseillers sont là pour vous ... dans vos ... et ... .

Du lundi au ..., de 7h 30 à 18h 30, votre assistante vous ... au ... et vous apporte les ... dont vous
avez besoin.

Elle répond à toutes les ... concernant vos commandes, ... ou ... .

Notre catalogue est ... de plus de 6000 articles, c'est un ... agréable à consulter et ... à utiliser.

Nos ... vous livrent sous 24 heures.

Nous ... tout produit, ... sous huit jours dans son ... d'origine.

Nous vous ... la ..., les ... et la convivialité que vous attendiez.

17. Mettez les mots qui manquent dans cette offre!

> s'adressent-ordre-tout nouveau-commande-couleur-le bois-réception-informations-
> disposition-langues-il s'agit-matériaux-représentant-coloris-naturelles-bien entendu-
> une fiche technique-intérêt-accorder-se vendent-rayon-démonstration-souhaiteriez-
> nuances-vendre-respectueuses-consommateurs-à l'eau-dépassant-renseignements-
> écoulé-faciles-clientèle-prêts

Messieurs,

Nous accusons .... de votre lettre du 19 .... et avons pris connaissance avec .... que

vous désirez .... nos peintures .... „Murs d'Autrefois" dans votre magasin. Nos produits se

diluent[1] ...., ils sont très .... à préparer et à appliquer[2]. Ils recouvrent en une seule couche

.... le ciment ou le plâtre[3]. Nous vous envoyons un dépliant[4] avec tous nos .... et nos

.... pour votre personnel et .... Comme .... un produit avec des oxydes naturels, il peut y

avoir des .... dans une même .... d'une fabrication à l'autre. Un .... pourrait venir faire

une .... de nos produits dans votre .... bricolage. Nos peintures .... dans des seaux

(de 5, 10 et 20 litres) contenant chacun .... en différentes .... Comme il s'agit d'un ....

produit, nous serions .... à vous .... un rabais de 3% pour une .... initiale .... € 2.000,00.

Nous sommes .... à votre .... pour tous .... que vous .... connaître. Nos produits ....

à des .... ayant la nostalgie du passé et aimant les .... naturels. Dans l'attente de votre

........, nous vous prions d'agréer, Messieurs, l'expression de nos .... salutations.

1) se diluer = se mélanger
2) appliquer = peindre
3) le plâtre = der Gips
4) un dépliant = un prospectus

Exercices de rédaction et de traduction

Un peu d'ordre, s'il vous plaît!

1. Nos conditions habituelles de règlement sont net, à 30 jours, par virement bancaire.
2. Pour tout renseignement complémentaire, veuillez vous adresser directement au service export, Madame Verrier.
3. Veuillez nous indiquer si vous désirez un acheminement par train ou par camion.
4. Ci-joint, vous recevrez une liste des maisons qui représentent notre griffe en Europe.
5. Nous accordons une remise de 8 % si votre commande dépasse la valeur de € 10.000,–
6. Mesdames, Messieurs,
7. Nous nous sommes spécialisés dans la distribution de produits de qualité supérieure destinés à une clientèle très exigeante.
8. Pour une première transaction nous vous demanderons d'ouvrir une lettre de crédit.
9. Nous serons heureux de vous compter bientôt parmi nos clients et vous prions d'agreer, Mesdames, Messieurs, nos salutations les plus distinguées.
10. Si vous pouvez nous garantir un chiffre d'affaires important, nous serons prêts à vous attribuer la représentation exclusive pour la Hongrie.
11. Merci de nous avoir contactés pour la fourniture de materiel de bureau!
12. Nos conditions générales de vente se trouvent au verso de cette liste.
13. Par courrier séparé, vous recevrez notre dernier catalogue ainsi que la liste de prix valable jusqu'au 31 décembre.

Exercice de rédaction (A)

Regardez la page 14, choisissez quelques produits et rédigez une offre destinée à des clients en Europe, en Afrique ou en Amérique du Sud!
N'oubliez pas les différents moyens de transport et les emballages pour l'exportation!

Exercices de rédaction (B)

1. Bremer Fruchtimport GmbH schreiben ein Fax an Fruit d'Or, Cavaillon
1. Dank für die Anfrage von heute morgen.
2. Sie können sofort 2 t Melonen liefern zum Preis von €.../per kg.
3. Da die LKW Cavaillon um 19 Uhr verlassen, wenn die Ware am nächsten Morgen in Bremen eintreffen soll, muss der Auftrag bis 17 Uhr erteilt werden, entweder per Fax oder Telefon.
4. Auf Seite 2 des Fax erhält der Kunde eine Preisliste mit den heutigen Preisen. Für Früchte, die in Kisten geliefert werden, müssen € 1,50 pro Kiste aufgeschlagen werden, für Kartons € 0,90. Die Preise gelten für Lieferung FCA Cavaillon.
5. Man erwartet den Auftrag und freut sich auf gute Zusammenarbeit.

2. Hoffmann AG, Gerätebau, Dresden, an Galeries Précieuses, Montréal, Canada
1. Sie freuen sich über das Ihrem Unternehmen entgegengebrachte Vertrauen.
2. Sie haben sich spezialisiert auf hochwertige Geräte (Haushaltsgeräte) und senden mit getrennter Post Ihren Katalog mit technischen Datenblättern.
3. Die dem Katalog beiliegende Preisliste ist nur noch bis Ende dieses Jahres gültig. Die neue Preisliste wird in den nächsten Wochen abgeschickt. Alle Preise darin gelten für Lieferung ab Werk Dresden.
4. Bezüglich der Frage, ob es sich bei der Waschmaschine „Lavafix" um ein Modell der Hoffmann AG handelt, so kann diese Frage positiv beantwortet werden. Die Maschine wird bereits in den Vereinigten Staaten verkauft.

5. Sie fügen diesem Schreiben ein Blatt mit den technischen Daten von „Lavafix" bei.
6. Es handelt sich um ein Gerät, bei dem das Preis-Leistungs-Verhältnis besonders gut ist. Der Preis beträgt zur Zeit € 135,00 ab Werk, inklusive Verpackungskosten.
7. Zahlung müßte beim ersten Auftrag per Akkreditiv erfolgen.
8. Für weitere Auskünfte stehen Sie selbstverständlich jederzeit zur Verfügung.

3. Wollweber GmbH, Bielefeld an Aviaconfort, Paris

1. Sie danken für die telefonische Anfrage bezüglich der Wolldecken und kündigen die Ankunft Ihres Katalogs mit Preisliste an.
2. Unterstreichen Sie die ausgezeichnete Qualität der Decken, die Sie bereits an eine große südamerikanische Luftfahrtgesellschaft liefern.
3. Für den Gebrauch an Bord eines Flugzeuges bieten Sie speziell an:
Bestellnr. 801 „Blue Sky", 100 % Wolle, Größe 180 x 120 cm, Gewicht: 200 g, € …
Bestellnr. 802 „Germania", 100 % Wolle, Größe 200 x 130 cm, Gewicht: 220 g, € …
Bestellnr. 820 „Caravane", 100 % Wolle, Größe 160 x 160 cm, Gewicht: 210 g, € …
4. Die Preise gelten für Mengen von 500 Stück pro Modell, ansonsten unterliegt das Angebot den allgemeinen Verkaufsbedingungen.
5. Zahlung per Scheck bei Erhalt der Ware.
6. Die Lieferung kann sofort erfolgen bzw. 3 Wochen nach Auftragseingang bei größeren Mengen.

4. Solinger Besteckfabriken, Solingen, an Argenterie de Nice, Nizza

1. Bieten Sie Ihre neueste Besteckkollektion in Silber an.
2. Ein bebilderter Katalog und Preisliste liegen dem Schreiben bei.
3. Weisen Sie darauf hin, dass die Marke „Solinga" weltbekannt ist und man sich freuen würde, wenn Argenterie de Nice den Vertrieb für Frankreich übernehmen würden. Allerdings müssten die Aufträge einen Mindestbetrag von € … erreichen.
4. Zur Zeit bieten Sie die Besteckserie „Hotel Bellevue" im Geschenkkarton ohne Aufpreis an. Weitere Details sind im Katalog auf Seite 23 zu finden.
5. Sie fügen auch einen Bestellschein bei, auf dessen Rückseite sich die allgemeinen Verkaufsbedingungen befinden.
6. Der Kunde kann wählen, ob die Ware frei Haus oder ab Werk geliefert werden. Bei Lieferung frei Haus erhöht sich der Katalogpreis um … %.
7. Drücken Sie Zuversicht aus, dass es Argenterie de Nice gelingen wird, Ihre hochwertigen Produkte auf dem französischen Markt einzuführen.

5. Chocolats Belges S.A., Liège, an Alsterkauf, Hamburg

1. Sie haben heute morgen die Anfrage von Alsterkauf erhalten und freuen sich über das Interesse an Ihren Produkten.
2. Gern bieten Sie Ihnen verschiedene Sortiments an. Einzelheiten befinden sich im Katalog, den Sie heute mit getrennter Post zusammen mit einigen Mustern abschicken werden.
3. Als Anlage schicken Sie eine Preisliste, die bis zum 30. April d. J. gültig ist. Ein Bestellschein befindet sich im Katalog.
4. Sie haben außerdem ein Sonderangebot: 1.500 Schachteln à 200 g des Sortiments „Malaga" - wie auf Seite 32 des Katalogs, aber in Spezialverpackung und 200 g statt 175 g - zum Preis von € 1,38 pro Schachtel, ab Werk Lüttich (Liège), zur sofortigen Lieferung.
5. Zahlungs- und Lieferbedingungen für das Sonderangebot: Sofortige Lieferung, Zahlung innerhalb 10 Tagen nach Rechnungsdatum per Banküberweisung.
6. Falls der Kunde es wünscht, werden weitere Muster geschickt.
7. Da die Qualität der Produkte bekannt ist, wird es Alsterkauf nicht schwerfallen, die Marke „Chocolats Belges" einzuführen.
8. Sie hoffen auf gute Zusammenarbeit und baldige Nachricht.

Allô affaires – Handelsfranzösisch © FELDHAUS VERLAG, Hamburg

Exercices de traduction

Traduisez! (1)

Datum

Betrifft
Büromaterial

Sehr geehrte Damen und Herren,

wir kommen zurück auf unser Telefongespräch vom 14. d. M. und danken Ihnen für das Interesse an unseren Artikeln.

Mit getrennter Post senden wir Ihnen unseren Katalog No. 02/II mit aktueller Preisliste die bis zum 30. Oktober d.J. gültig ist. Wir bitten Sie, uns den Auftragsbogen von Seite 72 per Fax zu schicken. Wir können dann umgehend liefern.

Außerdem freuen wir uns, Ihnen anbieten zu können:

20.000 Stück	weiße Kreide	Bestellnummer 12.84.02	€ 86,00 pro 1.000
5.000 Stück	Radiergummi	Bestellnummer 18.05.40	€ 12,00 pro 100
2.000 Stück	Plastiklineale, grün	Bestellnummer 17.84.20	€ 17,00 pro 100

Die genauen Beschreibungen finden Sie im Katalog auf den Seiten 2, 5 und 8 unter den entsprechenden Bestellnummern. Die Preise gelten für die oben aufgeführten Mindestbestellmengen frei Haus.

Wir hoffen, dass unser Angebot Ihnen zusagt und würden uns über Ihren Auftrag freuen.

Mit freundlichen Grüßen

Traduisez! (2)

Datum

Betrifft
Damenhosen

Sehr geehrte Damen und Herren,

wir danken Ihnen für das mit Ihrem Schreiben vom 10. d. M. bezeugte Interesse an unseren Erzeugnissen.

Wir haben uns auf die Herstellung von Damenhosen spezialisiert und verkaufen große Mengen in England und den Vereinigten Staaten. Wir würden sehr gern mit einem Unternehmen zusammenarbeiten, welches Läden in allen großen Städten Ihres Landes hat. Die ausgezeichnete Verarbeitung, die modernen Stoffe und der günstige Preis werden die Einführung unserer Marke in Deutschland erleichtern.

Wir erlauben uns, Ihnen als Anlage einen Katalog mit der aktuellen Preisliste, die bis zum 31. Januar gültig ist, zuzuschicken. Mit getrennter Post werden Ihnen einige Muster unserer Stoffe zugehen, damit Sie die Qualität prüfen können.

Unsere Preise verstehen sich generell für sofortige Lieferung frei Haus. Für die Artikel Nr. 34, 35 und 36 beträgt die Lieferzeit jedoch 2 Wochen nach Auftragseingang. Unsere Zahlungsbedingungen bei Erstauftrag lauten: bei Erhalt der Ware per Scheck. Leider können wir Ihnen keine Rabatte gewähren, da unsere Preise bereits sehr günstig sind.

Sollten Sie weitere Auskünfte benötigen, wenden Sie sich bitte an Mme Lemercier, Tel. 087 55 66 747.

Was die Vertretung betrifft, so wird unser Direktor, M. Legendre, Ihnen – wie gewünscht – am 20. d. M. einen Besuch abstatten.

Wir hoffen, dass unser Angebot Sie veranlassen wird, uns einen Auftrag zu erteilen, und würden uns freuen, bald von Ihnen zu hören.

Mit freundlichen Grüßen

Traduisez! (3)

Datum von heute

Betrifft
Import von Rotwein aus Bordeaux

Sehr geehrte Damen und Herren,

wir haben mit großem Interesse gelesen, dass Sie eine neue Filiale in Berlin eröffnen werden, und unterbreiten Ihnen gern ein Spezialangebot:

1.800 Flaschen à 0,75 l "Château Lafitte" 1995 Grand Cru
verpackt in Kisten à 6 Flaschen
zur sofortigen Lieferung frei Haus
zum Preis von € ... pro Flasche

Wie Sie bemerken werden, ist unser Preis besonders niedrig für diesen exzellenten Wein. Unser Angebot gilt auch nur bis zum 15. 12. Nach diesem Termin wird der Preis € ... betragen. Deshalb bitten wir Sie, sich schnell zu entscheiden.

Außerdem senden wir Ihnen als Anlage unseren neuesten Katalog und möchten Ihre Aufmerksamkeit gern auf unseren "Château Margaux" von Seite 22 lenken, der von ausgezeichneter Qualität ist. Da unser Lager aufgrund der starken Nachfrage bereits zur Neige geht, bitten wir Sie, sehr schnell zu bestellen. Unsere generellen Lieferbedingungen haben sich nicht geändert. Allerdings gewähren wir den Rabatt von 4 % erst für Aufträge mit einem Wert von € 10.000,00.

Unser Vertreter, Herr Chatignon, wird Sie wie gewünscht am 4. 12. besuchen, um über die neuen Zahlungsbedingungen mit Ihnen zu sprechen. Da Sie seit 15 Jahren gute Kunden unseres Hauses sind, werden wir sicher eine zufriedenstellende Lösung finden.

Wir hoffen, bald von Ihnen zu hören!

Mit freundlichen Grüßen

Anlage: Katalog

Traduisez! (4)

Betrifft
Damenschuhe - Angebot Nr. 3/1991

Sehr geehrte Damen und Herren,

wir danken für Ihre Anfrage vom 15. November und freuen uns, Ihnen unser Angebot zu unterbreiten:

10 Sortimentskartons = 160 Paar Damenschuhe, Modell "Lavina", Bestellnr. 43123
 Größen 36 - 41
 zum Preise von € 25,00 pro Paar

10 Sortimentskartons = 160 Paar Damenschuhe, Modell "Iris", Bestellnr. 43145
 Größen 36 - 41
 zum Preise von € 28,00 pro Paar

Farben: rot, grün oder blau

Die Preise verstehen sich ab Werk. Wir können diese Modelle sofort nach Erhalt Ihres Auftrags liefern. Der Transport kann per Bahn erfolgen. Die Bezahlung muss 10 Tage nach Erhalt der Ware per Scheck erfolgen.

Als Anlage senden wir Ihnen unseren neuesten Katalog und die Preisliste. Alle Preise verstehen sich ab Werk, Lieferung innerhalb 3 Wochen nach Erhalt des Auftrags, Zahlung per 30-Tage-Sichttratte. Diese Preise sind gültig bis zum 31. Dezember. Wenn Sie innerhalb von 10 Tagen nach Erhalt der Rechnung zahlen, gewähren wir 3 % Skonto.

Im Katalog werden Sie weitere Details über unsere Modelle finden. Mit getrennter Post schicken wir Ihnen einige Ledermuster. Wir hoffen, dass die Qualität unserer Produkte Ihnen zusagt und Sie veranlasst, uns einen Auftrag zu erteilen. Wenn Sie es wünschen, kann unser Vertreter, Herr Schuster, Sie besuchen.

Wir würden uns freuen, bald von Ihnen zu hören.

Mit freundlichen Grüßen

Au téléphone

Dialogue A **4**

Les interlocuteurs: Monsieur Gilles Délignac de Midi-Pêche
Monsieur Jürgen Petersen de Petersen Fischimport

Ring, ring, ring ...

Petersen   Monsieur Délignac?
Délignac   Oui.
Petersen   Bonjour, Monsieur, c'est Petersen de Hambourg à l'appareil, vous vous souvenez?
Délignac   Oui, vous m'aviez envoyé un fax. Je vous ai déjà répondu. Vous n'avez pas reçu la liste?
Petersen   Si, merci! Mais je vous appelle pour autre chose. Avez-vous des dorades aujourd'hui?
Délignac   Euh ..., je pense qu'on en aura. Le bateau n'est pas encore rentré - alors je ne sais pas exactement combien il y en a, mais ils m'ont annoncé qu'il y aurait au moins 60 kilos. Combien vous en faut-il?
Petersen   Et bien - tout ce que vous avez, mais ça dépend du prix. Elles sont à combien?
Délignac   Hmmh, voyons, alors ... puisqu'il n'y en a pas beaucoup en ce moment, je pense qu'on les vendra à € 6,50.
Petersen   6,50 ?! C'est beaucoup - à vrai dire c'est trop!
Délignac   C'est pas bon marché, je sais, mais je pense que vous les trouverez pas moins cher.
Petersen   Bon, d'accord. Je prends tout ce que vous avez à € 6,30.
Délignac   € 6,40 - c'est mon dernier prix. D'accord?
Petersen   Vous me ruinez, Monsieur Délignac. Mais bon, d'accord. € 6,40 et 100 kilos si vous pouvez!
Délignac   Très bien. Vous aurez tout. Et appelez-moi Gilles, si vous voulez.
Petersen   Merci, Gilles, je m'appelle Jürgen.
Délignac   D'accord Jürgen. C'est tout?
Petersen   Non, non. Vous recevrez un fax pour le reste.
Délignac   Entendu. Alors à tout à l'heure et tschüß, comme vous dites du côté de chez vous ...
Petersen   Au revoir et tschüß!

Dialogue B **5**

Les interlocuteurs: Entretien entre M. **M**assenet de GAPA et
Monsieur **R**ose de la Société Schlumberger

M   Massenet à l'appareil. Bonjour, Monsieur Rose.
R   Bonjour Monsieur. Vous êtes bien de la société GAPA, n'est-ce pas?
M   Oui, c'est exact. Je vous appelle au sujet de votre demande du 28 août. Vous m'aviez envoyé un échantillon.
R   En effet. Est-ce bien un produit de votre société?
M   Oui, c'est un modèle que nous vendons beaucoup aux Etats Unis. Où l'avez - vous trouvé?
R   Pendant mon dernier voyage aux Etats Unis je l'ai vu dans un supermarché. Il était vendu à US Dollar 3,50. A combien pourriez-vous me livrer ces gants?
M   C'est un très bon prix. Il faut dire que les Américains les achètent en très grandes quantités. Combien pourriez-vous en prendre en une seule fois?

R   Je pense entre 7.000 et 10.000 paires pour commencer, si vous livrez rapidement, car la saison se termine.
M   Attendez une seconde, je calcule. Et bien, je peux vous vendre ce modèle à Euro 1,85 la paire si vous en prenez 10.000. Et on vous les livre dans les 10 jours après réception de la commande. Mais vous pouvez me téléphoner ou m'envoyer votre commande par fax. Ça ira plus vite.
R   Bon, je pense que ça pourrait aller. Je vais en parler à mon directeur et je vous contacterai rapidement.
M   Très bien. Je vous donnerai tout cela par écrit. Vous aurez la documentation complète demain.
R   Merci bien et à bientôt au téléphone. Au revoir!
M   Merci, au revoir!

Dialogue C

Les interlocuteurs: Danièle Ruban de la Société Mouchinton et
                     Paul Simon des Boutiques du Canada

Ruban   Bonjour, Monsieur. Je vous appelle au sujet de votre demande de ce matin.
Simon   Ah, c'est pour les mouchoirs. Très bien.
Ruban   Et bien, vous voulez vraiment 100.000 boîtes et pas 10.000?
Simon   Oui, c'est bien cela. Nous avons 65 boutiques, vous savez, et l'idée de vos mouchoirs nous plaît assez. Alors si nous arrivons à nous entendre en ce qui concerne le prix ...
Ruban   Bon, dans votre fax vous dites que vous les voulez à € 1,50 la boîte et que vous ne voulez payer ni les frais techniques ni le supplément pour le moule spécial. Franchement, ce n'est pas possible. On serait perdants dans cette affaire.
Simon   Mais Madame, c'est une commande très importante et on vous réglerait par crédit documentaire! Donc vous ne risquez rien!
Ruban   Oui, mais quand même, à ce prix là, on ne peut pas livrer. En plus, vous voulez que votre logo soit imprimé en trois couleurs et que la boîte ait une fenêtre transparente ...
Simon   Euh oui, mais cela ne posera pas de problème pour vous ...
Ruban   Non, ce n'est pas un problème de fabrication, c'est toujours un problème de prix. Alors, je vais vous proposer autre chose: On vous livre les mouchoirs à € 1,70 départ usine, on partage les frais techniques, c'est à dire au lieu des € 3.000,00 on vous facturera 1.500,00 et vous n'aurez pas le moule spécial à payer. C'est tout ce que je peux faire - vraiment.
Simon   Hmm, il faudrait que je calcule et que je discute cela avec mon directeur. Et vous livreriez dans 6 semaines?
Ruban   Si vous me passez votre commande tout de suite, ce sera possible. Pendant l'été on pourra même livrer plus tôt.
Simon   Très bien. Bon, j'ai tout noté et je vous contacterai demain ou après demain.
Ruban   Entendu. Et si vous n'arrivez pas à me joindre, envoyez-moi un fax, s'il vous plaît.
Simon   D'accord. C'est ce que je ferai. Merci de votre appel, Madame, et au revoir.
Ruban   Au revoir, Monsieur et à bientôt.

Exercices au téléphone

Gespräch über ein Angebot (1)

Gesprächsteilnehmer: Fabrikant A, Kunde B

B ist bereits mit A verbunden worden.

A   Begrüßen Sie Ihren Gesprächspartner und fragen Sie nach seinem Befinden
B   Bedanken Sie sich und erwidern Sie die Frage
A   Bedanken Sie sich für die Nachfrage. Fragen Sie, was Sie für B tun können.
B   Sie haben ein Muster von A erhalten und wüßten gern mehr über das Produkt (Preis, Lieferzeit)
A   Fragen Sie nach, wieviel der Kunde zu bestellen gedenkt.
B   Nennen Sie eine Zahl unter 1000.
A   Nennen Sie einen Preis pro Stück.
B   Sagen Sie Ihrem Gesprächsparter, dass der Preis zu hoch ist. Die Konkurrenz aus Italien bietet günstiger an.
A   Weisen Sie daraufhin, dass es bei großen Mengen z. B. ab 1.000 Stück 5 % Mengenrabatt und ab 3.000 Stück 8 %.
B   Bedanken Sie sich für für das Angebot und fragen Sie noch nach den Zahlungsbedingungen.
A   Nennen Sie eine Zahlungsbedingung.
B   Sagen Sie, dass Sie alles notiert haben und jetzt mit Ihrem Chef sprechen werden und dass Sie sich bald wieder bei A melden werden.
A   Bedanken Sie sich und weisen Sie darauf hin, dass Sie dieses Angebot sofort per Fax an B schicken werden.
B   Nehmen Sie diesen Hinweis positiv auf und beenden Sie das Gespräch.

Gespräch über ein Angebot (2)

Gesprächspartner: Sekretärin der Einkaufsabteilung A, Leiter der Exportabteilung B

A   ruft in der Firma von B an, weil ein Angebot von B vorliegt.
B   sucht sich den Vorgang heraus und fragt, worum es geht.
A   fragt auf Anweisung Ihres Chefs, ob der Typ 201 der Waschmaschine den gleichen Preis wie Typ 202 hat.
B   antwortet, dass Typ 201 ca. 10 % preiswerter ist, aber zur Zeit nicht auf Lager ist.
A   fragt,wann das Gerät geliefert werden könnte.
B   gibt die Lieferfrist mit ungefähr 3 Monaten an.
A   fragt, ob nicht schon in 6 Wochen geliefert werden könnte.
B   erwidert, das hänge von der Zahl der zu liefernden Geräte ab.
A   meint, man würde 20 Stück bestellen.
B   glaubt, dass 5 - 10 Geräte in 6 Wochen geliefert werden könnten und der Rest später.
A   wird nachfragen, ob der Chef mit einer Teillieferung einverstanden ist. Sie glaubt, daß das der Fall sein könnte, wenn B bereit ist, die Transportkosten zu teilen.
B   meint, dass man zu einer Einigung kommen könnten und ist bereit, das Angebot schriftlich zu unterbreiten.
A   bedankt sich dafür, wird das Angebot abwarten und sich dann wieder melden.
B   bedankt sich und bringt zum Ausdruck, dass er auf die Erteilung des Auftrags hofft, und beendet das Gespräch.

Exercices de conversation au téléphone

1) Vous êtes fabricant de gants de différentes sortes et avez un client au téléphone:
   – Vous répondez à une demande de gants en caoutchouc et de gants en coton:
   – Donnez des détails sur la matière, les tailles et les couleurs proposées
   – Proposez une remise pour l'achat d'une certaine quantité
   – Promettez d'envoyer des échantillons des différents modèles et de respecter les délais de livraison souhaités par le demandeur.

2) Vous êtes un vendeur en gros de stylos en tous genres, vous recevez un coup de téléphone:
   – Vous répondez à une demande de stylos plume, bille et feutre:
   – Donnez des renseignements sur les différentes qualités existantes (stylos jetables, rechargeables, moyenne gamme, de luxe ...)
   – Précisez que vous possédez de nombreuses sortes de plumes , de mines et de couleurs
   – Proposez la visite de votre représentant et l'envoi de votre dernier catalogue
   – Indiquez à votre client que vous exposez vos articles dans un magasin de sa région/ ou lors de la prochaine exposition de fournitures de bureau à Paris.

3) Vous êtes chef de rayon dans un grand magasin de bricolage,vous avez un client au téléphone qui se réfère à une de vos publicités:
   – Vous répondez à une demande de peintures acryliques dans les tons pastel.
   – Proposez encore d'autres coloris que ceux de l'annonce (par ex. mauve, lavande, vieux rose ...)
   – Promettez d'envoyer votre catalogue contenant de nombreuses informations (utilisation, composition ...)
   – Proposez de faire venir un représentant pour faire une démonstration devant la clientèle
   – Indiquez que vous offrirez dès le printemps une nouvelle gamme de peintures naturelles très claires, catalogue en préparation
   – Offrez une remise de – % pour des commandes de plus de – €
   – Donnez des renseignements sur les délais, les prix, les promotions actuelles.

Traduisez!

Les secrets du Camembert de Normandie AOC

En 1983 le Camembert de Normandie a obtenu l'Appelation d'origine contrôlée[1] parce que le Camembert a très souvent été copié. Le Camembert de Normandie AOC est le seul Camembert authentique. Les critères de sa fabrication sont très stricts. Le lait utilisé doit seulement provenir des départements de Normandie, il est particulièrement riche en matières grasses. Le Camembert AOC est fabriqué au lait cru[2], c'est-à-dire qu'il ne doit jamais être chauffé à une température supérieure à 37°C. Ses vitamines ne sont donc pas détruites par la chaleur. Il a une forme régulière, une croûte blanche duvetée[3], sa pâte est jaune clair.

Le Camembert AOC doit être conservé au réfrigérateur à une température entre 5 et 10°C, de préférence dans son emballage d'origine (boîte & papier). Il doit être servi à une température ambiante (18 à 20°C) pour qu'il exprime toutes ses fragrances. Il est recommandé de le sortir du réfrigérateur une bonne heure avant le repas et de lui retirer son papier d'emballage. Ne pas oublier de le marier aux meilleurs vins rouges ou à un cidre fermier bouché[4]! Un Camembert de Normandie (250g) contient en moyenne 750 à 800 calories, il est riche en calcium et en vitamines. Bon appétit!

1) AOC : kontrollierte Herkunftsbezeichnung
2) le lait cru : Rohmilch
3) duveté(e) : flaumbedeckt
4) le cidre fermier bouché : Flaschencidre

ESCARGOTS DE JAMBON AU CHEVRE

Prévoir 250g de fromage, ail et fines herbes et 4 tranches de jambon, type jambon d'York.

Tartiner le jambon avec le fromage préparé. Le rouler. Mettre au frais quelques heures.

Couper en rondelles de 7 à 8 mm d'épaisseur. Présenter sur des toasts en entrée ou en apéritif.

FONDUE AUX FROMAGES

Frotter l'intérieur du caquelon. Débiter du pain en dés. Hacher fin une gousse d'ail. Verser 1/2 verre de vin blanc sec, sel et l'ail haché dans el caquelon, porter à ébullition. Ajouter petit à petit le mélange de fromages râpés. Tourner jusqu'à l'obtention d'une pâte lisse. Ajouter une pincée de noix de muscade et 1 verre de kirsch. Poser sur le réchaud à fondue.

Traduisez!

La pêche en France

Avec 3000 km de côtes, la France se classe au 25e rang des pays exploitant les ressources de la mer.

Celles des côtes sont multiples: élevage d' huîtres [1] et de moules [2], récolte d'algues et extraction [3] de sel en Méditerranée.

La pêche des coquillages [4] et crustacés représente 27 % (en tonnes), la pêche des poissons pour la conserverie 27 % également et le reste pour les poissons frais et congelés [5].

Le port de Sète (au Sud de Montpellier) se place au 2e rang des ports français de la Méditerranée. Mais comme dans tous les autres ports, la pêche artisanale [6] a de plus en plus de mal à survivre.

Sète s'est spécialisée dans l'élevage d'huîtres et de crustacés sur la côte et dans la pêche au thon en haute mer.

Dans le vieux port, un petit pêcheur Sétois nous raconte son travail et le processus de vente du poisson.

Il part entre 3 et 4 heures du matin, rentre au port vers 16 heures. A son retour il informe aussitôt son preneur [7] de la quantité approximative de ce qu'il a attrapé.

Vers 17 heures, la vente à la criée [8] commence. Les arrivages sont triés et pesés rapidement pour permettre à l'éventuel acheteur de calculer ses prix qu'il transmettra par fax ou téléphone au client intéressé. Celui-ci doit se décider très vite car les camions frigorifiques doivent être prêts pour 19 heures. Il faut que le transport -généralement en direction de Paris (ou de Strasbourg pour l'étranger) - arrive à destination à 2 heures du matin au plus tard. Cet horaire est sévèrement contrôlé. S'il n'est pas respecté, il faut payer une contravention ou réduire le prix de la marchandise d'environ 20% !

Il s'agit donc pour notre pêcheur, d'une part, d'une course contre la montre et d'autre part de l'anxiété [9] perpétuelle de ne pas avoir attrapé assez de poissons, vu la surexploitation de la mer. L'entretien très coûteux de son bateau et une forte concurrence entre pêcheurs lui rendent la vie très difficile.

Pourtant la demande de poissons ne manque pas, au contraire, les Français mangent plus de poissons qu'ils n'en pêchent.

La France doit importer 20 % de ses besoins !

1) l'huître (f) : Auster
2) la moule : Miesmuschel
3) l'extraction (f) : Gewinnung
4) le coquillage : Muschel
5) congelé : tiefgefroren
6) la pêche artisanale :
die von kleinen Fischern betriebene Fischerei
7) le preneur : Käufer
8) la criée : Versteigerung
9) l'anxiété : Befürchtung

HOMARD GRILLÉ SUR LIT DE PÂTES

Pour 2 personnes
Préparation: 40 min.
Cuisson: 35 min.

Ebouillanter une minute 2 homards de 500g. Les décortiquer sans les abîmer. Griller la chair sur un gril et la réserver. Broyer les carcasses, les cuire 30 min. dans 4 dl de vin blanc sec, 1 verre de cognac, 2 gousses d'ail, 1oignon, coriandre, basilic hachés. Trancher la chair du homard et dresser les morceaux sur un lit de pâtes au basilic. Napper du jus de homard avant de servir.

Le contrat de vente dans l'exportation

L'importateur   ## L'exportateur

Annonce,
Publicité,
Offre spontanée

1. Demande des renseignements techniques et commerciaux, fait une demande d'offre

2. Soumet une offre comportant tous les détails techniques et commerciaux

3. Examine, compare l'offre avec d'autres

4. Passe une commande

5. Confirme la commande

6. Exécute la commande

7. Envoie un avis d'expédition, un bordereau d'envoi et une facture

8. Reçoit et accepte la marchandise

9. Règle la facture

Ou, en cas de non-conformité, …

10. N'accepte pas la marchandise

11. Formule une réclamation

12. Accepte la réclamation et règle l'affaire, remplace la marchandise

13. Refuse la réclamation

DARTIDOM
Cours Saint Louis
33300 Bordeaux

Questions:

1. **Quel est le délai de livraison?**
2. **Sous quelle condition obtiendra Steiner une réduction de prix?**
3. **Qui règlera le transport?**
4. **Est-ce que l'offre comprend une assurance?**

Gerätebau Steiner
Hagelsbrunnen 34
70565 Stuttgart
Allemagne

V/Réf rz/mm
N/Ref. mh/iw
V/L du 20/01/00

Commande no. 1004/00   Bordeaux, le 15 avril ...

Mesdames,
Messieurs,

Nous vous remercions de votre offre no. 501 du 20 janvier et vous prions de bien vouloir nous faire parvenir

1200 Friteuses, Modèle SUPREMIA, 2000 Watts, Réf. A57.51,
          à € 102,00 l'unité

Emballage: cartons individuels, scellés sous plastique

Transport: par chemin de fer

Livraison: CPT gare de Bordeaux

Paiement: par virement bancaire dans les 10 jours après la date de la facture
                avec l'escompte de 2 %

Assurance: couverte par vous

Veuillez confirmer la livraison des articles sous quinzaine.

Recevez, Mesdames, Messieurs, nos salutations les plus distinguées.

DARTIDOM S.r.l.

Michel Hadji

(Gérant)

SARL au capital de 150.000 F   RC Bordeaux B320 137 067   Siret 316 136 00011

KAUFHORT AG
Königsallée 2 · 40212 Düsseldorf
Tel. 0211/300 20 30 · Fax. 0211/300 21 31

> **Questions:**
> 1. **Quelle différence remarquez-vous entre cette commande et celle de Dartidom en ce qui concerne la présentation?**
> 2. **A quel moment Kaufhort AG annuleraient-ils le contrat?**
> 3. **Le client a-t-il droit à une remise?**

Santa Lucia S.A.
12, rue André Gide

F-59000 Lille

Unser Zeichen	Ihr Zeichen	Ihr Schreiben vom	
V/Réf.	N/Réf.	V/lettre du	Düsseldorf,
jp/yb	Br/rw	20 nov	le 30 nov .....

Commande no. 6731/03/99

Mesdames,
Messieurs,

Après examen de votre catalogue no. 03/00 et des échantillons de tissus dont nous vous remercions, nous avons le plaisir de vous faire parvenir notre bon de commande no. 6731/03/99 en triple exemplaire. Veuillez nous retourner la copie verte dûment signée.

Nous vous passons cette commande à titre d'essai espérant que d'autres suivront si le style et la qualité de vos modèles correspondent aux goûts et exigences de notre clientèle.

Comme convenu au téléphone, la totalité de la marchandise doit nous parvenir avant le 1er février. Le non-respect de ce délai entraînerait l'annulation du contrat. L'article no. 302a (robes) sera livré sur cintres.

En ce qui concerne le mode de paiement, nous préférons régler par chèque dès réception de votre facture. Nous vous prions de bien vouloir tenir compte de la remise de 5 % pour le lancement de votre marque en Allemagne.

Recevez, Mesdames, Messieurs, nos salutations distinguées.

KAUFHORT AG

ppa. *[signature]*

Annexe: Bon de Commande no. 6731/03/99

Hauptsitz: Düsseldorf, Königsallee 2-4
Bankverbindung: Vereins-und Westbank, Düsseldorf

Bon de Commande
LA REDOUTE 59081 ROUBAIX CEDEX 2 - TÉLÉCOPIE : 03 20 26 43 75

LA REDOUTE

ADRESSE DE LIVRAISON *(COCHEZ SVP)*
☐ au Rendez-Vous Catalogue ou
☐ au Relais Colis de

IMPORTANT

Pour recevoir
votre parure
donnez votre

**CODE
OFFRE SPECIALE**

24783

☐ à l'adresse ci-contre
☐ à l'adresse ci-dessous pour cette commande
☐ à l'adresse ci-dessous pour un cadeau

NOM

PRENOM

ADRESSE

CODE POSTAL

COMMUNE

N° DE CLIENT
(SI VOUS EN AVEZ UN)

A REMPLIR EN LETTRES CAPITALES

NOM   PRENOM

ADRESSE

CODE POSTAL   COMMUNE

TEL.

N'OUBLIEZ PAS DE NOTER ICI VOS COORDONNÉES

EXEMPLE : LOT DE 3 T-SHIRTS   0 , 1
DESIGNATION DES ARTICLES

VOTRE
pour 480 F ou

VOTRE MODE DI

A LA COMMANDE   AVEC VOTRE CARTE DE PAIE
1 ☐ MANDAT-LETTRE
2 ☐ CHEQUE POSTAL
3 ☐ CHEQUE BANCAIRE   0 0
   (À L'ORDRE DE LA REDOUTE)
4 ☐ AVOIR OU CHEQUE REDOUTE

A LA LIVRAISON A DOM

Offre valable jusqu'au 30 septembre 99. 1 se
un cadeau de valeur commerciale similaire. V

COMMENT PASSE
• Par courrier • Par

PAR TELEPHONE 7J/7
Appelez votre hôtesse de 7H à
au 0 802 024 024 0,79 F/mn Ou
REDOUTEL notre service vo
au 08 36 67 24 00 1,49F/mn.

PAR MINITEL 24H/24
Au 3615 code REDOUTE
2,23F/mn.

Conformément à la loi Informatique et Libertés, la répor
rectification des données vous concernant. Ces informa

BON DE COMMANDE

Code média
E 8413

**ALLO COMMANDE
0803 890 890**
(renseignements et suivi des commandes : 0803 876 876*)
Du lundi au vendredi de 8h00 à 19h00 ;
Le samedi de 9h00 à 13h00.
*1,09 F/mn   (jusqu'à 18h00 du 14/11 au 18/12/98).

MINITEL (1,29 F/mn)
3615 EVEILJEUX
24 h sur 24 et 7 jours sur 7

COURRIER
EVEIL ET JEUX
95907 Cergy Pontoise Cedex 9

VOS COORDONNÉES
N° client :
Nom :
Prénom :
Adresse :

Résidence :
Bât. :   Etage :   Porte :
Code postal :
Ville :
Tél. : 0 ,

ENVOI CADEAU ☐ *cochez la case*
De la part de :
La facture sera envoyée chez vous
ENVOI À UNE AUTRE ADRESSE ☐ *cochez la case*
Nom :
Prénom :
Adresse :
Résidence :
Bât. :   Etage :   Porte :
Code postal :
Ville :

VOTRE COMMANDE

DESIGNATION	PAGE	CODE ARTICLE	QUANTITÉ	PRIX UNITAIRE	PRIX TOTAL

VOTRE RÈGLEMENT *(cochez la case de votre choix)*
☐ par chèque bancaire ou postal
☐ par mandat postal   à l'ordre de
                             EVEIL ET JEUX
☐ carte bleue :   ma carte expire fin

date et signature (obligatoire)

Pour recevoir également le catalogue Graine d'éveil, cochez la case ☐

Conformément à la loi informatique et libertés du 6/1/1978, vous pouvez accéder aux informations vous concernant, les modifier et demander
qu'elles ne soient ni échangées, ni cédées en écrivant à : éveil & jeux, 2 rue Alfred de Vigny - 78112 Fourqueux - RCS VERSAILLES B 339 425 693

MONTANT TOTAL DES ARTICLES	
Participation aux frais d'envoi	+ 29,90 F
Livraison par porteur en 24 h, j'ajoute 39 F	
Livraison par porteur en 48 h, j'ajoute 15 F	
TOTAL À RÉGLER	

V.P.C habitat (16.1) 34 65 17 17
GAGNEZ DU TEMPS : COMMANDEZ PAR TÉLÉPHONE

1. COMMANDEZ ICI VOTRE CANAPÉ A LA CARTE (tableau des prix page 43)

LIBELLÉ DE VOTRE CANAPÉ A LA CARTE	DÉSIGNATION DU TISSU CHOISI	PRIX UNITAIRE	Qté	VALEUR TOTALE

LES FRAIS DE LIVRAISON SONT INCLUS DA...

2. COMMANDEZ IC...

Téléphonez au : (16.1) 34.65.17.17.
Habitat établira votre devis et vous...

Nom Tissu . . . . Réf. . . .
Tringle . . . . , ... cm Nbr...
Hauteur finie . . . . cm Nbr...
Tête rideaux n° . . . .
Type de tringle : Anneaux en bois ☐
Chemin de fer ☐
Doublure OUI NON
Doublure Ivoire ☐
Blanche ☐

3. COMMANDEZ I...

DESIGNATION/COLORIS

BON DE COMMANDE

À FAXER À VOTRE CONSEILLER
BURO+

Vous pouvez éventuellement le retourner par courrier.

FAX **03 83 29 82 71**

LA MAISON DU BUREAU
87, AVENUE DU 69e R.I. - BP 4
54271 ESSEY-LES-NANCY CEDEX

Code	Quantité	Désignation	Page	Prix unitaire	Total

Livraison gratuite
à partir de 500FHT (76,22 €) d'achat*
* Participation aux frais de livraison 25 FHT (3,81 €) pour toute commande inférieure à 500 FHT (76,22 €)

TOTAL HT
TOTAL TTC

VOS COORDONNÉES   RÈGLEMENT

ENTREPRISE : _____
NOM : _____
ADRESSE : _____
VILLE : _____
CODE POSTAL : ⌶⌶⌶⌶⌶
ACTIVITÉ : _____
INTERLOCUTEUR : _____
TÉL. ⌶⌶⌶⌶⌶⌶⌶⌶ FAX ⌶⌶⌶⌶⌶⌶⌶⌶
N° CLIENT (facultatif) : ⌶⌶⌶⌶⌶⌶

Paiement comptant net et sans escompte
Par carte VISA
N° : ⌶⌶⌶⌶⌶⌶⌶⌶⌶⌶⌶⌶⌶⌶⌶⌶
Valable jusqu'au : ⌶⌶⌶⌶
Signature et cachet de l'entreprise

DATE ET SIGNATURE OBLIGAT...

TOTAL GENE...

1. CANAPES A LA CARTE	2. ...
+	

En cas de litige, se...

HAUTE CUISINE & CIE
Fournisseur des Grands Restaurants & Hotels
20, rue de Champagne
57070 METZ

Porzellanmanufactur Kämmer
Kantstraße 22
07407 Rudolstadt
Allemagne

V/Réf.: rk/mm
V/Lettre: 10/01/00
Metz, le 23 mars ...

Commande no. 30-A-1234

Mesdames,
Messieurs,

Conformément à votre offre du 10 ct. et nous référant à l'entretien que nous avons
eu à l'occasion de la Foire de Cologne, nous vous prions de bien vouloir nous faire
parvenir

10 Services de la série "Preussen", 6 personnes = 60 pièces au prix de
€ 250,00 le service

15 Services de la série "Prinzeß", 12 personnes = 136 pièces au prix de
€ 700,00 le service

20 Services de la série "Infant", 6 personnes = 72 pièces au prix de
€ 400,00 le service

La vaisselle devra nous être livrée franco domicile jusqu'au 30 avril au plus tard.
Nous paierons au comptant pour bénéficier de l'escompte de 2 % dont nous avons
parlé lors de notre rencontre à la Foire.

Comme nous vous l'avions signalé pendant notre entretien, nous vous demandons
de renforcer l'emballage pour la protection des tasses en utilisant une pellicule à
bulles d'air et d'ajouter des particules de calage en PVC car nous désirons éviter le
risque de recevoir des pièces brisées, comme la dernière fois. Veuillez spécifier ce
point dans votre confirmation de commande.

= Futur

Nous espérons que la bonne marche de nos relations d'affaires se poursuivra et
vous prions d'agréer, Mesdames, Messieurs, nos salutations distinguées.

HAUTE CUISINE & Cie

Gérant

PS : Vous pourrez compter sur d'autres commandes si vous maintenez vos prix
jusqu'au 31 décembre. Je vous appellerai la semaine prochaine.

signaler à qn (beschrieben) ankündigen, hinweisen, aufmerksam machen

TECHNICOLE
Fournisseur de Materiel Scolaire
4, rue Favier · 83100 Toulon

Questions:
1. Qui est Monsieur Werner?
2. Qu'est-ce que M. Prévert lui a probablement dit au téléphone?
3. Quels sont les arguments avancés par M. Prévert afin d'exiger une modification?
4. Est-ce que la réduction/modification concerne tous les articles?
5. Que promet M. Prévert pour l'avenir?
6. Comment réagira M. Werner?

Staetcastell Bleistiftfabriken AG
Nürnberger Str. 2
90546 Stein
Allemagne

V/Réf.
N/Réf.   vj/B
V/lettre du

TOULON,
le 30 octobre ...

Objet: Commande no. C3011 du 20 octobre

Mesdames,
Messieurs,

Nous nous permettons de revenir à l'entretien téléphonique de ce matin avec Monsieur Werner au cours duquel nous avons expliqué les difficultés que nous avons avec le service administratif scolaire de cette ville. Nous vous prions donc de bien vouloir réduire de moitié les quantités de certains articles qui figurent dans notre bon de commande no. C3011 du 20 octobre dernier:

Réf.	Article		Quantité commandée:		Quantité modifiée:
Réf. 12.84.02	Craie blanche, tendre	Quantité commandée:	20.000	Quantité modifiée:	10.000
Réf. 18.05.40	Gomme mixte biseautée	" "	6.000	" "	3.000
Réf. 17.84.20	Règles plastique vert	" "	2.000	" "	1.000

Les quantités des autres articles commandés restent inchangées et elles peuvent donc être livrées comme indiqué dans notre bon de commande.

Nous vous prions de bien vouloir accepter cette modification et de nous la confirmer rapidement. Nous espérons pouvoir vous passer une nouvelle commande dès que les problèmes exposés dans notre entretien seront résolus.

Dans l'espoir qu'il vous sera possible de nous donner satisfaction, nous vous prions d'agréer, Mesdames, Messieurs, nos salutations les plus distinguées.

TECHNICOLE S.A.

Gérant

AVIACONFORT
Fournisseur de l'Aviation Civile
75, Bd. Malesherbes · 75008 Paris

Questions:

1. Avec quels arguments Mme de Kergonan essaie-t-elle d'obtenir une modification de l'offre?
2. Quelles concessions demande-t-elle?
3. Pourquoi le fournisseur a-t-il intérêt à respecter le délai de livraison?

Traveltex GmbH
Wollweberei
Breite Straße 43
52353 Düren
Allemagne

V/Réf.	N/Réf.	Votre lettre du	PARIS,
ml/gr	mw/Cb	04 mai ...	le 13 mai ......

Objet: Couvertures pour l'aviation civile

Mesdames,
Messieurs,

Nous vous remercions de votre offre et des échantillons que vous avez bien voulu nous envoyer. Nos spécialistes les ont examinés et nous avons l'intention d'introduire votre marque à condition que quelques détails de votre offre soient modifiés.

Vos prix sont basés sur une quantité minimum de 6.000 unités et paiement au comptant sous quinzaine. Pour une première commande cette quantité nous paraît trop élevée. C'est la raison pour laquelle nous vous prions de revoir vos conditions et de nous faire savoir le plus rapidement possible si vous pouvez réduire cette quantité de moitié et accepter paiement par traite à 30 jours date de livraison. Nous sommes convaincus que nos commandes ultérieures dépasseront largement les 6.000 unités si votre produit correspond aux besoins de notre clientèle. Vu la qualité nous en sommes presque sûrs.

En ce qui concerne les délais de livraison, nous tenons à ce que vous sachiez qu'ils sont d'une extrême importance car le non-respect entraînerait l'annulation des contrats. Notre dernier fournisseur en a déjà subi les conséquences. Nous vous prions donc de nous garantir des livraisons ponctuelles.

Nous espérons que vous serez disposés à accepter nos propositions et que nos relations d'affaires se développeront à notre satisfaction mutuelle.

Veuillez agréer, Mesdames, Messieurs, nos salutations distinguées.

Martine de Kergonan

Service Achats

AVIACONFORT
Fournisseur de l'Aviation Civile
75, Bd. Malesherbes · 75008 Paris

Question:
Quels détails restent à négocier?

Wollweber GmbH
Textilfabriken
Saarbrücker Str. 40
33613 Bielefeld
Allemagne

réviser
revoir

V/Ref.	N/Réf.	V/lettre du	PARIS,
ww/gr	ml/gr	03 mai ...	le 11 mai ...

Votre offre no. 03/1997B - Couvertures en laine

Mesdames,
Messieurs,

Nous avons attentivement examiné votre offre et votre envoi d'échantillons dont nous vous remercions.

Les couvertures "Blue Sky", Réf. 801 et "Caravane", Réf. 820, nous intéressent particuliè-rement et nous serions disposés à commander 2.000 et 3.000 unités si vous étiez prêts à réviser vos conditions de paiement et à nous accorder une remise pour le lancement de vos articles.

Bien que la qualité de vos couvertures nous paraisse excellente ou même supérieure à celle de vos concurrents vos prix nous semblent trop élevés pour être compétitifs sur notre marché. Nous sommes fournisseurs de plusieurs grandes compagnies aériennes, mais malgré la bonne réputation des produits d'origine allemande, le prix est un facteur très important pour la décision lors de l'achat. Cependant, une fois in-troduites, nous achèterons vos couvertures en grandes quantités pendant des années.

kaufentscheidig

Nous espérons que vous tiendrez compte de ces arguments et nous accorderez une remise de 10 % pour faciliter le lancement de votre marque. A la place du paiement par chèque à la réception des documents nous préférerions régler dans les 30 jours date de livraison.

berücksichtige = anrechnen

Au cas où vous désireriez des renseignements sur la bonité de notre entreprise, adressez-vous à la BNP qui est autorisée à vous donner des informations.

Dans l'espoir que vous accepterez nos propositions, vous prions d'agréer, Mes-dames, Messieurs, nos salutations les plus distinguées.

AVIACONFORT

Martine de Kergonan

Service Achats

figure sur le bon de commande
nous paraisse excellente
nous semblent trop élevés pour
tenir = Futur tiendra 3.P.Sing.

El Dorado S.A.

Enrique Precioso & Jean-Luc Bijou

Plaza del Mercado, 20 – Marbella

Cambour Frères
Fabricants
16, rue de Montmorency
F 75003 Paris

Questions:

1. **Comment l'entreprise El Dorado S.A. a-t-elle pris connaissance de l'offre de Cambour Frères?**
2. **L'écoulement des montres sera-t-il facile?**
3. **Pourquoi ne peut-on pas commander les montres "Prestige"?**
4. **Est-ce que la dernière collection a été vendue?**

Su carta del Votre lettre du	Su referencia Notre lettre du	Nuestra referencia Votre référence	MARBELLA, 20 mai ...
-	EP/rv	-	

Objet: Importation de montres en or CAMBOUR

Mesdames, Messieurs,

Votre représentant, Monsieur Doré, vient de nous rendre visite. Il nous a montré votre nouvelle collection qui nous plaît beaucoup. Monsieur Doré a eu la gentillesse de nous laisser 3 montres à bracelet - les modèles 201, 209 et 213 - afin que nous puissions les présenter à notre clientèle.

La finition de vos montres ne laisse en rien à désirer mais, malheureusement, vos prix nous semblent un peu trop élevés pour le marché espagnol. Nous vendons aussi, comme vous le savez, plusieurs marques suisses et allemandes, et il sera difficile d'atteindre un bon chiffre d'affaires avec vos produits sur la base de vos prix actuels. Pourriez-vous les baisser de 10 %? Nous pensons que nous pourrons vendre facilement entre 100 et 150 unités par modèle dans nos filiales.

Le modèle "Prestige" que vous livrerez à partir du mois de septembre nous paraît très intéressant, mais Monsieur Doré n'a pas pu nous donner de prix définitif. Si vous nous accordiez des facilités de paiement, nous commanderions 200 unités environ pour la vente de Noël de cette année. Monsieur Doré nous avait promis qu'il nous laisserait un modèle dès que la vente commencera en France. Vous pourrez nous le faire parvenir, comme d'habitude, par courrier, en tant que lettre à valeur déclarée.

En ce qui concerne les montres de votre dernière collection qui se trouvent encore dans nos vitrines, veuillez nous indiquer quand vous en aurez besoin. Nous vous les retournerons aussi vite que possible. De toute façon, il n'en reste que quelques unes.

De façon générale, nous sommes convaincus que votre nouvelle collection aura beaucoup de succès en Espagne et attendons votre décision.

Veuillez agréer, Mesdames, Messieurs, nos salutations les plus distinguées.

EL DORADO S.A.

Gérant

Exercices de lecture

Elargissez votre champ visuel

commande
notre commande
répétons notre commande
nous répétons notre commande
nous répétons les détails de notre commande
dans notre fax nous répétons les détails de notre commande

remise
une remise
accordez une remise
vous nous accordez une remise
vous nous accordez une remise exceptionnelle
et vous nous accordez une remise exceptionnelle de 3 %

expédition
expédition par camion
assurez l'expédition par camion
vous assurez l'expédtion par camion jusqu'à
dans ce cas vous assurez l'expédition par camion jusqu'à Bruxelles
mais dans ce cas vous assurez l'expédition par camion jusqu'à Bruxelles

effectuer
effectuer le paiement
prions d'effectuer le paiement
nous vous prions d'effectuer le paiement
nous vous prions d'effectuer le paiement par traite
nous vous prions d'effectuer le paiement par traite à 60 jours de vue

renseignements
des renseignements sur
désireriez des renseignements sur
vous désireriez des renseignements sur
au cas où vous désireriez des renseignements sur
au cas où vous désireriez des renseignements sur notre entreprise

dès que sobald + Indik, hier Futur

vous nous accordez des facilités de paiement
gewähren Zahlungserleichterungen
de façon générale, nous...
n'a pas pu nous donné de prix définitif.

Soulignez le mot témoin chaque fois qu'il se trouve dans la liste qui suit.

INDIVIDUEL   INDIVIDU INDIFFÉRENT INTERET INDIVIDUELLE INDIVIDUEL INTERVENIR
INTERVIEW INTERACTION INTERESSER INTERDIT INDIVIDUEL INDIVIDUS INDE
INDIEN INDIENNE INTERDICTION

ASSURER   ASSURANCE ASSURONS ASSUREZ SUREMENT ASSIDU ASSURE ASPECT
ASSIMILER ASSURONS ASSURER ASSURES ASSURERAIT ASSIDUMENT
ASSURER ASSUREUR ASSUMER ASSOURDIR ASSOMMER ASSOMBRIR

EXPEDIER   EXPEDITEUR EXPEDITION EXPEDIEZ EXPEDIONS EXPEDIER EXPEDITION
EXPEDIEZ EXPECTEZ EQUIPER EXPRIMER EXPRESSION EXPEDIER EXPRESSIF
EXPOSER EXPULSION EXPEDIER EXPRESS EXTERIEUR

REDUCTION   REDUIRE REDUISONS REDUIT REDUISEZ REEDIFIER REDUCTEUR REDUCTIBLE
REDUCTION   REEVALUATION   REFILER   REFINANCEMENT   REDOUTER
REDRESSEMENT REDOUBLER REDUCTION REDEVOIR

REMISE   REMIS DEVISE REMEDE REMEDIER REMISE REMIS REMISSION REMINISCENCE
REMISER REMISIER REMIGE REMITTENT REMISE REMUNERER RENAISSANCE
REMUER REMPLOYER REMITTENCE

MOITIE   MOUETTE MORTIFIER MOISI MOIS MOITIE MOMENT MOITE MOITEUR
MOISISSURE MOISSON MOIS MOINS MOITIE MOI MOINDRE MOINE MOINEAU
MOISSONNEUR MOLLE MOISIR MOI MEME MOINE

BENEFICIER   BENEFICE   BENEVOLE   BENEFICIEZ   BENEDICTION   BENEFIQUE   BENIN
BENEDICTINE BENEFICIER BENEFICIONS BENEFICES BENEFICIAIRE BEMOL
BENITIER BETAIL BIBLIOTHEQUE BENEFICIE BENEFICIER

MARGE   CHARGE MARGINAL MARCHE MARCHER MARGINALISER MARCHES MARGES
MARGE   MARAICHER   MARGARINE   MARCHEPIED   MARECAGEUX   MAREE
MARECHAL MARGINALITE MARGE MARIAGE MARTIAL

CONFIRMATION AFFIRMATION CONFIRMER CONFIRMEZ CONTENANCE CONSORTIUM
CONSOMMER CONSOMMATION CONDUIRE CONFIRMATION CONFIRMATIONS
CONFIGURATION   CONFIDENT   CONFIDENTIELLEMENT   CONFISCATION
CONFORMITE CONFORMEMENT CONFIER CONFIANCE

IMPORTANT   IMPORTANCE IMPORTATION IMPORTATEUR IMPORTONS IMPORTANT
IMPOSER IMPORTANCE IMPOSSIBLE IMPREGNER IMPRECISION IMPOT
IMPOSTURE IMPORT IMPOSABLE IMPOSANT IMPRESSION IMPORTE

Soupe aux lettres

S	U	P	P	L	E	M	E	N	T	A	I	R	E	S
C	T	A	J	O	U	T	E	R	M	P	R	I	X	I
E	I	I	T	U	N	A	I	S	R	A	B	A	I	S
L	L	E	R	E	G	D	M	A	R	G	E	R	G	O
L	I	M	A	R	M	O	I	R	E	P	N	R	E	U
E	S	E	I	C	O	M	M	A	N	D	E	H	N	M
R	E	N	T	M	I	I	N	Z	V	I	F	E	C	E
O	R	T	E	U	T	C	B	R	E	M	I	S	E	T
F	O	B	U	X	I	I	T	E	N	D	C	A	G	T
P	A	R	T	I	E	L	Z	G	O	I	I	C	I	R
A	C	A	L	A	G	E	O	L	E	S	E	L	L	E
R	U	R	C	O	N	T	R	E	R	B	R	O	U	E
T	I	E	D	A	S	S	U	R	E	R	D	Q	U	E
I	O	G	P	U	U	R	G	E	N	T	Z	C	I	F
C	Y	E	N	T	R	E	T	I	E	N	Y	O	T	C
U	L	T	E	R	I	E	U	R	F	R	A	N	C	O
L	E	T	R	A	N	S	P	O	R	T	A	V	M	L
I	P	R	E	N	V	O	I	G	M	O	D	E	N	L
E	L	E	K	S	R	W	J	M	O	X	E	N	J	E
R	E	S	O	U	D	R	E	N	J	A	V	U	E	R

Trouvez au moins 20 mots!

L'essentiel d'une commande

1) Se référer à une offre:

Conformément à votre offre du ....

Selon votre offre no. .... du ....

Après examen de vos échantillons, dont nous vous remercions, ...

2) Confirmer la commande passée par téléphone ou par télécopie:

Nous confirmons notre entretien téléphonique de ce matin/du .... /et vous passons

commande ferme de .... /et vous prions d'expédier ....

Nous vous prions de bien vouloir nous expédier ....

Nous vous prions de nous envoyer ....

Veuillez nous/me faire parvenir ....

Veuillez trouver ci-joint notre commande passée à titre d'essai.

3) Fixer les conditions de vente:

3.1) Délai de livraison

figurer = auftreten
mentionné

La marchandise devra nous être livrée jusqu'au ....

La première/deuxième partie/tranche de .... unités doit nous parvenir avant

le ....

La totalité de la commande doit être livrée dans le délai figurant/qui figure sur le bon

de commande.

La totalité de la commande doit être livrée dans les .... semaines suivant la date de

commande.

La totalité de la commande doit être livrée dans les .... jours/mois suivant la

réception de la commande.

3.2) Protection de la marchandise

La marchandise doit être bien protégée contre l'humidité/la chaleur/le froid/les chan-

gements de climat/toutes sortes de chocs ....

L'emballage doit résister au transport par voie maritime/par camion ....

Les produits doivent être mis dans des cartons/caisses individuel(les)/de .... unités.

3.3) Paiement

Nous aimerions bénéficier de vos meilleures conditions de paiement.

Nous préférons payer au comptant pour bénéficier de l'escompte de .... %.

Nous réglerons la somme par traite à .... jours/mois de date.

Nous ouvrirons le crédit documentaire auprès de la Banque ....

Le règlement sera effectué par chèque dès l'arrivée de la facture.

4) Réserves

das Recht vorbehalten

Nous nous réservons le droit d'annuler notre commande si la livraison n'est pas effectuée dans le délai convenu/prévu.

5) Modification de la commande

Nous vous prions de bien vouloir augmenter/réduire la quantité commandée de .... unités/la moitié.

Accepteriez-vous une réduction/augmentation de la quantité commandée de .... unités/50 %?

Nous vous prions ....

beschleunigen

.... d'accélérer la production et de livrer avant le ....

.... de changer d'emballage

.... de remplacer le modèle X, Réf. ...., par ....

.... de livrer .... au lieu de ....

Nous souhaitons vivement qu'il vous soit possible ....

.... d'accepter cette modification de commande.

.... de donner votre accord sur cette modification.

Exercices de vocabulaire et de grammaire

1. Cherchez l'intrus! (le mot qui ne convient pas)

1. la référence - la quantité - le prix -la monnaie - la désignation des articles
2. la caisse - la boîte - l'enveloppe -le sac - le carton
3. économique - bon marché - attractif - élevé - spécial
4. le prix de lancement - la promotion - la nouveauté - le prix en baisse - les soldes
5. solide - résistant - anti-choc - robuste - utile
6. par avion - par téléphone - par télécopie - par internet - par minitel
7. l'offre - la vente - la livraison - le service après-vente - la réception
8. le produit vert - biodégradable - naturel - efficace - recyclable
9. conseiller - aider - livrer - informer - renseigner
10. les dictionnaires - les ciseaux - la colle - les timbres - les agrafes - _(= zusammennä)_
11. la bouteille - le flacon - la carafe - le sachet - le verre
12. accepter - approuver - annuler - accorder - consentir _(= einwilligen)_
13. utile - nécessaire - pratique - effervescent - efficace _(aufbrausend)_
14. le lot - la douzaine - la tonne - la majorité - le kilo
15. arrivé - vendu - parvenu - est là - livré
16. immédiatement - sans tarder - aussitôt que possible - strictement - rapidement
17. par courrier séparé - ci-inclus - en annexe - par le même courrier - ci-joint
18. l'entreprise - les établissements - la maison - la firme - l'usine
19. soigneuse - excellente - de premier choix - extraordinaire - supérieure
20. par virement - au comptant - par traite - en régime ordinaire - par chèque - _(= Tratte/gmt)_

L'ARTICLE PARTITIF/L'ARTICLE AVEC LA NEGATION

2. Ajoutez si nécessaire, un article

1. Nous aurions besoin ... 150 couvertures.
2. Ce magasin a ... choix.
3. La plupart ... marchandises commandées sont en stock.
4. Nous n'avons jamais vendu ... produits surgelés.
5. Il y a beaucoup ... difficultés avec le service administratif.
6. Nous vous avons commandé 150 ... paires ... gants.
7. Il achète 50 kg ... fromage français par mois.
8. Le fromage est emballé dans des boîtes ... 250g .
9. Nous avons fait assez ... publicité pour nos articles.
10. Il commande 500 ... boîtes ... thon au naturel.
11. Les jardins d'enfants utilisent beaucoup ... jouets en bois.
12. Il nous faudrait plus ... informations sur cet article.
13. Nos camions ont passé la frontière sans ... difficultés.
14. Il est difficile de trouver ...la bonne qualité.
15. La marchandise avec ... défauts est vendue à bas prix.
16. De combien ... machines vous servez-vous?
17. Nous avons une grande quantité ... clients à l'étranger.
18. Cette maison a énormément ... travail.

19. Nous n'avons plus ... possibilités de commander ailleurs.
20. Le transport à l'étranger occasionne trop ... frais.
21. Cette offre attirera autant ... clients que l'autre.
22. Les produits biologiques prennent de plus en plus ... importance.
23. Nos clients préfèrent ... produits sains, ils n'aiment pas ... produits traités.
24. Les 120 ... bouteilles ont été emballées dans ... cartons de 6 ... bouteilles.
25. Nous n'avons jamais eu ... offre aussi intéressante.

3. Quel est le mot juste?

1. Réduction accordée sur le montant d'une facture à un client qui paie comptant alors qu'il aurait pu bénéficier d'un délai de paiement.

   la remise - le rabais - l'escompte - la ristourne

2. Formulaire où sont inscrits : la somme à payer, le détail des marchandises vendues, le total, la T.V.A., les conditions de paiement.

   le prospectus - la facture - le chèque - l'accusé de réception

3. Valeur d'une chose exprimée en monnaie.

   l'impôt - les frais - le prix - la taxe

4. Volume des marchandises apportées sur le marché pour être vendu.

   le profit - le change - le bilan - l'offre

5. Estimation du prix total d'une commande (prix de la marchandise et frais supplémentaires).

   le devis - le tarif - la facture - le bon de caisse

Répondez:

6. Durée de temps qui sépare la réception de la commande et la livraison : ....

7. Durée qui sépare la date prévue de livraison et la date réelle: ....

8. Indiquez un synonyme pour les mots suivants:„paiement" ;„désigner";„être de";„correspondre" ;„tenir à";

9. Quelle est la différence entre „recevoir" et „obtenir"? Faites une phrase avec chaque verbe.

10. Que signifient ces abréviations?

    H.T. ; T.V.A. ; Ets. ; Cie ; B.N.P. ; P.J. ; S.N.C.F. ; ct. ; C.C.P. ; p.o. ; No ; N/Réf. ; T T C.

REVISION DES TEMPS

4. Révision de verbes (à la 1ère personne du singulier et à la 1ère personne du pluriel) au présent, au passé-composé, au futur, au plus-que-parfait et au conditionnel 1

passer, suivre, devoir, correspondre, faire parvenir, entraîner, annuler, livrer, préférer, régler, tenir compte, lancer, modifier, se permettre, accepter, confirmer, paraître, virer, bénéficier, réduire, satisfaire, s'adresser, payer, ouvrir, augmenter, remplacer, effectuer, répondre, veiller, compter sur, refuser, prendre, envoyer, pouvoir, obtenir, convenir, promettre

LE SUBJONCTIF

5. Formez le subjonctif des verbes suivants

Il est nécessaire/il est probable/il est indispensable ...

1.que je (être). 2. que tu (faire). 3. qu'elle (ouvrir). 4. qu'il (expédier). 5. que nous (appeler).
6. que vous (acheter). 7. qu'ils (répondre). 8. qu'elles (tenir compte). 9. que je (écrire).
10. que tu (pouvoir). 11. qu'il (prendre). 12. qu'elle (essayer). 13. que nous (choisir).
14. que vous (payer). 15. qu'ils (aller). 16.qu'elles (avoir). 17. que nous (répéter).
18. que vous (savoir). 19. qu'il (vouloir). 20. que vous (voir).

6. Mettez la forme correcte *(= alle subjonctiv)*

1. Il faut que vous nous (livrer) avant le 15 ct. .
2. Nous voulons que cet article (correspondre) exactement à l'échantillon.
3. Nous sommes heureux que vous (être) à même de répondre à nos besoins.
4. Je regrette que vous ne (avoir) plus cette marchandise en stock.
5. Nous souhaitons que vous nous (envoyer) les machines le plus tôt possible.
6. Je ne crois pas que notre courrier vous (parvenir) déjà demain.
7. Nous aimerions que vous (exécuter) cet ordre très rapidement.
8. Il est possible que nous (lancer) ce produit dès début mai.
9. Veillez à ce que la qualité de votre marchandise (être) conforme à celle de vos échantillons.
10. Il faut absolument que vous (réduire) vos prix.
11. Veuillez faire en sorte que la marchandise (être embarqué) le plus vite possible.
12. Il est indispensable que vous (respecter) les délais de livraison indiqués.
13. Il est nécessaire que l'emballage utilisé (être) assez solide.
14. Nous vous passons notre commande immédiatement afin que vous nous (accorder) votre remise spéciale.
15. Nous aimerions que votre représentant nous (rendre) visite.

7. Faites des phrases commençant par les expressions suivantes

– Il est nécessaire	correspondre	les articles commandés
– Nous voudrions que	faire - avoir	le dessin
– Il faudrait que	+ { recevoir - pouvoir	+ { les échantillons
– Il serait souhaitable que	savoir - choisir	la qualité des produits
– En attendant que	envoyer - être	un nouveau modèle
– Serait-il possible que		la totalité de la marchandise

– nous aurions besoin d'un appareil qui puisse nous faciliter le travail

8. Faites des phrases avec les conjonctions suivantes

– pour que	baisser les prix - passer une commande -
– à moins que	pouvoir lancer le produit sur le marché -
– à condition que	recevoir la marchandise à temps
– avant que	accorder un rabais plus élevé
– jusqu'à ce que / à ce que	+ { modifier les conditions de paiement
	être offert(e) à des prix plus bas par la concurrence
	être conforme à celle des échantillons
	confirmer ces conditions

9. Reliez les phrases (Même sujet dans les 2 phrases, attention !)

1. Nous sommes heureux .... Nous sommes en mesure de vous envoyer.

2. Les clients désirent .... Ils reçoivent des échantillons ....

3. Nous sommes heureux .... Vous êtes intéressés par nos articles.

4. Il est nécessaire .... Vous baissez les prix ....

5. Nous regrettons .... Nous ne pouvons pas vous passer d'ordre en ce moment.

6. Les clients désirent .... Vous leur envoyez des échantillons ....

7. Il vaudrait mieux .... Nous annulons la commande ....

8. Le client veut .... Il bénéficie d'une remise ....

9. Nous regrettons .... Vous ne pouvez pas nous livrer plus rapidement.

10. Ce serait très aimable de votre part .... Vous répondez par retour du courrier.

Subjonctiv-auslöser:

Unterschiedliche Subjekte (z.B. Personen) ⇒ Subjonctiv: Il veut que sa mère vienne.

gleiche Subjekte (z.B. Personen) ⇒ Indikativ mit Infinitiv-Konstruktion
Les clients veulent que vous baissez les prix.

1) nous sommes heureux d'être en mesure
3) nous sommes heureux que vous soyez
2) Les clients désirent recevoir des échantil...
8) Le client veut bénéficier d'une ...

10. Indicatif ou subjonctif?

1. Je pense que vous (accepter) notre modification
2. Nous aimerions que vous (emballer) les appareils séparément.
3. Nous souhaitons qu'il vous (être) possible de nous accorder une remise.
4. Il est nécessaire que vous nous (préciser) votre mode de transport.
5. Nous espérons que votre offre (rester) valable jusqu'à la fin du mois.
6. Nous croyons que nos clients (apprécier) le design de vos stylos.
7. En attendant que vous nous (contacter) le plus tôt possible, ...
8. Nous devons recevoir vos produits avant que la saison ne (commencer)
9. Il vaudrait mieux que chaque vase (être emballé) dans une boîte.
10. Dans l'espoir que la marchandise (arriver) à temps, ...
11. Il est très important que vous (respecter) le délai promis.
12. Je ne crois pas que la vente de cet article (poser) des problèmes.
13. Bien que d'autres firmes nous (avoir fait) des offres intéressantes, nous vous passons un ordre.
14. Nous vous informerons dès que la marchandise (être arrivé).
15. Nous aurions besoin d'un appareil qui (pouvoir) nous faciliter le travail.

TEXTE À TROUS

11. Exercice de vocabulaire

> commande - exécution - parfums - promis - fraise - parvenir - pots - cerise - chèque - facture - examen - règlement - fruits - brochures - exemplaires - allégée - joindre - échantillons

Mesdames, Messieurs,

Après .... de vos .... de confiture dont nous vous remercions, nous vous passons la .... suivante:

– 50 .... de confiture de 370g dans les 8 .... proposés dans votre offre (orange, abricot, framboise, ... , myrtille, 3 fruits rouges, groseille, ...) avec 61% de ....

– 30 .... de confiture .... (55% de fruits en .... de 350g): abricot, orange, ...

Comme .... dans votre offre, la marchandise devra nous .... dans les 3 semaines après réception de notre ordre.

N'oubliez pas de .... à l'envoi vos --- sur les confitures (300 .... au moins).

Le .... sera effectué par .... , comme prévu, dès réception de votre ....

Comptant sur une .... soignée de notre commande, nous vous prions d'agréer, Mesdames, Messieurs, nos salutations distinguées.

Exercices de rédaction et de traduction

Exercices de rédaction (A)

1. Lisez attentivement l'offre de Biotop GmbH de la page 64 et commandez 400 moulins à céréales, Modèle „Xénia". Vous avez l'intention d'en commander encore 400 si l'écoulement de la marchandise se fait comme prévu.
2. Lisez l'offre de Monteverde de la page 67 et commandez 150 stylos, n° de référence 03 20 301, Modèle „Beethoven", € 200,00 par unité, et 250 stylos, n° de référence 03 20 305, Modèle „Mozart", € 195,00 par unité à l'occasion de la „Fête des Mères".
3. Regardez l'offre de Mouchinton S. A. de la page 68 et commandez des mouchoirs pour votre entreprise! N'oubliez pas de choisir la bonne boîte!

Exercices de rédaction (B)

1. La Maison du Jouet schreibt an Natura GmbH

1. Sie haben den Katalog von Natura GmbH erhalten.
2. Herr Spielberg hat Sie besucht und Ihnen einige Modelle gezeigt, von denen Sie jetzt zunächst je 20 Stück bestellen möchten.
3. Als Anlage senden Sie einen Auftragsbogen.
4. Als Zahlungsbedingung wurde 30 Tage nach Rechnungsdatum netto per Banküberweisung vereinbart.
5. Sie stellen weitere Aufträge in Aussicht, sofern die Qualität der Spielzeuge die Kunden überzeugt.

2. Fa. Henrici & Jade, Parfumerieartikel schreibt an Mouchinton S.A. (Anschriften s. S. 68)

1. Sie haben inzwischen ein Telefongespräch mit Mme Ruban geführt und das erbetene Angebot per Fax erhalten.
2. Sie möchten versuchen, das Produkt auf dem deutschen Markt einzuführen, und erteilen deshalb einen Probeauftrag über

   12.000 Schachteln à 100 Papiertaschentücher, zweilagig [1]
   Farbe 004 (rosa), mit dem Logo Ihrer Firma
   rechteckige [2] Schachteln mit transparentem Fenster [3]
3. Preis: € 2,00 pro Schachtel zuzüglich Kosten für technischen Aufwand [4] von € 1.500,– ab Werk Angers.
4. Lieferung : 6 Wochen nach Auftragseingang
5. Zahlung: 30 Tage netto nach Rechnungsdatum per Banküberweisung
6. Sie bitten um weitere Muster der Farben 001 (weiß) und 003 (gelb).
7. Sie geben der Hoffnung auf gute Zusammenarbeit Ausdruck.

1) zweilagig: deux épaisseurs
2) rechteckig: rectangulaire
3) transparentes Fenster: fenêtre transparente
4) Kosten für techn. Aufw.: frais techniques

3. Deutscher Kaufhauskonzern schreibt an französischen Hersteller von Kosmetikprodukten

1. Sie danken für das Angebot und die Muster, die die französische Firma geschickt hat.
2. Sie freuen sich, einen großen Auftrag erteilen zu können - unter Vorraussetzung, dass die eine Hälfte sofort geliefert wird und die andere spätestens in 2 Wochen.

3. Bestellung:

> 30.000 Tuben à 120 ml der Sonnencreme SUNBLOCK 6, verpackt in Einzelschachteln, 100 in einem Karton, zum Preis von € ... pro Tube
> 40.000 Flakons à 250 ml der Sonnenmilch SUNBLOCK 4,
> Verpackung: 50 Flakons in einem Karton

4. Die Preise verstehen sich für Lieferung frei Bahnhof Mainz, abzüglich 8 % Mengenrabatt.
5. Die Zahlung wird 30 Tage nach Rechnungsdatum per Banküberweisung erfolgen.
6. Sie bitten, die Lieferfristen unbedingt zu bestätigen und einzuhalten, da sonst der Auftrag sofort storniert wird.
7. Sie wünschen weitere Muster, um sie in den Parfumerieabteilungen verteilen zu können.
8. Sie erwähnen, dass Ihnen ein Konkurrenzangebot vorliegt und dass Sie beim nächsten Auftrag höheren Rabatt erwarten.

4. Französischer Großhändler an Solinger Schneidwarenfabriken

1. Dank für Angebot und Muster. Qualität der Messer überzeugend.
2. Man würde einen Auftrag erteilen über

> 2.000 Messer der Serie „Cutly", verpackt in Kartons à 10 Messer
> 5.000 Messer der Serie „Gentle", verpackt in Kartons à 10 Messer
> 6.000 Messer der Serie „Meisterkoch", einzeln verpackt

zur Lieferung frei Bahnhof Strasbourg.

3. Allerdings müssten einige Bedingungen geändert werden, da die Preise zu hoch sind:
4. Wegen starker Konkurrenz auf dem französischen Markt 5 % Einführungsrabatt erforderlich.
5. Zahlung per 60-Tage-Sichtwechsel
6. Lieferung: eine Hälfte sofort, Rest in 5 Wochen
7. Stellen Sie weitere Aufträge in Aussicht, wenn der Lieferant auf die Bedingungen eingeht, da Sie Hotelketten in Frankreich und Afrika beliefern.
8. Geben Sie als Referenz die Firma Haute Cuisine & Cie, Metz, an, die Auskünfte über Sie erteilen darf.
9. Geben Sie der Hoffnung auf gute Geschäftsbeziehungen Ausdruck.

5. Deutscher Händler schreibt an französischen Hersteller von Kosmetikprodukten

1. Hat Angebot des Herstellers aufmerksam gelesen und möchte Probeauftrag erteilen.
2. Bestellung: 2.000 Tuben Sonnencreme[1] SUNBLOCK 6,

> Verpackung: Tuben à 120 ml, Preis: € 1,80 pro Tube, 3.500 Flaschen
> Sonnenmilch SUNBLOCK 4,
> Verpackung: Flaschen à 180 ml, Preis: € 2,50 pro Flasche

3. Preise frei Haus für Lieferung innerhalb von 14 Tagen, Zeitraum, der unbedingt eingehalten werden muß.
4. Kunde ist bereit, für den Probeauftrag sofort per Scheck zu zahlen, wünscht später per 60 Tage Sichttratte zu zahlen.
5. Bittet um Zusendung weiterer Muster, um sie den Kunden geben zu können.
6. Wenn Qualität der Produkte die Kunden zufriedenstellt, kann mit großen Aufträgen gerechnet werden.
7. Hinweis, dass noch ein Angebot eines spanischen Herstellers vorliegt, welches sehr günstig ist.
8. Deshalb erwartet Kunde bei großen Aufträgen Rabatte von etwa 15 %.
9. Hoffnung, daß Hersteller den Auftrag zur vollen Zufriedenheit ausführen wird.
10. Grußformel

[1] Sonnencreme: la crème/la lotion solaire

Exercices de traduction

Traduisez!

Firma Schlumberger an GAPA (1a)

Betrifft
Auftrag Nr. 5980B - Handschuhe Modell „Lessiveur"

Sehr geehrter Herr Massenet,

ich komme zurück auf unser Telefongespräch, in dem wir über einige Änderungen der Verkaufsbedingungen gesprochen haben. Sie erhalten als Anlage unseren Auftragsbogen in dreifacher Ausfertigung. Wir haben die Bedingungen entsprechend geändert und bitten um Rücksendung einer von Ihnen unterzeichneten Kopie. Der Preis beträgt € 1,85 statt € 1,90 und die Zahlung erfolgt per 30 Tage Sichtwechsel. Mir liegt daran, zu unterstreichen, dass die Lieferzeit unbedingt eingehalten werden muß, da sonst dieser Vertrag annulliert wird.

In der Hoffnung auf gute Zusammenarbeit grüße ich Sie ...

Anlage: Auftragsbogen

Gestalten Sie den Auftragsbogen! (1b)

Die Bestellung lautet über:
15.000 Paar Handschuhe „Lessiveur", davon 4.000 kleine, 8.000 mittlere und 3.000 große Größen (Details siehe Fiche Technique von GAPA), Bestellnummer ...
Preis: € 1,85 pro Paar, Zahlung: 30 Tage Sichtwechsel nach Rechnungsdatum, Lieferung: sofort ab Werk.

Galeries Précieuses, Montréal/Canada an Porzellanmanufactur Kämmer, Rudolstadt/ Thüringen (2)

Sehr geehrte Frau Kämmer,

wir danken Ihnen für Ihren Katalog und die Muster, die letzte Woche eingetroffen sind, und freuen uns, Ihnen einen Probeauftrag über 1.500 Becher des Modells „Maman" erteilen zu können. Die Becher müssen einzeln in Schachteln verpackt und für den Transport per Bahn und Flugzeug besonders gut geschützt sein. Wir bitten Sie deshalb, die Schachteln zusätzlich in Blasenfolie einzupacken.

Sie haben uns einen Einführungspreis von € 4,30 pro Becher gewährt für Lieferung ab Werk innerhalb von 4 Wochen, spätestens jedoch 3 Wochen vor dem Muttertag in Kanada. Wir werden per Akkreditiv zahlen.

Bitte übergeben Sie die Sendung dem Spediteur UBITRANS, Tel. 040/8060210 und schicken Sie uns Ihr Versandavis per Fax.

Wir erwarten Ihre Auftragsbestätigung und grüßen Sie ...

Schaumstoffflocken: les particules (f) de calage PVC
Blasenfolie: la pellicule à bulles d'air
Versandavis: l'avis d'expédition
Becher: la chope

Traduisez! (4)

Import von Handtaschen

Sehr geehrte Damen und Herren,

wir danken Ihnen für die Muster und den Katalog, den wir vor 3 Tagen erhalten haben. Wir sind sehr beeindruckt von der Verarbeitung Ihrer Taschen und der Qualität des Leders. Wir würden Ihre Produkte gern auf unserem Markt einführen und könnten Ihnen sofort einen Auftrag über 1.000 Taschen erteilen, wenn Sie bereit wären, Ihre Bedingungen zu ändern.

Bisher haben wir uns bei der italienischen Konkurrenz eingedeckt, die ihre Produkte zu günstigeren Preisen anbietet. Deshalb bitten wir Sie, zu prüfen, ob Sie Ihre Preise um 10 % senken könnten. Wir sind davon überzeugt, dass wir Ihnen wegen der ausgezeichneten Qualität bald sehr große Aufträge erteilen können.

Außerdem bitten wir Sie, zu prüfen, ob Sie Zahlung per 60-Tage-Sichtwechsel akzeptieren können. Mit der Lieferung frei deutsche Grenze sind wir einverstanden.

Bitte lassen Sie uns umgehend wissen, ob Sie Ihr Angebot ändern werden, und schicken Sie uns ein weiteres Muster des Modells "Angela". Wir möchten es in einem unserer Kaufhäuser präsentieren.

Wir hoffen, dass dies der Beginn einer guten Geschäftsverbindung sein wird, und würden uns freuen, bald von Ihnen zu hören.

Mit freundlichen Grüßen

Traduisez! (5)

Betrifft: Auftrag Nr. 789 vom 20. 06.

Sehr geehrte Damen und Herren,

wir danken für Ihr Fax mit den neuesten Preisen für Handtücher der Serie "Costa del Sol" und freuen uns, Ihnen den beiliegenden Auftrag erteilen zu können.

Wie schon am Telefon erwähnt, benötigen wir die Ware dringend für einen afrikanischen Kunden. Deshalb ist es wichtig, dass Sie den Liefertermin einhalten, da wir uns sonst anderweitig eindecken müssen, um diesen Kunden zufriedenzustellen.

Wie vereinbart, werden Sie je 10 Handtücher in Plastikfolie versiegeln, um sie vor Feuchtigkeit zu schützen und um jede Reklamation zu vermeiden. Wir werden dieses Mal per 60-Tage-Sichtwechsel zahlen, da – wie Sie wissen – das Geschäft mit Afrika momentan sehr schwierig ist.

In den nächsten Tagen werden wir uns nochmals an Sie wenden, um einen Termin für den Besuch Ihres Vertreters festzulegen, da wir unbedingt über unsere zukünftigen Geschäfte mit afrikanischen und südamerikanischen Kunden diskutieren müssen.

Wir erwarten Ihre Auftragsbestätigung und Ihr Versandavis und verbleiben

mit freundlichen Grüßen

Anlage: Auftragsbogen No. 789

Traduisez! (6)

Betrifft
Import von Konserven

Sehr geehrte Damen und Herren,

wir danken Ihnen für Ihren Katalog, das detaillierte Angebot und das Muster, welches wir vor 3 Tagen erhalten haben. Wir könnten Ihnen sofort einen Auftrag über 10.000 Dosen Pfirsiche erteilen, wenn Sie in der Lage wären, innerhalb von 10 Tagen nach Auftragseingang zu liefern und Ihren Preis um 5 % zu senken.

Wir haben unsere Konserven bisher aus Spanien und Marokko bezogen, wären aber bereit, mit Ihnen in Geschäftsverbindung zu treten, sofern Sie die gewünschten Lieferzeiten garantieren könnten und für Mengen über einem Wert von € 25.000,00 einen Rabatt von 8 % gewährten.

Die Einhaltung der Lieferzeiten ist besonders wichtig, da wir an fast alle großen Kaufhäuser unseres Landes liefern. Jede Verspätung würde den Widerruf der Verträge mit ihnen nach sich ziehen. Unsere Kunden würden sich sofort anderweitig eindecken. Sie werden verstehen, dass wir diese Kunden auf keinen Fall verlieren möchten..

Statt Zahlung per L/C schlagen wir vor, die Rechnung per 30-Tage-Sichttratte zu begleichen. Was den ersten Auftrag betrifft, so wären wir allerdings bereit, ein Akkreditiv zu Ihren Gunsten zu eröffnen.

Mit der Lieferung frei Bahnhof Frankfurt/Main sind wir einverstanden, obwohl unsere spanischen und marokkanischen Lieferanten bisher per LKW frei Haus geliefert haben.

Bitte lassen Sie uns umgehend wissen, ob Sie unsere Bedingungen akzeptieren, und schicken Sie uns ein Exemplar des beiliegenden Auftragsbogens unterzeichnet zurück.

Wir hoffen, dass dies der Beginn einer guten Geschäftsverbindung sein wird, und würden uns freuen, bald von Ihnen zu hören.

Mit freundlichen Grüßen

Au téléphone

Dialogue A

Monsieur Hadji de la Société Dartidom appelle Monsieur Steiner de Steiner Gerätebau

Steiner:	Steiner à l'appareil. Bonjour Monsieur Hadji. Que puis-je faire pour vous?
Hadji:	Je suppose que vous êtes le chef de l'entreprise. Vous parlez bien français, Monsieur.
Steiner:	Merci, Monsieur. Ma mère est Française.
Hadji:	Ah, je comprends. Et bien, j'ai vu votre friteuse «Supréma» et je pense qu'on pourra la vendre ici. J'en prendrai 1200 si le prix est encore valable - et il me les faut rapidement, car nous avons l'intention de les vendre avant les prochaines fêtes.
Steiner:	D'après ce que je vois, le prix n'a pas changé. Si vous attendez deux secondes, je vais demander au service d'expédition si le modèle est encore en stock.
Hadji:	Bien. J'attends.
Steiner:	Monsieur Hadji?
Hadji:	Oui.
Steiner:	Bon, pas de problème. On peut vous les livrer dans deux semaines et les autres conditions de notre offre restent valables.
Hadji:	Très bien. Je vous confirmerai ma commande par écrit.
Steiner:	C'est déjà noté et je ferai le maximum pour accélérer la livraison.
Hadji:	Merci, au revoir.
Steiner:	Merci à vous et au revoir, Monsieur Hadji.

Dialogue B

Monsieur Brüning de Kaufhort appelle Mme Donche de Lucia S.A.

Brüning:	Bonjour, Madame Donche. Brüning à l'appareil. Avez-vous déjà reçu notre commande? Je vous l'ai envoyée le 30 novembre.
Donche:	Voulez-vous patienter une seconde, s'il vous plaît? Je vais la chercher. - La voilà.
Brüning:	Très bien. Je vous appelle uniquement pour souligner l'importance du délai de livraison. Nous commençons très tôt à aménager nos rayons et à décorer nos vitrines. Il est donc extrêmement important que vous respectiez les dates.
Donche:	Nous ferons le maximum, soyez-en assuré, Monsieur.
Brüning:	Je compte sur vous. Et n'oubliez pas que les robes doivent être livrées sur cintres.
Donche:	Vous parlez de l'article 302a, Monsieur. C'est entendu. On vous le confirmera par écrit.
Brüning:	Et vous nous ferez la remise de 5 %, n'est-ce pas? Nous avons des frais de publicité énormes pour lancer votre marque.

Allô affaires – Handelsfranzösisch © FELDHAUS VERLAG, Hamburg

Donche:	Oui, j'en ai parlé à notre directrice. C'est d'accord. En plus, nous vous enverrons encore quelques affiches et une vidéo sur notre dernier défilé de mode à Paris. Je pense que cela pourrait vous servir. Vous pourriez les présenter dans vos vitrines.
Brüning:	C'est une très bonne idée. Merci. Bon, alors, j'attends votre confirmation et le matériel de publicité. Merci, Madame, et au revoir.
Donche:	Il n'y a pas de quoi, Monsieur. Au revoir.

Dialogue C 9

Cassette (96)

Les interlocuteurs: Monsieur Olivier de Santé Biologique
Mme Wächter de Biotop GmbH

Olivier	Bonjour, Mme. Olivier de Santé Biologique à l'appareil.
Wächter	Bonjour, Monsieur.
Olivier	Avez-vous déjà reçu ma commande?
Wächter	Un instant, je vérifie .... La voilà. Vous voulez 800 moulins à céréales, modèle „Xenia". C'est ça? *oder eher nein*
Olivier	Oui, c'est exact, ou plutôt non, ce n'est plus exact. J'aimerais modifier ma commande. Il m'en faudra 1.200.
Wächter	1.200. Attendez, je vais voir si nous les avons encore en stock. Désolée, Monsieur. Il n'en reste que 1.050. Mais on peut vous livrer les autres articles dans trois semaines. *übrigbleiben restlichen*
Olivier	Trois semaines, trois semaines .... Ça change tout. Et au niveau du prix? Vous me dites ...?
Wächter	Au niveau du prix vous bénéficierez des 3 % d'escompte si vous réglez comptant et nous, on se chargera du transport pour la deuxième tranche. Cela vous convient? *davon als*
Olivier	Et bien, si vous me donnez 2 ou 3 moulins en échantillon gratuit, je suis d'accord.
Wächter	Monsieur, nous avons déjà les frais de transport en supplément.... Bon, tout ce que je peux faire dans ce cas c'est de vous donner un moulin comme échantillon gratuit - ou disons deux. Le modèle se vend très bien, vous savez.
Olivier	Bon. Envoyez-moi les deux échantillons, plus les 1.048 qui vous restent en stock immédiatement, et le reste dans 3 semaines.
Wächter	Entendu, Monsieur. Je vous confirmerai tout cela par fax. Et merci de votre appel.
Olivier	Il n'y pas de quoi, Madame. Au revoir.

le rest = der Rest
les autres = die restlichen
la tranche = Teil, Reihe

défilé = Schau, Präsentation
défilé de mode = Modenschau

Dialogue D **10**

Les interlocuteurs: Mme Pierre de „Nature et Découverte" et
Mme Thiébaut de la Société „Santé Biologique"

Mme Pierre	Bonjour, service commande de la société Nature et Découverte. Je voudrais parler à Mme Thiébaut de Santé Biologique, s'il vous plaît.
Mme Thiébaut	Eh bien, c'est moi! Vous avez de la chance, j'allais justement partir. De quoi s'agit-il?
Pierre	Voilà, nous avons reçu votre bon de commande en très mauvais état, il est presque illisible! Heureusement, j'ai pu déchiffrer votre nom et votre numéro de téléphone. Je vous appelle donc pour vérifier avec vous votre commande.
Thiébaut	Oh! Bien sûr! Attendez, je vais chercher votre catalogue.... le voilà! Je vais vous répéter ce que je désirais.
Pierre	Tout d'abord, commençons par vos coordonnés. Vous êtes donc Madame Thiébaut, Claire, le nom de votre société est „Santé Biologique" et vous êtes au 102, avenue de l'Europe à Nancy. Je ne peux pas lire le code postal.
Thiébaut	C'est le 54 045.
Pierre	Merci et votre numéro de téléfax, c'était donc bien le 03 83 29 47 37?
Thiébaut	Oui, c'est bien ça. Mon numéro d'adhérente, c'est le 31515.
Pierre	Merci, je l'ai noté. Faut-il livrer les articles à une autre adresse?
Thiébaut	Non, non, à l'adresse que je viens de vous donner.
Pierre	D'accord. Passons maintenant à votre commande. Je ne peux pas reconnaître ce qui est inscrit dans les rubriques „Désignation" et „Référence".
Thiébaut	Eh bien, j'avais commandé des bougies à la cire d'abeille, voyons .... c'est à la page 70, référence 601 187 60 au prix de 16,58 Euro. J'en voulais 300.
Pierre	Bien, ça fait donc 4974 Euro.
Thiébaut	Oui, ensuite j'avais commandé du concentré de parfum à la lavande, 250 flacons. Mais je ne le retrouve pas dans le catalogue.
Pierre	Attendez ... j'ai trouvé, c'est à la page 61, la référence, c'est 60 109 110 à 8,75 Euro le flacon de 15 cl.
Thiébaut	Oui, j'ai trouvé aussi, c'est bien ça. Je me suis également laissé tenter par votre livre „Une envie de campagne" à la page 62, vous l'avez?
Pierre	Oui, c'est la référence 101 275 60 pour 25 Euro. Combien vous en faut-il?
Thiébaut	Un, c'est tout. C'est pour moi personnellement. Voilà, c'était tout! Avez-vous d'autres questions?
Pierre	Oui, la dernière! Quel mode de paiement aviez-vous choisi?
Thiébaut	J'ai déjà réglé par chèque postal puisque je voulais payer à la commande pour bénéficier de l'escompte. Je ne me souviens plus du montant, c'était 6.950 Euro environ. Ils devraient être sur votre compte.
Pierre	Je vais vérifier ça tout de suite et je vais faire le nécessaire pour que votre commande soit effectuée dans les plus brefs délais. Nous sommes aujourd'hui mercredi, si tout est disponible, vous recevrez les paquets pour la fin de la semaine.
Thiébaut	Oh oui, je compte sur vous. Je désire présenter vos articles dès le début de la semaine dans nos vitrines.
Pierre	Soyez rassurée, vous les aurez! Au revoir, Madame Thiébaut et merci!
Thiébaut	Au revoir, Madame.

  Allô affaires – Handelsfranzösisch © FELDHAUS VERLAG, Hamburg

Exercice: Remplissez le bon de commande!

Bon de Commande

Votre adresse

❑M ❑Mme ❑Mlle

Nom : |_|_|_|_|_|_|_|_|_|_|_|_|_|_|_|_|

Prénom : |_|_|_|_|_|_|_|_|_|_|_|_|_|_|_|_|

Adresse : |_|_|_|_|_|_|_|_|_|_|_|_|_|_|_|_|

Ville : |_|_|_|_|_|_|_|_|_| Code postal |_|_|_|_|_|

Téléphone domicile* : |_|_|_|_|_|_|_|_|_|_|

Téléphone professionnel* : |_|_|_|_|_|_|_|_|_|_|

*À compléter si vous souhaitez un service personnalisé en cas de rupture momentanée de nos stocks.

N° adhérent : |_|_|_|_|_|_|_|_|_|_|
(si vous êtes membre du club NATURE & découvertes)

Adresse de livraison (si différente)

❑M. ❑Mme ❑Mlle

Nom : |_|_|_|_|_|_|_|_|_|_|_|_|_|_|_|_|

Prénom : |_|_|_|_|_|_|_|_|_|_|_|_|_|_|_|_|

Adresse : |_|_|_|_|_|_|_|_|_|_|_|_|_|_|_|_|

Ville : |_|_|_|_|_|_|_|_|_| Code postal |_|_|_|_|_|

Téléphone domicile : |_|_|_|_|_|_|_|_|_|_|

Téléphone professionnel : |_|_|_|_|_|_|_|_|_|_|

En cas d'absence : |_|_|_|_|_|_|_|_|_|_|

Désignation	Référence	Page	Prix unitaire (en francs)	Qté	Montant (en francs)
	|_|_|_|_|_|_|				
	|_|_|_|_|_|_|				
	|_|_|_|_|_|_|				
	|_|_|_|_|_|_|				

MODE DE PAIEMENT (cocher les cases correspondantes)

Attention : pour toute commande, seuls les paiements en francs sont possibles.

❑ JE PAIE A LA COMMANDE :

  ❑ Par chèque bancaire ou postal libellé à l'ordre de NATURE & découvertes)

  ❑ Par chèque-cadeau (à joindre à la commande)

  ❑ Par carte (bleue, visa, eurocard, mastercard...)

  numéro de carte |_|_|_|_|_|_|_|_|_|

  date d'expiration |_|_|_|_| signature

❑ JE PAIE A LA LIVRAISON :

Paiement avec frais de contre-remboursement de 80 francs en plus des frais de livraison.

Votre paiement sera encaissé au moment de la livraison de vos articles. Il ne représente ni un acompte ni des arrhes

Conformément à la loi informatique et libertés du 1er janvier 1978, vous disposez à tout moment d'un droit d'accès, de rectification et de suppression de ces informations. Nous nous engageons à ce que ces informations restent confidentielles et soient utilisées exclusivement dans le cadre de NATURE & découvertes.

Montant des articles (en francs)	
Participation aux frais de livraison en France métropolitaine et Corse*	
*Pour tout envoi à l'étranger ou dans les DOM-TOM, ainsi que pour les expéditions supérieures à 30 kg ou supérieures à 1m50, nous consulter au 01 30 49 45 18	
Frais de contre-remboursement si nécessaire	
Montant total à payer (en francs)	

À retourner ou à faxer au magasin de votre choix

Exercices au téléphone

Gesprächspartner: Kunde A, Fabrikant B

A Sie beziehen sich auf das Angebot der Firma X vom ... des vergangenen Monats und möchten einen Auftrag erteilen.

B Sie suchen das Angebot heraus und sind bereit, die Bestellung zu notieren.

A Nennen Sie mehrere Artikel mit verschiedenen Bestellnummern, Größen, Farben, Preisen

B Wiederholen Sie jeweils die Details der Bestellung.

A Weisen Sie darauf hin, dass die Ware unbedingt vor dem ... eintreffen muß

B Versichern Sie A, dass das kein Problem ist

A Sie sind mit den Zahlungsbedingungen nicht einverstanden, möchten gern per Banküberweisung zahlen und zwar 30 Tage nach Rechnungsdatum.

B Sie sind nach einigem Zögern damit einverstanden.

A Sie weisen darauf hin, dass Sie noch Werbematerial benötigen und den neuen Katalog des Herstellers.

B Kündigen Sie den Versand der gewünschten Materialien an. Sie werden die Auftragsbestätigung sofort schreiben lassen und A schicken.

A Bedanken Sie sich dafür und beenden Sie das Gespräch.

Variante 1

Der Hersteller kann einen der gewünschten Artikel nicht liefern und bietet deshalb einen ähnlichen an. Daraufhin bittet der Kunde um Zusendung eines Musters. Die übrigen Artikel bestellt er, wegen des alternativ angebotenen Artikels wird er sich wieder melden.

Variante 2

Der Hersteller kann einen Artikel erst zu einem späteren Termin liefern. Daraufhin muß der Kunde in seiner Abteilung nachfragen, bestellt aber die übrigen Artikel wie vorgesehen.

Variante 3

Der Hersteller besteht auf den in seinem Angebot genannten Zahlungsbedingungen. Der Kunde fordert daraufhin 2 % Preisnachlaß. Der Hersteller muß darüber mit dem Firmenchef sprechen und wird das geänderte Angebot per Fax schicken.

Imaginez des conversations téléphoniques d'après les renseignements suivants:

1. Vous êtes propriétaire d'un magasin de décoration intérieure avec articles pour le balcon/jardin et vous avez apprécié les échantillons envoyés:

   - vous commandez des pots de fleurs en terre rouge à Rambervillers dans les Vosges
   - il vous faut 150 pots de chaque modèle avec les dessous de pot correspondants
   - vous commandez aussi 200 bacs à fleurs pour balcon, qualité supérieure
   - délai de livraison, début printemps (précisez la date), très important!
   - emballage sur palettes avec film d'emballage plastique exigé!
   - répétition des conditions de paiement exprimées dans l'offre

2. C'est l'été mais la rentrée approche.... Vous êtes responsable de l'agencement du rayon scolaire dans une grande surface à Nancy

   - vous commandez du matériel scolaire à la société Plume à Champigneulles
   - il vous faut : des stylos (marque Bic), des crayons de couleur (marque Conté), des gommes, des règles en bois et des taille-crayons
   - précisez : détails (quantité, désignation des articles ...) sur bon de commande
   - répétez : conditions de livraison et de paiement
   - signalez l'intérêt porté à la gamme de papier à dessin (marque Canson)
   - demandez : catalogue, échantillons ou visite d'un représentant

3. Vous travaillez dans la confection. Vous êtes spécialisé dans la vente de vêtements chauds et vous vous intéressez aux lainages bretons .

   - vous appréciez la qualité de la laine utilisée pour les pulls et bonnets
   - vous commandez des pulls et des bonnets pour enfants et adultes /précisez la quantité et les tailles désirées en uni (bleu marine-naturel-vert foncé)
   - demandez des renseignements sur d'autres couleurs (rayé bleu/blanc et bleu/rouge)
   - exigez le respect du délai promis, sinon annulation de la commande
   - demandez un emballage soigné de la marchandise
   - vous désirez des échantillons des nouvelles pantoufles allant avec les pulls et des informations sur celles-ci
   - renseignez-vous sur les conditions de paiement et remises éventuelles
   - promettez de passer un ordre plus important à l'avenir si l'exécution est satisfaisante en tous points.

Traduisez!

L'industrie du textile et de l'habillement

L'industrie textile est dominée par de grandes entreprises localisées dans le Nord de la France pour le tissage[1] de la laine, dans l'Est pour le coton, dans la région de Lyon pour la soie et les fibres[2] synthétiques. Les matières premières doivent être importées.

Depuis une dizaine d'années les entreprises textiles ont massivement investi dans la modernisation de l'équipement. La robotisation a permis d'accroître la productivité et de mieux résister à la concurrence étrangère.

Malgré tout, le nombre des travailleurs dans le secteur textile a diminué de 50% depuis 1960 et la branche a perdu plus de 300 000 emplois en 10 ans.

L'industrie de l'habillement est morcelée[3] entre de nombreuses PME[4] qui emploient 60% des travailleurs de cette branche. Les grands groupes sont rares: Prouvost dans la laine, Dolfuss-Mieg dans le coton et DIM dans la maille[5].

Les entreprises ont développé de nouvelles technologies, par exemple la découpe du tissu au rayon laser. Malheureusement elles délocalisent vers les pays méditerranéens, l'Europe centrale et orientale et le Sud-est asiatique.

Actuellement la consommation de produits textiles stagne et le marché est envahi[6] par des articles produits à bas prix dans les pays en voie de développement.

Malgré de nombreux accords, 30% des sous-vêtements, 50% des pantalons et 80% des pulls sont importés.

La haute couture française résiste mieux et exporte la plus grande partie de sa production qui est présentée plusieurs fois par an. Elle doit sa réputation mondiale à des couturiers comme Yves Saint-Laurent, Balmain, Lacroix, Cardin, Chanel, Dior.

Sa production est fortement liée à d'autres industries du luxe, comme celles de la parfumerie, de la joaillerie[7] et de la porcelaine.

1) le tissage : das Weben
2) la fibre : die Faser
3) morceler : ici: aufteilen
4) les PME = les petites et moyennes entreprises
5) la maille : die Strickware
6) envahir : ici: überfluten
7) la joaillerie : Juwelierkunst

D'après un texte dans „Géographie de la France"; Hachette, p. 207 et dans „France",La documentation Française, Ministère des Affaires étrangères, p. 173 (1995)

Traduisez!

Le tourisme

Le tourisme représente aujourd'hui en France 10 % du PNB[1] et fournit 1,5 million d'emplois. Une grande partie des employés travaille saisonnièrement dans la restauration et l'hôtellerie. La France figure parmi les premiers pays du monde avec 60 millions de touristes étrangers par an, ce qui lui permet d'avoir un excédent[2] commercial de 60 milliards de francs (10,9 milliards de dollars).

La plupart des touristes viennent d'Europe, les Allemands en premier lieu devant les Britanniques, les Néerlandais et les Belges. Grâce à l'abaissement des tarifs aériens les Japonais fréquentent de plus en plus la France.

Les touristes viennent surtout pour passer des séjours d'agrément[3] et se rendent en majorité sur les plages de la Méditerranée et de l'Atlantique ou ils choisissent des circuits culturels qui les mènent vers Paris, Versailles et les châteaux de la Loire.

Beaucoup préfèrent les endroits plus calmes dans les régions intérieures où ils possèdent parfois une résidence secondaire.

Grâce au tourisme certaines régions retrouvent un essor[4] économique et démographique.Il participe aussi au développement de nombreuses activités industrielles, comme la navigation de plaisance, l'équipement sportif et le bâtiment.

On a réalisé d'importants investissements pour améliorer l'hébergement des touristes. Plus d'un million de chambres d'hôtels, 900 000 places de camping, 28000 gîtes ruraux[5] ainsi que de nombreuses locations de maisons ou d'appartements peuvent héberger 18,5 millions de vacanciers.

La Provence est la première région touristique française. Elle bénéficie d'un climat chaud et sec, d'une mer chaude et généralement calme et de bonnes liaisons routières , ferroviaires et aériennes.

Cannes, Nice et Monaco sont les pôles touristiques les plus célèbres avec leurs palaces, leurs casinos et leurs ports de plaisance où les yachts des milliardaires américains font escale[6]. Un tourisme plus populaire se développe surtout en hiver pendant lequel de nombreux retraités viennent profiter de la douceur des températures. Le tourisme d'affaires est également présent grâce au festival du film à Cannes.

Le charme de la Provence réside dans les innombrables vestiges[7] romains, le silence des abbayes, les trésors des musées et les festivals musicaux.

La beauté des paysages a séduit beaucoup d'artistes. Van Gogh, Cézanne et Picasso ont contribué à la réputation de la région.

1) PNB = Produit National Brut
2) l'excédent (m) : ce qui est en plus
3) l'agrément (m) : le plaisir
4) l'essor (m) : l'extension (f)
5) le gîte rural : une habitation à la campagne
6) faire escale (f) : faire une halte
7) le vestige : ce qui reste

Europe
Les Allemands

Bonjour : **"Gouten Tag"**

Bonne nuit : **"Goute Nahrt"**

A demain : **"Bis Morguen"**

Merci : **"Danké Cheun"**

Au revoir :

"Aof Videurséhen"

Traductions phonétiques

Leur pays

▌ République fédérale. Dirigée par un Président (actuellement, Roman Herzog) et un Chancelier (chef de gouvernement) : Helmut Kohl depuis 1982.

▌ 16 Länder (Etats), dont 5 de ex-RDA depuis la réunification de l'Allemagne, le 1er janvier 1991.

Préférences touristiques générales

▌ **France** : 4e destination (1/ Espagne, 2/ Italie, 3/ Autriche) et 1ère destination pour le tourisme d'affaires.

▌ **Séjours à l'étranger** : deux fois plus qu'à l'intérieur.

▌ **Type de séjour** : en hôtel de type traditionnel et, de plus en plus, en meublé. Les Allemands sont très exigeants sur le rapport qualité/prix.

▌ **Recherchent** : le tourisme vert, le ski. Le confort, un accueil à dimension humaine.

Fiche signalétique

L'Allemagne :
Environ 81 M d'habitants
Superficie : 2/3 de la France
Capitale : Berlin
Siège du gouvernement : Bonn
Monnaie : Deutsch Mark
Fête nationale : 3 octobre

6

Les Allemands et la France

▌ **Ce sont des clients très fidèles** : 1 sur 2 est venu plus de 10 fois en France.

▌ **Apprécient** : la diversité des paysages, une nature préservée. Le confort, l'hospitalité des Français. Et, pour les 2/3, la gastronomie.

▌ **Déplorent** : la pratique insuffisante des langues (50%). Le comportement agressif (sur la route) et le manque de discipline des Français.

▌ Une forte majorité vient individuellement, sans aucune réservation.

Us et coutumes

▌ **Personnalité** : discrets, rigoureux, ponctuels et respectueux de l'environnement.

▌ **Comportement** : poignée de mains habituelle. Peu de contacts. Patronyme toujours précédé de "M." ou "Mme". Voix plus élevée. N'expriment pas toujours leur mécontentement.

▌ **Chambre** : lits jumeaux, oreiller, couette.

▌ **Repas** : hors d'œuvre et fromage pas nécessaires.

▌ **Petit-déjeuner** (7h) : copieux. Café, jus de fruit, pain complet, céréales, charcuterie, fromage.

▌ **Pause-café** : à 10h -10h30, thé ou café. A 16h, thé ou café avec des gâteaux.

▌ **Déjeuner** (12h30. Pause de 45 mn) : plat chaud (viande, poisson, légumes, pommes de terre), yaourt, fruits.

▌ **Dîner** (18h) : repas froid (fromage, charcuterie), potage.

▌ **Boissons** : eau gazeuse, soda ou bière.

▌ **Alcool** : verre de vin en apéritif, eau de vie, cognac en digestif.

▌ **N'aiment pas** : viande saignante, abats, huîtres, escargots.

▌ **Commerces** : chez eux, pas de bar-tabac mais de nombreux distributeurs de cigarettes. Les restaurants ferment à 21h30.

Traduisez!

Les produits agro-alimentaires [1]

La surface agricole de la France est la plus étendue de l'Union européenne, elle recouvre 55% du pays. La France est le deuxième exportateur mondial de produits agro-alimentaires, après les États-Unis.

Depuis plusieurs années, l'évolution de ces produits a lieu dans le secteur des boissons alcoolisées et non-alcoolisées, des céréales et des produits laitiers. Ce dernier compte 438 entreprises et emploie 67 400 salariés. La croissance de la production de fromages et de produits laitiers frais (surtout les desserts lactés [2]) est surtout dûe aux innovations introduites dans l'emballage et à la sortie de nouveaux produits.

Les régions françaises fournissent environ 350 différentes sortes de fromages fabriqués avec du lait de vache, de chèvre [3]. Certains comme le roquefort et le camembert ont une réputation mondiale. Il existe des fromages frais, des fromages fondus [4] et des fromages affinés [5] (camembert, roquefort). Les fromages doivent être dégustés comme des vins, et toujours accompagnés de vins!

1) le produit alimentaire : Lebensmittelprodukt
2) le dessert lacté : Nachtisch aus Milchprodukt
3) la chèvre : Ziege
4) fondus (fondre) : geschmolzen
5) affinés : gereift

Le contrat de vente dans l'exportation

L'importateur
L'exportateur

Annonce,
Publicité,
Offre spontanée

1. Demande des renseignements techniques et commerciaux, fait une demande d'offre

2. Soumet une offre comportant tous les détails techniques et commerciaux

3. Examine, compare l'offre avec d'autres

4. Passe une commande

5. Confirme la commande

6. Exécute la commande

7. Envoie un avis d'expédition, un bordereau d'envoi et une facture

8. Reçoit et accepte la marchandise

9. Règle la facture

Ou, en cas de non-conformité, …

10. N'accepte pas la marchandise

11. Formule une réclamation

12. Accepte la réclamation et règle l'affaire, remplace la marchandise

13. Refuse la réclamation

STEINER
Gerätebau GmbH
Hagelsbrunnen 34
D-70565 Stuttgart

Exercice:
Comparez cette lettre avec la commande (p. 106) et vérifiez si tous les détails sont corrects!

Dartidom
À l'attention de Monsieur Hadji
3, Cours Saint Louis

F-33300 Bordeaux

Ihr Zeichen	Unser Zeichen	Ihr Schreiben vom	Stuttgart,
V/Réf.	N/Réf.	Votre lettre du	
mh/iw	st/mm	15 avril …	le 19 avril …

Betrifft/Objet
Votre commande du 15 avril - Friteuses SUPREMA

Cher Monsieur,

Nous vous remercions de votre commande et vous livrerons

    1.200 Friteuses, Modèle SUPREMA, 2000 Watts, Réf. A57.51
    emballées dans des cartons individuels, scellées sous plastique
    au prix de € 112,00 l'unité, CPT gare de Bordeaux

Le paiement sera effectué par virement bancaire dans les 10 jours après la date de la facture avec 2 % d'escompte, à notre compte auprès de la Commerzbank Stuttgart, compte no. 270/547600. L'assurance sera couverte par vous.

La marchandise sera expédiée d'ici trois jours et vous parviendra avant la date prévue. Nous vous enverrons l'avis d'expédition par télécopie.

Veuillez agréer, Monsieur, nos salutations distinguées.

STEINER Gerätebau GmbH

Michel Steiner

Cambour Frères

Fabricants

16, rue de Montmorençy, F-75003 Paris

Juweliere Jürgens & Peters
Jungfernstieg 42
20354 Hamburg
Allemagne

Paris, le 20 juin ....

Madame, Monsieur,

Vous avez bien voulu confier une commande à notre représentant lors de son passage et nous vous en remercions. Conformément aux instructions transmises nous vous livrerons:

20 bracelets	Modèle "Elodie" or jaune et rose 18 ct 22 grs, fermoire à menotte	€ 552,00 la pièce
50 paires b. d'oreille	Modèle "Elégance" or jaune 18 ct 7 grs avec tige alpa	€ 156,00 la paire
100 pendentifs	Modèle "Tigre" or rose 18 ct 11 grs	€ 120,00 la pièce
20 bagues	Modèle "Joie" or gris 18 ct 5 grs serties de brillant 0,3 ct	€ 300,00 la pièce
25 bagues	Modèle "Rose" or jaune 18 ct 4 grs serties de 3 grenats mandarine, 1,8mm ronds	€ 200,00 la pièce

Nos prix s'entendent hors taxe, livraison sans écrins, par lettre à valeur déclarée, avant le 30 août.
Paiement dans les 10 jours suivant la date de la facture par virement bancaire à la BNP.

Nous facturerons en même temps les pièces prises sur collection figurant sur le bon de livraison établi par notre représentant.

Nous vous assurons nos meilleurs soins à la préparation de votre commande et vous prions de croire, Madame, Monsieur, à l'assurance de nos sentiments dévoués.

Cambour Frères

Bannernin

Hassan & Fils

Fabricants d'articles de maroquinerie

Boîte Postale 308 · FES / Maroc

> ## Questions:
> **1.** A quel problème les Ets Hassan & Cie. doivent-ils faire face?
>
> **2.** Quelle solution proposent-ils?
>
> **3.** Pourquoi un envoi par express sera-t-il nécessaire?

Galeries Deluxe
5, Passage du Prince Albert
98000 Principauté de Monaco

V/Réf.	bc/bg
N/Réf.	H/rc

Fes, le 03 mars …

Objet: Votre commande no. A241

Messieurs,

J'ai bien reçu votre fax no. 678 du … ct et je vous confirme la livraison de votre commande no. A241 prévue le … à votre entrepôt à Nice.
Malheureusement je suis dans l'impossibilité de produire pour cette date la totalité de la commande. En effet, j'ai dû refuser une partie des peaux qui vous étaient destinées. Elles n'étaient pas conformes à nos standards de qualité. Je suis conscient de la gêne que cela peut vous occasionner et je ferai le maximum pour acheminer ce reliquat dans les meilleurs délais.

Je sais qu'une partie doit être présentée au Salon International du Cuir. C'est pourquoi je vous propose une expédition par avion qui pourrait vous parvenir dès vendredi 15. En raison de nos excellentes relations nous prendrons à notre charge les frais supplémentaires.

Pour ce qui concerne les quelques modèles que vous souhaitez pour le défilé d'ouverture, je peux me renseigner auprès de quelques sociétés d'envoi express et vous communiquerai aussi rapidement que possible les frais qui vous incombront.

Je vous remercie de votre compréhension et vous prie d'agréer, Messieurs, mes salutations les plus distinguées.

HASSAN & FILS

Mohamed Hassan

Directeur

MONTEVERDE
PRÄZISIONSSCHREIBGERÄTE
Mittelweg 45 · 20148 Hamburg

Galeries Précieuses
Place de la Concorde
Montréal, Canada

Unser Zeichen / Notre Réf.: jt/rw
Ihr Zeichen / Votre Réf.: sp/12
Ihr Schreiben vom / Votre lettre du: 12 mars ...

Hamburg, le 18 mars ...

> ## Questions:
> 1. Les Ets Monteverde pourront-ils satisfaire le client?
> 2. Formulez les questions que Galeries Précieuses ont probablement posées!
> 3. Pourquoi les prix n'ont-ils pas été réduits?

Madame,
Monsieur,

Nous vous remercions de votre commande no. 335-AZ-97. Il nous sera malheureusement difficile de respecter les délais prévus pour la totalité des articles, car nos stocks sont presque épuisés. Par contre, nous serions en mesure de fournir les articles Réf. 10056, 10057 et 10058 avant la fin de ce mois.

Quant aux stylos de la série "Salvador Dalí", ils ne sortiront que fin septembre et leurs prix avoisineront € 450,00 pour la plume en or 18 cts.

La production des stylos "Mozart" vient de démarrer et nous comptons pouvoir livrer les premiers exemplaires d'ici six semaines. Il nous reste quelques exemplaires du modèle "Leonard Bernstein" et nous pourrions produire la quantité manquante assez rapidement, si vous le désirez.

En ce qui concerne notre modèle "New Generation", nous pouvons vous en livrer déjà 25 en attendant que la fabrication d'une nouvelle série soit terminée. Il en est de même pour le modèle "Friedrich Schiller".

Nous vous prions donc de nous faire connaître vos priorités afin que nous puissions en discuter avec notre chef de fabrication.

Bien que le prix de l'or ait légèrement baissé, nos prix resteront les mêmes parce que le coût de la main d'oeuvre a augmenté. Vous savez très bien que 85 % de notre fabrication est artisanal et nous tenons à ne pas abandonner nos principes de qualité.

Nous vous prions de contacter notre chef des ventes afin de préciser la quantité exacte de stylos que vous désirez recevoir dans les délais fixés dans votre commande et pour quels modèles ce délai pourrait être reporté.

Veuillez recevoir, Madame, Monsieur, nos salutations distinguées.

Tarnieporte

Service Export

Geschäftsführer Michael Ludwig, Johannes Weißberg · Vereinsbank in Hamburg, Kto. Nr. 40/2309

TRAVELTEX GMBH
Wollweberei
Breite Straße 43
52353 DÜREN

Exercice:

1. Retracez les étapes de la négociation!

2. Pourquoi les Ets. Traveltex acceptent-ils exceptionnellement une livraison par tranches? Expliquez-en les conséquences!

Aviaconfort
À l'attention de Mme de Kergonan
75, Bd. Malesherbes

F-75008 Paris

U/Z	I/Z	I/Sch vom	DÜREN,
w/rw	ml/gr	13 mai ...	le 23 mai ....

Betrifft
Couvertures pour l'aviation civile

Chère Madame,

Nous avons étudié attentivement les arguments exposés dans votre lettre et décidé de modifier notre offre du 04 mai.

Comme nous vous l'avons déjà exposé lors de notre entretien téléphonique d'hier matin, nous serions prêts à réduire la quantité minimum à 5.000 unités par commande et accepter le paiement par traite à 30 jours de date.

En ce qui concerne la livraison, nous consentons, à titre exceptionnel, de livrer une première tranche de 2.500 couvertures à la date prévue, et la deuxième tranche 4 semaines plus tard. La facturation se fera séparément.

Nous espérons que ces nouvelles conditions faciliteront la décision de nous passer votre commande.

Recevez, Madame, nos salutations les meilleures.

TRAVELTEX GMBH

Richard Wullenweber

Wollweber GmbH
Textilfabriken
Saarbrücker Str. 40
33613 Bielefeld

Aviaconfort
A l'attention de
Madame Martine de Kergonan
75, Bd. Malesherbes

F-75008 Paris

> **Exercice:**
> 1. **Expliquez l'attitude de Wollweber GmbH!**
> 2. **Pourquoi consentent-ils malgré tout à accorder une remise?**

Unser Zeichen	Ihr Zeichen	Ihr Schreiben vom	Bielefeld,
Notre Réf.	Votre Réf.	Votre lettre du	
ww/gr	ml/gr	11 mai ...	le 14 mai ...

Betrifft
Objet
Notre offre no.03/1997B - Couvertures

Madame,

Nous vous remercions de l'intérêt que vous portez à nos produits. Nous connaissons parfaitement le marché et, par conséquent, aussi nos concurrents, et sommes entièrement conscients du fait que nos couvertures ont un prix relativement élevé. Nous avons nous-mêmes fait des recherches et constaté que tous nos concurrents fabriquent des couvertures en laine à des prix moins élevés, mais en lisant les informations sur leurs étiquettes, vous verrez qu'il s'agit toujours d'un mélange de laine (80 %) et de polyamide (20%).

Cependant, vu les normes de sécurité de l'aviation civile européenne et américaine nous vous déconseillons l'acquisition de couvertures qui ne sont pas en pure laine. Vous savez certainement qu'une couverture qui contient du polyamide brûle très vite et est susceptible de dégager des gaz toxiques.

Tenant compte de ces arguments et prenant en considération l'importance des achats que vous avez l'intention de réaliser, nous sommes prêts à vous accorder une remise. Pour toute commande qui dépasse le montant de € 5.000,00 nous créditerons votre compte de 8 %, et ceci pendant la première année. Si nos relations d'affaires se développent de façon satisfaisante, nous discuterons ensemble d'une modification de nos conditions de vente.

Nous serions très heureux de connaître votre avis sur ce point et vous prions d'agréer, Madame, nos salutations les plus distinguées.

Wollweber GmbH

Petra Wächter

Le Directeur

L'essentiel de la confirmation de commande

1. Se référer à une commande

Nous vous remercions de votre commande no. ... du ...
Nous avons le plaisir de confirmer votre ordre ...
Nous confirmons notre entretien téléphonique du ... pendant lequel vous avez passé
    commande de ...

2. Répéter les détails de la commande

Nous livrerons/expédierons/vous ferons parvenir/nous remettrons ...
... la marchandise/les sacs, paquets, pièces/la totalité, première partie/tranche de la
    commande
        ... au transporteur Unitrans le ... janvier ...
        ... à la SNCF/à Air France/Lufthansa

La marchandise sera expédiée/vous parviendra/sera acheminée ...

        ... par chemin de fer, camion, avion/par l'intermédiaire du transitaire X/par la
            compagnie KLM/Air France/Lufthansa/
        ... sur MS „Transatlantique" qui atteindra le port de ... le ... avril ...

3. Répéter les instructions d'emballage et d'acheminement

Vos instructions d'emballage seront strictement respectées.
La date de livraison sera strictement observée.
Nous garantissons la livraison jusqu'au ...

4. Mentionner d'autres détails

L'assurance sera couverte par ...
Les frais de transport/d'assurance/de dédouanement seront à notre/votre charge.
Le certificat d'origine/une copie de la facture consulaire etc. accompagnera l'envoi.

5. Mentionner les modifications

Comme convenu, nous avons modifié les conditions de livraison/de paiement.
Au lieu de/à la place de ... nous fournirons/vous recevrez/vous paierez ...
Nous avons augmenté/réduit le nombre de ... à ... unités.

6. Proposer une autre solution ou refuser l'exécution de l'ordre

Nous vous proposons un article de qualité analogue/un article semblable/équivalent ...
Nous pouvons livrer seulement ... unités, car notre stock est épuisé/car le modèle X n'est
    plus en stock/car l'article n'est plus fabriqué.
Nous ne pouvons pas livrer ... avant le ...
Nous ne sommes pas en mesure de fournir ...
Nous regrettons ce contretemps/cet incident/ce malentendu et vous proposons ...
Nous avons annulé votre commande.

7. Indiquer les conditions de juridiction

En cas de litige/contestation, le tribunal de ... sera seul compétent.

Exercices de vocabulaire et de grammaire

1. Quel est l'intrus?

1. comme prévu - comme toujours - comme convenu - comme promis
2. ont été expédiées - ont été embarquées - ont été emballées - ont été acheminées
3. de qualité semblable - de la même qualité - d'une qualité équivalente - d'une qualité excellente
4. être en mesure de - être de - être à même de - être en état de -
5. les frais de traduction - les frais de transport - les frais d'assurance - les frais d'emballage
6. à temps - ponctuellement - en bon état - promptement
7. être épuisé - être fatigué - ne plus être en stock - ne plus être disponible
8. double - quadruple - triple - deuxième
9. l'avis d'expédition - le virement - la facture - les documents d'embarquement
10. le retard - la grève - le problème technique - la rupture de stock

2. Quel mot manque-t-il?

> à destination - ci-joint - prévu - d'ici - en état de - instructions - en triple exemplaire - probablement - totalité -

1. Nous ne pouvons pas livrer la .... comme ....
2. Nous effectuerons l'ordre d'après vos ....
3. La marchandise sera expédiée .... 3 jours .
4. Elle arrivera .... le 1er juin ....
5. Vous trouverez .... la facture ....

> techniques - possible - emballés - à temps - livraison partielle - patienter - en considération - sûrs - cartons - en mesure de

6. Nous sommes .... vous envoyer une .... de votre commande.
7. Nous vous prions de .... un peu.
8. Veuillez prendre .... nos fiches .... accompagnant cette lettre.
9. Les appareils ont été .... soigneusement.
10. Nous ne reprenons pas les ....
11. Vous pouvez être .... que la marchandise arrivera ....

3. Trouvez un ou plusieurs synonymes pour

1. le changement:
2. la totalité:
3. conformément à:
4. le travail manuel:
5. consentir:

4. Révision du futur

Mettez au futur:

1. envoyer (nous); 2. être (nous); 3. fournir (je); 4. expédier (je); 5. trouver (vous); 6. avoir (vous); 7. remettre (ils); 8. suivre (nous); 9. embarquer (ils); 10. spécifier (nous); 11. rester (ils); 12. facturer (nous); 13. être expédié (elles); 14. parvenir (elle); 15. faciliter (elles); 16. livrer (nous); 17. augmenter (nous); 18. être effectué (il); 19. faire parvenir (nous); 20. atteindre (il);

5. Révision des pronoms personnels et adverbes pronominaux

Remplacez les mots en caractères gras par des pronoms ou adverbes pronominaux:

1. Nous vous remercions de **votre commande.**
2. Nous vous confirmons **votre ordre.**
3. Vous avez passé **une commande à notre représentant.**
4. **Ce modèle** n'est plus **en stock.**
5. Nous avons livré **les couvertures** hier.
6. Nous avons proposé **ce nouvel article à nos meilleurs clients.**
7. Nous n'avons plus **de friteuses** à ce prix.
8. **La marchandise** arrivera **à Strasbourg** après-demain.
9. En ce qui concerne **notre modèle** ....
10. Nous aimerions discuter **de nos nouvelles conditions de vente avec vous.**
11. **Nos stocks** sont presque épuisés.
12. Nous livrerons **la première partie** directement **à Montréal.**
13. Elles ont besoin **de deux factures.**
14. **Cette firme** travaille **avec la société XY.**
15. Avez-vous modifié **votre commande ?**

6. Révision des pronoms relatifs

Mettez le pronom relatif qui convient:

1. Les articles ... vous mentionnez dans votre commande sont actuellement en solde.
2. Vous avez oublié d'indiquer la quantité ... vous avez besoin.
3. Le fournisseur ... nous nous adressons habituellement est en rupture de stock.
4. Les marchandises ... ont quitté nos ateliers ce matin arriveront après-demain.
5. La société avec ... nous travaillons fera de son mieux pour nous aider.
6. Nous ne savons pas ... nous devons livrer la marchandise. Redonnez-nous vos coordonnées!

LE GERONDIF

écrire : en écrivant   finir : en finissant   faire : en faisant   prendre : en prenant
Exceptions: avoir: en ayant   être: en étant

8. Reliez les 2 phrases par un gérondif.

1. Nous modifions nos conditions à votre avantage. Nous espérons vous satisfaire.
   En modif ...
2. Nous vous envoyons des échantillons. Nous espérons vous convaincre de la bonne qualité de nos produits.
3. Nous avons enregistré votre commande. Nous avons remarqué qu'il manquait une référence.
4. Si vous achetiez 1000 pièces au moins, vous auriez droit à une remise sur la quantité.
5. Nous exécuterons votre ordre promptement et soigneusement. Nous espérons vous satisfaire pleinement et entretenir avec vous des relations d'affaires fructueuses.
6. Nous avons vérifié vos données. Nous avons vu qu'il manquait votre numéro de compte.
7. Lorsque vous passez votre commande, pensez à indiquer tous les détails.
8. Nous baissons nos prix. Nous espérons vous satisfaire.
9. Vous déduisez les frais de transport. Vous constaterez que notre prix est très intéressant.
10. Nous expédions votre marchandise en express. Nous suivons vos instructions.
11. Nous cherchons vos articles dans le stock. Nous avons remarqué qu'il n'y en avait plus assez.
12. Nous attendons un nouvel arrivage. Nous vous envoyons notre reste à nos frais.
13. Vous remplissez le bon de commande. Vous auriez dû mentionner les mesures exactes.
14. Vous payez dès réception de la marchandise. Vous pouvez profiter d'un escompte de 2%.
15. Nous exécutons toujours les ordres de nos clients avec un soin particulier. Nous pensons les fidéliser.

9. Complétez la lettre! Remplacez les asterisques par les mots proposés dans la case !

augmenté/confiance/consentirons/contraints/coût/ d'oeuvre/exécuter/haute/maintenir/
matière/mieux/principal/résistance/selon/situation/stipulés/valables/vue

Mesdames,
Messieurs,

Nous vous remercions de la * témoignée par votre commande du 10 ct. Malheureusement,
nous ne pourrons pas l'* aux prix et conditions * dans votre bon de commande car, entre-
temps, non seulement les salaires mais aussi le * de la * utilisée ont considérablement augmenté. Etant donné que notre but * reste la garantie de la * qualité de nos produits qui est
basée sur la main * et une excellente * de la matière de base, nous ne voyons aucune possibilité de compenser ces frais supplémentaires et nous sommes * de majorer nos prix de 11 %.

C'est la raison pour laquelle nous ne pouvons plus * les prix de notre offre no. 2005 - qui
d'ailleurs étaient * jusqu'au 31 décembre de l'année dernière - et devons vous prier de modifier votre commande * la liste de prix no. 2007 que nous joignons à la présente. Afin de vous
être agréables, nous * - à titre exceptionnel - à ce que vous payiez par traite à 60 jours de * au
lieu des 30 jours habituels.

Nous espérons que vous comprendrez notre *. Soyez assurés que nous ne cesserons de faire
de notre * pour vous satisfaire.

Veuillez agréer, Mesdames, Messieurs, nos salutations les plus distinguées.

Exercices de rédaction et de traduction

Exercice de rédaction (A)

Lisez attentivement les commandes des pages 106, 110, 111 comparez-les éventuellement avec les offres du chapitre précédent et confirmez-les!

Exercices de rédaction (B)

1. Santa Lucia S. A. bestätigt Auftrag von Kaufhort AG

1. Sie schicken als Anlage die Kopie des Auftragsbogens unterschrieben zurück.
2. Sie versichern, dass Sie wie vereinbart, vor dem 01. Feb. liefern werden, u. a. den Artikel 302a auf Bügeln.
3. Sie akzeptieren ausnahmsweise die Zahlungsbedingung des Kunden und werden die 5 % Einführungsrabatt vom Rechnungsbetrag abziehen.
4. Sie sind davon überzeugt, dass Ihre Modelle in Deutschland Erfolg haben werden, und hoffen auf gute Zusammenarbeit.

2a) Staetcastell, Herr Werner (Sachbearbeiter) an Technicole, M. Prévert

1. Es geht um den Auftrag C3011 vom 20. Oktober
2. Herr Werner bezieht sich auf das Telefongespräch und das Schreiben vom 30. Oktober, das ihm jetzt vorliegt.
3. Er ist mit der Änderung des Auftrags einverstanden und schickt deshalb als Anlage die geänderte Auftragsbestätigung.
4. Werner drückt die Hoffnung aus, dass die im Schreiben vom 30. Okt. erwähnten Gespräche positiv verlaufen sind und dass es Technicole möglich sein wird, den versprochenen Auftrag zu erteilen.
5. Anlagen erwähnen.

2b) Erstellen Sie die entsprechend geänderte Auftragsbestätigung.

3. Biotop an Santé Biologique, am 20. Sept.

1. Biotop GmbH hat von Santé Biologique einen Auftrag erhalten über 800 Getreidemühlen, Modell Xénia.
2. Das Modell ist zur Zeit leider nicht mehr auf Lager und kann erst wieder in 3 Monaten geliefert werden.
3. Wenn der Kunde nicht so lange warten möchte, könnte er ein ähnliches Modell erhalten.
4. Das Modell „Xénia Plus" würde normalerweise € 90,– kosten. Man würde es aber ausnahmsweise zum Preis von € 85,– liefern. Lieferbedingungen wie im Angebot vom 15. Mai.
5. Technische Unterlagen zu diesem Modell werden dem Schreiben beigefügt.
6. Biotop würde sich freuen, wenn der Kunde das Angebot akzeptierte.
7. Biotop steht für weitere Informationen zur Verfügung.

4. Gapa S.A. an Schlumberger GmbH

1. Sie danken für das durch den Auftrag Nr. 356 vom 20. d.M. bezeugte Vertrauen.
2. Leider kann der Auftrag mit den geänderten Bedingungen nicht akzeptiert werden.

3. Das Modell „Lessiveur" war zum Preis von € 2,10 pro Paar mit einer Mindestbestellmenge von 10.000 Paar angeboten worden. Dieser Preis ist äußerst günstig, was das Preis-Leistungs-Verhältnis betrifft.
4. Die allgemeinen Verkaufsbedingungen besagen, dass die Zahlung per Banküberweisung 10 Tage nach Rechnungsdatum erfolgen muß.
5. Um Schlumberger entgegenzukommen, ist Gapa S.A. bereit, die Mindestbestellmenge auf 7.500 Paar zu reduzieren, besteht aber auf Einhaltung der Zahlungsbedingungen.
6. Später ist man bereit, über Zahlungserleichterungen zu verhandeln, sofern die Aufträge umfangreich genug sind:
7. Gapa sendet als Anlage einen eigenen Auftragsbogen mit der geänderten Menge und der geforderten Zahlungsbedingungen und bittet, 2 Exemplare unterschrieben zurück zu schicken.
8. Drücken Sie die Hoffnung auf gute Zusammenarbeit aus.

5. Entwerfen Sie das Schreiben eines deutschen Fahrradherstellers an einen französischen Kunden:

Heutiges Datum
Betrifft: Fahrräder für Kinder
Sie danken für Auftrag Nr. ... , der erst heute eingetroffen ist.
Sie können zur Zeit die angebotenen Lieferfristen nicht einhalten, da der (Zu)lieferer wichtiger Teile wegen eines Streiks in Verzug ist. Deshalb bieten Sie an, ein ähnliches Modell zu liefern oder bis zum ... die Hälfte der bestellten Fahrräder, da der Zulieferer seine Teile bis zum ... versprochen hat. Die zweite Hälfte könnte ca. 3 Wochen später geliefert werden. Sie bitten, die Entscheidung schnellstens bekanntzugeben, damit mit der Produktion begonnen werden kann und nicht mehr Zeit verlorengeht, und hoffen auf Verständnis für die unangenehme Situation. Sie wären bereit, dem Kunden günstigere Zahlungsbedingungen zu gewähren, d. h. 60 Tage netto statt 30 Tage. Bitten Sie den Kunden um telefonische Nachricht.

6. Rédigez la réponse à la lettre de EL DORADO S.A. de la page 114

1. Vous êtes enchantés que les nouveaux modèles plaisent autant, mais vous pouvez baisser vos prix de 5 % seulement car les prix de l'or augmenteront.
2. El Dorado S.A. peuvent garder les 3 modèles 201, 209 et 213 jusqu'à fin août.
3. Pour des commandes très importantes vous proposerez des facilités de paiement, par exemple: ... (à vous de choisir)
4. Le dernier modèle, „Prestige", sortira très probablement avant
5. El Dorado S.A. peuvent encore garder les montres de l'ancienne collection.
6. Monsieur Doré sera de nouveau en Espagne, et si le client le désire, lui rendra visite.

7. Firma Cambour hat ein Angebot für den Druck von Briefpapier und Umschlägen erhalten und bittet um Modifizierung einiger Details:

1. Dank für das Spezialangebot und die Muster, die gut gefallen.
2. Die Briefbögen sollen allerdings neben dem Firmenlogo noch mit einem großen „C" bedruckt werden.
3. Als Anlage wird eine Zeichnung geschickt, damit der Drucker weiß, wohin der Großbuchstabe soll.
4. Da die Mengen, die man zu bestellen gedenkt, bei weitem die Mindestbestellmengen überschreiten, fordert man einen Rabatt von 15 %.
5. Die Zahlung kann wie gefordert 50 % im voraus und 50 % 30 Tage nach Rechnungsdatum per Banküberweisung erfolgen.
6. Die Lieferbedingungen frei Haus und 2 Wochen nach Auftragseingang bleiben unverändert.

Exercices de traduction

Traduisez! (1)

Betrifft
Auftrag Nr. 101/2276 - Papiertaschentücher

Sehr geehrte Damen und Herren,

wir danken für den Auftrag, den Sie unserem Vertreter bei seinem Besuch erteilt haben, und werden gemäß Ihren Anweisungen liefern:

12.000 Schachteln à 100 Taschentücher, zweilagig[1], Farbe: Rosa, mit dem Firmenlogo "Henrici & Jade" versehen (siehe Anlage,) rechteckige Schachteln mit transparentem Fenster

Preis: € 2,00 pro Schachtel, zuzüglich Kosten für technischen Aufwand[2] für den ersten Auftrag von € 1.000,00, ab Werk Angers

Lieferzeit: 6 Wochen

Zahlung: 30 Tage netto nach Rechnungsdatum per Banküberweisung

Ein Versandavis geht Ihnen rechtzeitig zu. Bitte geben Sie uns bekannt, welchem Spediteur wir die Ware übergeben sollen. Vielen Dank!

Mit freundlichen Grüßen

[1] *zweilagig: en double épaisseur*
[2] *Kosten für technischen Aufwand: les frais techniques*

Traduisez! (2)

Betrifft
Ihre Bestellung Nr. 245/B

Sehr geehrte Damen und Herren,
wir danken für Ihren Auftrag, den wir wegen des Streiks erst heute erhalten haben.

Leider können wir den Auftrag zu den von Ihnen genannten Bedingung nicht ausführen, da sie nicht genau unserem Angebot entsprechen und weil Sie wahrscheinlich die Nummer einiger Artikel verwechselt haben.

Der Artikel Nr. 23 wird nur in den Farben "Vin Rouge", "Scarlett" und "Mandarine" geliefert. Sie haben diese Farben für den Artikel Nr. 103 angegeben. Artikel Nr. 103 existiert aber in nur einer Farbe: "Azur".

Unsere Zahlungsbedingungen bei Erstauftrag lauten: 10 Tage nach Rechnungsdatum mit 2 % Skonto oder 30 Tage netto. Später akzeptieren wir andere Zahlungsbedingungen.

Aufgrund des Streiks werden wir die angegebene Lieferzeit von 15 Tagen nicht einhalten können. Wir werden aber schon in ca. 20 Tagen liefern.

Die Waren können wie gewünscht in 10 Kisten verpackt geliefert werden. Bitte geben Sie uns den Namen Ihres Spediteurs an, damit wir uns mit ihm rechtzeitig in Verbindung setzen können.

Wir hoffen, dass Sie an einer Zusammenarbeit interessiert sind, und uns schnellstens einen korrigierten Auftragsbogen senden. Damit wir Ihren Auftrag sofort bearbeiten können, rufen Sie uns, wenn möglich, sofort an, und setzen Sie sich in Verbindung mit unserer Frau Dome.

Mit freundlichen Grüßen

Traduisez! (3)

Sehr geehrte Damen und Herren,
wir danken Ihnen für Ihren Auftrag vom 10. d.M., den wir soeben erhalten haben.

Leider können wir ihn nicht ausführen, da wir das Modell "Xenus" nicht mehr herstellen. Wir bieten Ihnen statt dessen das Modell "Olymp" an. Dieses Modell ist von höherer Qualität als das Modell "Xenus" und normalerweise teurer. Um Ihnen jedoch entgegenzukommen, sind wir bereit, es zum selben Preis zu liefern. Außerdem können wir das Modell sofort liefern.

Die in Ihrem Auftrag geänderten Zahlungsbedingungen können wir allerdings nicht akzeptieren. Da es sich um den ersten Auftrag handelt, bitten wir Sie, ein Akkreditiv zu eröffnen. Später sind wir bereit, günstigere Zahlungsbedingungen einzuräumen, sofern Ihre Aufträge den Wert von € 6.000,00 überschreiten. In unserem Angebot hatten wir eine Mindestbestellmenge von 150 Stück angegeben. Wir bitten Sie, die Bestellung zu ändern. Wir sind nicht in der Lage, 90 Stück des Modells "Olymp" zu diesem Preis zu liefern, da die Transportkosten sehr hoch sind.

Wir sind sicher, dass Sie dieses Produkt sehr gut verkaufen werden. Wir exportieren bereits große Mengen in die USA, wo die Konkurrenz sehr stark ist.

Was die übrigen Modelle in Ihrem Auftrag betrifft, so werden wir alles tun, sie zur selben Zeit wie das Modell "Olymp" zu liefern.

Wir hoffen, dass Sie unsere Argumente akzeptieren werden und dass Sie uns schnell den geänderten Auftrag senden werden.

Mit freundlichen Grüßen,

Traduisez! (4)

Datum

Betrifft: Ihr Auftrag Nr. 09112 – Handtaschen und Rucksäcke

Sehr geehrte Damen und Herren,
wir haben die in Ihrem Fax vom 10. d.M. dargestellten Argumente aufmerksam gelesen. Leider können wir die von Ihnen vorgeschlagenen Verkaufsbedingungen nicht akzeptieren.

Wir kennen den Markt sehr gut und wissen, dass unsere Konkurrenten zu günstigen Preisen anbieten. Jedoch sind wir davon überzeugt, dass die Qualität unserer Erzeugnisse die Preise rechtfertigen. Wir setzen nie minderwertiges Material ein, und Sie wissen, dass die Lederpreise gestiegen sind. Unser allererstes Ziel ist, hochwertige Handtaschen und Rucksäcke zu produzieren. Doch die Kosten für Handarbeit höher sind als letztes Jahr. Deshalb mussten wir unsere Preise um 6 % erhöhen.

Um Ihnen jedoch entgegenzukommen, sind wir bereit, Zahlung per 60-Tage-Sichttratte zu akzeptieren und die Mindestbestellmenge auf 50 Stück pro Modell zu reduzieren. Die Lieferbedingungen bleiben unverändert ab Werk Marrakesch.

Wir hoffen, dass die geänderten Konditionen Ihnen eine Entscheidung erleichtern und bitten Sie, uns einen geänderten Auftragsbogen zu schicken.

Sie können sicher sein, daß wir alles tun werden, um Sie zufriedenzustellen.

Mit freundlichen Grüßen

Au téléphone

Dialogue A **11** *162*

Entretien téléphonique entre M. **W**ollenweber de Traveltex et Mme de **K**ergonan de Aviaconfort

W. Bonjour, Madame. Monsieur Wullenweber à l'appareil. Je vous appelle au sujet de notre offre du 04 mai.

K. Ah, oui. Attendez une seconde, je vais chercher le dossier. - Le voici, je l'ai sous les yeux.

W. Alors, j'ai reçu votre lettre et je ne vous cache surtout pas que nous sommes très intéressés par l'affaire, mais nos marges de bénéfice sont déjà très étroites et il nous faut une certaine quantité pour compenser les frais de transport, etc. Ou alors, on vous livre les couvertures en port dû.

K. Ah, non, impossible. Alors là, vous seriez hors concurrence. J'ai devant moi l'offre d'un de vos concurrents qui serait prêt à livrer 2.000 couvertures pour commencer - à des conditions très intéressantes.

W. Hm, je suppose que je sais qui c'est, mais quand on connaît un peu le marché, on sait qu'il n'y a pas de miracles. En plus, ça m'étonnerait un peu s'il s'agissait de la même qualité.

K. A mon avis, c'est bien le cas. J'ai vu les échantillons et vos produits me semblent de qualité égale. *um Ihnen entgegen zukommen ,*

W. Et bien, pour vous faire plaisir, Madame, je serais prêt à réduire la quantité minimum à 5.000 et éventuellement à diviser la commande en deux, c'est-à-dire, que la première tranche de 2.500 sera livrée tout de suite et la deuxième 4 semaines plus tard ...

K. Facturation après la deuxième tranche?

W. Ah, non. Vous aurez deux factures, une à chaque livraison.

K. Pourrais-je au moins payer par traite à 30 jours dans ce cas-là?

W. Attendez que je réfléchisse ... Bon d'accord, je m'arrangerai avec notre service comptable. Normalement, à ce prix ce n'est pas faisable. Mais pour vous je fais l'impossible pour conclure cette affaire avec vous.

K Très bien, Monsieur. Nous savons tous les deux que la concurrence dans votre pays est très forte et nous serions acheteurs de grandes quantités. - Et bien, je vais réfléchir de mon côté et vous rappeler d'ici quelques jours.

W. Je vous enverrai les nouvelles conditions tout de suite et j'attends votre commande. Je vous souhaite une bonne journée.

K. Merci, Monsieur. Au revoir.

W. Au revoir, Madame.

en port dû = unfrei

188

Dialogue B

 12

Les interlocuteurs: Danièle Ruban de la Société Mouchinton et
Paul Simon des Boutiques du Canada

Ruban	Bonjour, Monsieur. Danièle Ruban à l'appareil.
Simon	Bonjour, Madame. Quel plaisir de vous entendre ...! Vous avez reçu ma commande?
Ruban	Oui, merci, Monsieur, mais il y a un petit problème.
Simon	Un problème? Vous ne pouvez pas livrer dans les 6 semaines?
Ruban	Non ce n'est pas cela. Il y a quelques détails dans votre commande qu'il faudra corriger. Enfin, je ne peux pas vous la confirmer comme ça.
Simon	Ah bon?
Ruban	Eh oui, Monsieur. On avait bien convenu que le prix serait d'Euro 1,70 la boîte et non pas 1,60. En plus, on avait dit qu'on partagerait les frais techniques, c'est à dire que vous payeriez Euro 1.500,— et qu'on ne facturerait pas le moule spécial.
Simon	Euh, je ne m'en souviens plus très bien. Laissez-moi chercher le dossier où j'ai tout noté.
Ruban	Bien sûr, Monsieur.
Simon	Voilà, je l'ai trouvé. Et bien, j'avais bien noté Euro 1,60, Madame.
Ruban	Désolée, mais là vous faites erreur. On avait dit 1,70.
Simon	Hmm, 1,70. Cela ferait Euro 10.000,– en plus. C'est beaucoup!
Ruban	En effet, mais je vous avais dit que c'était notre dernier prix. Vraiment, je ne peux pas le baisser davantage. En outre, vous n'avez pas mentionné les frais techniques dans votre commande.
Simon	Je suis désolé, Madame. Ma secrétaire a dû l'oublier. Je me souviens qu'on avait convenu de partager les frais techniques. Mais Euro 1,70 ... Ecoutez, je ne peux pas décider tout seul. Il faudra que je consulte à nouveau mon directeur. Je vais le faire tout de suite - je crois qu'il est dans son bureau et je vous rappelle immédiatement. D'accord?
Ruban	D'accord. J'attends votre appel pour vous confirmer la commande par fax. Merci et à tout de suite.
Simon	A tout de suite, Madame, et excusez-moi. J'ai dû mal entendre ... Au revoir.
Ruban	Au revoir.

Annoten (margin note)

weißblonn/modell (margin note)

Un euro oddante (margin note)

Exercice: Résumez en quelques mots pourquoi Mme Ruban a dû contacter M. Simon.

d'avantage = mehr (margin note)

Exercices au téléphone

1. 3 Gesprächsteilnehmer: Frau Bauer von Firma Steiner, die Telefonistin der Fa. Dartidom,
der Geschäftsführer von Dartidom, Herr Hadji

Anrufer ist die Mitarbeiterin der Firma Gerätebau Steiner in Stuttgart
Beziehen Sie sich auf den Auftrag der Firma Dartidom von Seite 106

Rufen Sie bei Firma Dartidom an, lassen Sie sich von der Telefonistin zu Herrn Hadji durchstellen. Sobald Herr Hadji sich meldet, stellen Sie sich vor als Verantwortliche für den Export nach Frankreich. Sie danken Herrn Hadji für den Auftrag. Machen Sie darauf aufmerksam, dass Ihr Angebot eigentlich nur bis zum 31. März gültig war, Sie aber ausnahmsweise bereit sind, den Auftrag zu den alten Preisen zu akzeptieren. Sie werden in den nächsten Tagen eine Auftragsbestätigung schicken und die neue Preisliste, der Herr Hadji entnehmen kann, dass sich die Preise inzwischen um 10 % erhöht haben. Herr Hadji reagiert sehr erfreut und verspricht weitere Aufträge, sofern sich die Friteusen gut verkaufen lassen.

2. 2 Gesprächsteilnehmer: Frau Béranger von Firma Santa Lucia, Lille, und
Herr Beyer von Firma Kaufhort AG.

Anrufer ist Frau Béranger.
Beziehen Sie sich auf den Auftrag der Firma Kaufhort von Seite 107

Sie danken für den Auftrag. Sie glauben, dass im Auftragsbogen ein Fehler steckt. Den Artikel 5602 gibt es nur in der Farbe dunkelblau. Im Auftragsbogen steht die Frage grün. Sie fragen, ob der Artikel in Blau geliefert werden soll. Herr Beyer zögert einen Moment und fragt, auf welcher Seite des Katalogs der Artikel beschrieben ist. Frau Béranger nennt ihm die Seite 22. Herr Beyer findet die Seite und entdeckt, dass er in der Tat einen Fehler gemacht hat. Santa Lucia soll den Artikel in dunkelblau liefern. Frau Béranger wird jetzt nicht die Kopie des Auftragsbogens zurückschicken, sondern eine neue Auftragsbestätigung schreiben. Damit ist Herr Beyer einverstanden.

3. 2 Gesprächsteilnehmer: Herr Kämmer von der Porzellanmanufactur Kämmer und
Herr Gourmand von der Firma Haute Cuisine & Cie.

Anrufer ist Herr Kämmer.
Beziehen Sie sich auf den Auftrag von Seite 110

Sie danken für den Auftrag Nr. 30-A-1998. Leider sehen Sie sich nicht in der Lage, alle Service bis zum 30. April zu liefern. Das Service „Infant" kann erst am 10. Mai abgeschickt werden, weil ein Teil der Mitarbeiter erkrankt ist. Herr Kämmer erklärt sich bereit, die Extrakosten für den getrennten Versand zu übernehmen, wenn Herr Gourmand mit der Teillieferung einverstanden ist. Herr Gourmand zögert einen Moment, stimmt dann aber dem Vorschlag zu. Er betont jedoch, dass dies der äußerste Termin sei. Herr Kämmer sagt ihm den Liefertermin fest zu.

4. 2 Gesprächsteilnehmer: Chefeinkäuferin des Modehauses Bentin,
Versandleiter Santa Lucia

Modehaus Bentin, Düsseldorf, spricht mit dem Versandleiter der Firma Santa Lucia.

Er braucht dringend weitere Teile des Modells „Jeanette" in den Größen 38 und 40. Fragt an, ob Santa Lucia innerhalb von 1 Woche jeweils 120 Stück liefern könne. Der Versandleiter von Santa Lucia schaut in seinen Lagerbestand und stellt fest, dass dies möglich ist und wird eine Auftragsbestätigung per Fax schicken. Die Kleider werden auf Bügeln geliefert. Der Versandleiter bedankt sich für den Auftrag und Bentin ist froh, dass Santa Lucia so schnell liefern kann.

5. 2 Gesprächsteilnehmer: Leiter der Einkaufsabteilung von Santé Biologique, Exportleiterin von Biotop GmbH

Firma Santé Biologique hatte bei Biotop GmbH Getreidemühlen bestellt. Da das Modell nicht auf Lager ist und erst wieder in 3 Monaten geliefert werden kann, bietet Biotop die Lieferung eines ähnlichen Modells „Xénia Plus" zu einem günstigeren Preis an, € 60,00 statt € 70,00. Santé Biologique will wissen, ob das Gerät dieselben Eigenschaften hat, wie das ursprünglich bestellte Modell. Biotop versichert, dass dies der Fall sei und kündigt den Versand der technischen Beschreibung an. Santé Biologique erklärt sich damit einverstanden, das andere Modell zu kaufen im Vertrauen darauf, dass Biotop immer Produkte von hoher Qualität liefert.

6. 2 Gesprächsteilnehmer: Juwelier Jürgens, Monsieur Cambour von Cambour Frères

Herr Jürgens von der Firma Juweliere Jürgens & Peters ruft Cambour Frères an.

Er bezieht sich auf die Bestellung über den Vertreter von Cambour (siehe auch Seite 143) und bittet, seinen Auftrag um 20 Armbänder des Modells „Elodie" zu erhöhen - also insgesamt 40 - und den Schmuck noch vor dem 1. September zu liefern, da in seinem Geschäft eine besondere Ausstellung vorbereitet wird.
Cambour bedankt sich für die Erweiterung des Auftrags und verspricht, alles zu tun, um die Ware rechtzeitig liefern zu können. Er schlägt Jürgens vor, einen Teil der Lieferung in jedem Falle früher zu liefern und den Rest so schnell wie möglich. Jürgens findet die Idee gut und schlägt vor, von jedem Modell wenigstens 2 - 3 Stücke vorab zu liefern. Das kann Cambour nicht versprechen, da stets ein Modell zur Zeit gefertigt wird.

7. Vous êtes vendeur d'articles ménagers et vous venez de recevoir une commande de 150 friteuses en inoxydable:
- accusez réception de la commande et exprimez vos remerciements
- rappelez les points principaux (prix/remises/transport)
- précisez que les instructions (délai/emballage) seront respectées
- exprimez l'espoir de satisfaire votre client
- rappelez la date du prochain salon des arts ménagers dans votre ville

8. Vous êtes revendeur d'articles de beauté et vous avez reçu une commande de produits cosmétiques:
- tarif mentionné périmé/majoration des prix de ..%
- produits de la gamme „Fruités" épuisés/proposition de produits semblables
- envoi immédiat d'échantillons/visite d'un représentant possible
- réponse attendue par retour du courrier
- envoi du tout dernier catalogue avec nouvelle liste de prix
- désir permanent de satisfaire le client

9. Vous êtes distributeur de produits biologiques et venez de recevoir une commande importante de produits d'alimentation biologique:
- promettez une livraison partielle à la date prévue
- rupture de stock pour 3 produits/livraison possible à la fin du mois sauf avis contraire du client sinon proposition d'articles semblables (envoi d'échantillons)
- regrettez de ne pouvoir satisfaire entièrement le client
- exprimez le souhait de voir la commande confirmée

Traduisez!

Le vin en France

La France est le pays des grands vins. La vigne s'étend aujourd´hui sur 1,1 million d´hectares (contre 2.5 millions d´hectares au 19e siècle) répartis sur 50 départements, elle est entretenue par 430.000 exploitants.

Les 2/3 des exploitations ont moins d´1 ha. Avec ses 70 millions d'hectares environ, la France se situe au 2e rang mondial après l'Italie.

Les 2/3 de la production sont des vins de consommation courante, provenant le plus souvent du Languedoc.

La commercialisation de ces vins connaît de graves difficultés vu que la consommation nationale (89 l par habitant et par an) baisse. La production est souvent excédentaire et mène les viticulteurs à des manifestations brutales.

Les vins de qualité supérieure (VDQS)[1] et surtout les vins d'appellation contrôlée (AOC) proviennent de régions bien déterminées (par ex. de la Champagne, du val de Loire, du Bordelais, de la Bourgogne ou de la vallée du Rhône). Ils représentent 22,3 millions d'hectolitres.

D'autres vignobles livrent essentiellement du champagne ou des produits destinés à la distillation[2] comme ceux de Cognac et d'Armagnac.

[1] *Vins Délimités de Qualité Supérieure: vins de cru de réputation régionale*
[2] *la distillation: Weinbrennerei*

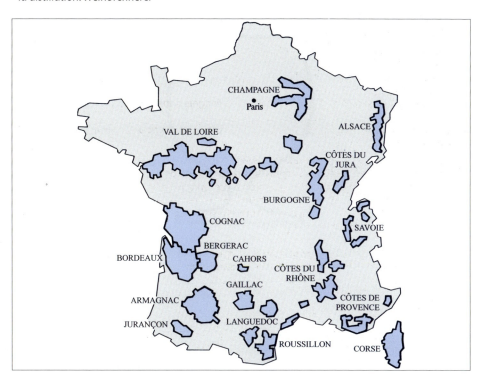

Traduisez!

L'art du Cognac

Le Cognac est un spiritueux raffiné né de la distillation des vins de Charentes. Ces vins proviennent de 80 000 hectares de vignes cultivées dans une région bien délimitée du Sud-Ouest de la France. Le Cognac a sa propre Appellation Contrôlée. La vendange et la distillation s'effectuent obligatoirement dans l'aire d'appellation. Le Cognac est un produit naturel résultant de la distillation de vins blancs charentais.
La distillation du Cognac est réglementée. Mais malgré tout, le système reste suffisamment souple pour admettre des différences de style et de goût de chaque maison.
L'eau-de-vie produite est un liquide incolore au parfum puissant avec un taux d'alcool d'environ 70%.
Après la distillation, le cognac est mis en fûts (en tonneaux) de chêne. Avec le temps, le cognac perd de son volume et de sa teneur en alcool. Il séjourne parfois jusqu'à 50 à 60 ans en fût.
La société Martell possède l'une des plus importantes réserves de vieux cognac au monde dont le plus ancien date de 1830!
Ce sont les cognacs de qualité supérieure qui séduisent le plus la clientèle des „duty free" et des marchés en croissance (les pays chinois ainsi que les pays de l'Europe centrale).

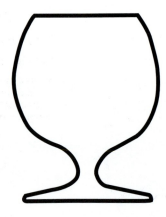

Le contrat de vente dans l'exportation

L'importateur   **L'exportateur**

> Annonce,
> Publicité,
> Offre spontanée

1. Demande des renseignements techniques et commerciaux, fait une demande d'offre

2. Soumet une offre comportant tous les détails techniques et commerciaux

3. Examine, compare l'offre avec d'autres

4. Passe une commande

5. Confirme la commande

6. Exécute la commande

7. Envoie un avis d'expédition, un bordereau d'envoi et une facture

8. Reçoit et accepte la marchandise

9. Règle la facture

Ou, en cas de non-conformité, …

10. N'accepte pas la marchandise

11. Formule une réclamation

12. Accepte la réclamation et règle l'affaire, remplace la marchandise

13. Refuse la réclamation

Un connaissement

Chargeur :
Shipper :

**CONNAISSEMENT
BILL OF LADING**

Transport N°

B/L N°

Référence N°

SERVICE COMMUN

Destinataire :
Consignee :

A notifier (aucune réclamation ne sera reçue pour non notification - voir clause 9.1) :
Notify address (carrier not to be responsible for failure to notify - see clause 9.1) :

Société anonyme
au capital de 842.000.000 F
R.C.S. Nanterre B 562 024 422
Siège social :
22, quai Gallieni
92158 SURESNES

Société anonyme
au capital de 12.500.000 F
R.C.S. Nanterre B 642 011 092
Siège social :
Tour Delmas-Vieljeux
31-32, Quai de Dion-Bouton
92800 PUTEAUX

* Pré-transport par :
Pré-carriage by :

* Lieu de réception
Place of receipt :

Navire long-courrier :
Ocean vessel :

Port de chargement :
Port of loading :

TRANSPORT EFFECTUÉ PAR :
NAME OF THE CARRIER:

Port de déchargement :
Port of discharge :

* Destination finale (dans le cas de post-transport) :
Final destination (if on carriage) :

Fret payable à :
Freight payable at :

Nombre de connaissements originaux :
Number of original Bs / L :

3 / three

MARCHANDISES SPÉCIFIÉES SUIVANT DÉCLARATION DU CHARGEUR
PARTICULARS FURNISHED BY SHIPPER OF CARGO

Marques et N°s / Marks and N°s	Nombre et nature des colis - Description des marchandises / Number and Kind of packages - Description of cargo	Poids brut / Gross weight

ORIGINAL

The container(s) / trailer(s) number of which is mentioned in this bill of lading is the property of the carrier and has to be returned by receivers to the carrier or his agent.

Possible demurrage to be paid by receivers until final redelivery of containers / trailers to the carrier's agent in addition to whatever demurrage might be claimed by customs.

Receivers undertake to return same container(s) / trailer(s) after unloading to the carrier or his agent in the same condition as received. Receivers to compensate the carrier for the value of container(s) / trailer(s) if lost or for the cost of repairs of container(s) / trailer (s) if damaged while in the custody of receivers. Receivers to pay also any duty and/or fine claimed by customs on account of container(s) / trailer(s) being lost.

SHIPPED in apparent good order and condition, unless otherwise stated herein, on board the above ocean vessel (or on board a pre-carrying vessel or other means of transport, if the place of receipt is named above, for forwarding subject to clause 3 on the reverse side of this Bill of Lading) the cargo specified above, weight, measures, marks, numbers, quality, contents and value unknown, for carriage from the above port of loading and discharge at the port of discharge named above (or other port or place as is provided in clause 7 or 8 hereof) or so near thereunto as she may safely get and lie, always afloat, where the carrier's responsibilities and liabilities shall finally cease, for delivery unto the above-named Consignee or to his or their Assigns.

This Bill of Lading constitutes the contract of carriage between the Merchant and the Carrier.

If the final destination is named above, the cargo shall be forwarded in accordance with clause 3 hereof for delivery unto the above-named Consignee or to his or their Assigns.

In accepting this Bill of Lading the Merchant expressly accepts and agrees to all its stipulations on both pages, whether written, printed, stamped or otherwise incorporated, as fully as if they were all signed by the Merchant.

In witness whereof the above stated number of Bills of Lading all of this tenor and date have been signed, one of which being accomplished, the others to stand void.

CONTAINERS / TRAILERS ON DECK. It is expressly agreed between the Shipper and the sea-Carrier that cargo stowed in containers or on trailers transported on ships equipped with appropriate fixing and lashing devices may be loaded on or under the deck of the ships without notice to the Shipper at the option of the sea-Carrier, and that the provisions of the French Law of 18th June, 1966 or of the Hague Rules or of the Hague Visby Rules as incorporated herein shall be applicable in all cases whether the transport is carried out on or under deck. Also the cargo and/or containers and/or trailers shall contribute in General Average whether carried on or under deck.

JURISDICTION - Any dispute arising under this Bill of Lading shall be decided exclusively by the Commercial Court of Paris (France) and according to French Law.

Fret et frais
Freight and charges

Lieu et date d'émission :
Place and date of issue : **HAMBURG**

Pour le Transporteur :
For the Carrier :

Le Chargeur :
The Shipper :

**C.G.M. Germany
(Compagnie Générale Maritime
& Co. oHG.)**

Réf. 1971 R - CGMixolfiac

Empotage / Dépotage – Stuffing / Unstuffing

☐ FCL / FCL ☐ LCL / FCL
☐ FCL / LCL ☐ LCL / LCL

* Applicable uniquement lorsqu'il s'agit d'un connaissement direct.
* Applicable only when document used as a Through Bill of Lading.

Une facture

FACTURE n° 820900

du   20/05/99   en   FF
Facture tenant lieu de bon de garantie

Client n°   430819   Dossier n° 205508

(à rappeler lors de votre règlement)

Livraison   Facturation

BRAXENTHALER SA   BRAXENTHALER SA

ZAC DE LA SOLERE   ZAC DE LA SOLERE

54420   SAULXURES LES NANCY   54420   SAULXURES LES NANCY

Votre référence   suivie par : Els

Commande   Télécopie du :   20/05/99 de
Poids :   14.9 Kg
Conditions de règlement : Cheque bancaire a reception   le   25/05/99 sans escompte
Mode d'acheminement :   EXTAND

Référence	Quantité	Désignation	P.U. H.T.		PRIX TOTAL H.T.
08.461	1.00	72 RLX 200 F OUATE BLANCHE	147.00	FF	147.00
24.055	1.00	6x1L SAVON BUREAU	199.00	FF	199.00
20.801	1.00	LOT DE 5 SACS PAPIER NILFISK	42.00	FF	42.00
30.608	1.00	10 P. GANTS COTON PICOTS HOMME	79.00	FF	79.00
98.200	1.00	* Franco de Port Exceptionnel *	CADEAU		
		Total marchandises HT		FF	467.00
		Frais de port et d'assurance		FF	89.00
		Remise sur port de		FF	-89.00
		Montant net HT		FF	467.00
		TVA à 20.6 % sur 467.00 =		FF	96.20
		NET TTC		FF	563.20
		Réglé		FF	0.00
		Solde		FF	563.20

Conditions générales de vente au verso

Message :

R.I.P.: C.C.P. LILLE			
Etablissement	Guichet	N° Compte	Clé
20041	01005	0430199C026	73

Client n°   430819

Facture n° 820900
Net TTC   FF   563.20

SA au capital de 2.500.000 F - RC Rx-Tg 70 B 20 - Siret 887 080 208 00010 - N° TVA FR 46 887 080 208 - Code APE 526 A

Des chèques

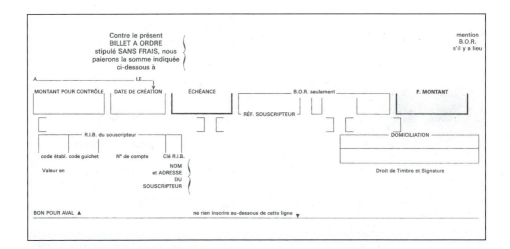

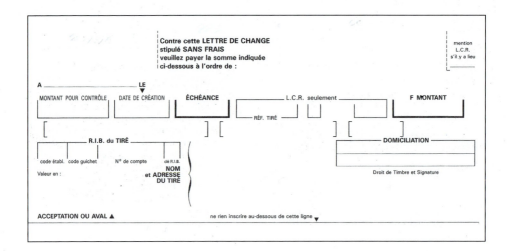

Le contrat de vente dans l'exportation

L'importateur **L'exportateur**

Annonce,
Publicité,
Offre spontanée

1. Demande des renseignements
techniques et commerciaux,
fait une demande d'offre

2. Soumet une offre comportant
tous les détails techniques et
commerciaux

3. Examine, compare l'offre
avec d'autres

4. Passe une commande

5. Confirme la commande

6. Exécute la commande

7. Envoie un avis d'expédition,
un bordereau d'envoi et
une facture

8. Reçoit et accepte la marchandise

9. Règle la facture

Ou, en cas de non-conformité, …

10. N'accepte pas la marchandise

11. Formule une réclamation

12. Accepte la réclamation et
règle l'affaire, remplace la
marchandise

13. Refuse la réclamation

L'essentiel et les motifs d'une réclamation

L'essentiel de la réclamation

Une réclamation doit toujours être formulée par écrit (par lettre recommandée). Elle servira de preuve en cas de litige! Elle doit être postée dans les 3 jours qui suivent la livraison.

Dans votre lettre de réclamation vous devez:

Anlass

1) Indiquer le motif de votre réclamation et
2) Décrire les conséquences que cela aurait pour votre entreprise
3) Faire des propositions pour régler l'affaire
4) Exiger une réparation, un dédommagement

verlangen, fordern, Wiedergutmachung Entschädigung

Mais avant toute chose:

Restez polis, car en général, le fournisseur n'a pas
l'intention de rompre une bonne relation commerciale!

---

le motif = Anlass, Beweggrund

Les motifs d'une réclamation

1. Retard de livraison

Le fournisseur ne respecte pas le délai convenu.

2. La quantité

La quantité livrée ne correspond pas à la quantité commandée.
Le poids de la marchandise est inférieur/supérieur à la commande.
Les dimensions/tailles livrées ne sont pas conformes à/à celles de la commande.
Il manque des pièces.
Le fournisseur a confondu les numéros de référence.

3. La qualité

La marchandise ne correspond pas aux échantillons/à la description du produit.
La qualité est inférieure à celle de l'échantillon.
La texture de la matière n'est pas la même.
Les couleurs diffèrent des échantillons/sont trop claires/trop foncées/sont passées.
Les vêtements sont mal cousus/mal finis/mal coupés.
Les motifs ne correspondent pas à ceux des échantillons.
Il y a des rayures sur .../des bosses dans ...
La marchandise est avariée/humide/desséchée/pas assez liquide/trop épaisse.
L'appareil fait un bruit étrange/ferme mal/ne fonctionne pas.
Le liquide s'est répandu/sur .../
Une odeur désagréable sort de ...

4. L'emballage

L'emballage est insuffisant/mal approprié/trop léger/lourd.
La marchandise est mal protégée contre la chaleur/le froid/l'humidité/les chocs.
Les pièces n'ont pas été emballées dans du carton ondulé/de la pellicule à bulles d'air.
Vous n'avez pas rempli les espaces vides avec de la fibre d'emballage/des particules de calage.
Les pièces sont mal calées.
Les cartons sont déchirés/endommagés/cassés.
Les couvercles sont mal fermés.

5. Paiement

Une erreur s'est glissée dans la facturation de la livraison.
La déduction d'une remise a été omise.
Les prix ont été confondus.
Une erreur de calcul se trouve dans ...
La facture reste impayée.

SCRIPTSTORE
Fournitures Scolaires
8, Rue Caron · 76000 Rouen

Questions:
1. Quel est le motif de cette lettre?
2. Commentez le ton de cette lettre.

MM. Staetcastell
Augsburger Straße 23
17034 Neubrandenburg
Allemagne

N/Réf. GB/rv
V/Réf. -
Date: 20/06/ ...
OBJET: Notre commande no. 802

Mesdames,
Messieurs,

Par notre lettre du 10 mars nous vous avions commandé un lot de crayons
"Multicolor", coffrets cadeau de 20, 50 et 100 couleurs + gomme et taille-crayon
qui devaient nous être livrés début juin. Aujourd'hui, nous sommes déjà le 20 et nos
clients nous réclament la marchandise car ils ont l'intention de décorer leurs vitrines
pour la rentrée scolaire. Malgré notre appel téléphonique du 10 ct., les paquets ne
nous sont pas encore parvenus.

Ce retard risque de nous mettre en grandes difficultés car certains clients nous
menacent déjà de s'approvisionner ailleurs.

C'est pourquoi nous vous demandons de nous garantir la livraison d'ici 5 jours
afin de pouvoir vendre les crayons avant la fin du mois. En cas de non-respect de
ce dernier délai nous nous verrions obligés d'annuler notre commande et de vous
rendre responsables des pertes subies.

Nous espérons, toutefois, que vous serez en mesure de tenir vos engagements et
vous prions d'agréer, Mesdames, Messieurs, nos salutations distinguées.

SCRIPTSTORE

Gérant

KAUFHORT AG
Königsallée 2
40212 Düsseldorf
Tel. 0211/300 20 30 · Fax. 0211/300 21 31

Santa Lucia S.A.
12, rue André Gide

F-59000 Lille

Unser Zeichen	Ihr Zeichen	Ihr Schreiben vom	
VRéf.	N/Réf.	V/lettre du	Düsseldorf,
jp/yb	Br/rw	20 janvier ...	le 23 janvier ...

Commande no. 6731/03/99 - Bon de livraison CC2340

Madame,
Monsieur,

Les articles objet de notre commande nous ont été remis hier par le transporteur Danzas. Après vérification des cartons nous avons constaté que tous les modèles étaient conformes à nos indications. Cependant, nous avions convenu que les robes, article no. 302a, seraient livrées suspendues. Malheureusement, nous les avons trouvées pliées et scellées dans les cartons no. 43, 44 et 45 selon votre bon de livraison.

Ceci est fort désagréable car nous devons les faire repasser avant la mise en vente. Nous nous permettons donc de déduire ces frais supplémentaires de votre facture. Etant donné que nous avions réglé la totalité à la réception de la marchandise, nous vous prions de nous faire un avoir du montant des frais occasionnés s'élevant à € 100,00.

Nous vous en remercions à l'avance et vous prions d'agréer, Madame, Monsieur, nos salutations les plus distinguées.

KAUFHORT AG

ppa. *Brüning*

la mise en vente = Verkaufsvorgang
occasionné = verursacht

ont été remis, remettre = übergeben worden / überreicht worden

convenir = übereinkommen / vereinbart

sceller = eingeschweißt

suspendu = aufgehängt

Schlumberger GmbH
Heimwerker & Gartenbedarf
Großhandel - Vertrieb
Hoppestraße 2 · 30625 Hannover

> **Questions:**
> 1. Pourquoi est-ce la dernière fois que Monsieur Rose rappelle sa commande?
> 2. Quelles sont les conséquences de ce retard pour les deux maisons?
> 3. De quel droit la maison Schlumberger exigera-t-elle un dédommagement?

JARDIN & CIE
46, rue des Lilas

F-57070 Metz

Unser Zeichen	Ihr Zeichen	Ihr Schreiben vom	Hannover,
Notre réf.	Votre réf.	Votre lettre du	
KR/bb	-	-	le 13 avril ...

Betrifft/Objet:
Tondeuses à gazon électriques - Modèle 3040
Notre commande no. D458921 du 10 octobre .. /Notre rappel du 15 mars ...

Mesdames, Messieurs,

A la suite de notre rappel du 15 mars nous avions eu un entretien téléphonique avec M. Dugazon, votre chef des ventes, au cours duquel il nous avait promis de livrer les tondeuses sous quinzaine au plus tard.

Comme nous n'avons toujours pas reçu la livraison, nous vous rappelons pour la dernière fois que la marchandise doit nous parvenir avant la fin du mois, sinon nous vous tiendrons responsables de nos pertes et exigerons un dédommagement.

Nombre de nos clients n'ont pas pu se permettre d'attendre plus longtemps et ont annulé leurs commandes, car beaucoup de propriétaires de jardins se sont déjà approvisionnés ailleurs.

Nous avions passé notre commande assez tôt pour que les tondeuses nous parviennent au début du printemps et c'est la deuxième fois que vous n'avez pas tenu promesse. Toutefois, nous pensons que vous désirez poursuivre nos relations d'affaires et attendons votre livraison.

Veuillez agréer, Mesdames, Messieurs, nos salutations distinguées.

Kurt Rose
Abteilungsleiter Einkauf

exiger = verlangen, bitten um

Schlemmereck
Delikatessengroßhandel
Königstraße 20
40213 Düsseldorf

Maison Delacre
Pâtisseries Fines
B.P. 3024

B-1930 Bruxelles

Questions:
1. **Décrivez les dégâts!**
2. **Quel autre motif de réclamation Schlemmereck constate-t-il?**
3. **Que propose Schlemmereck?**

Unser Zeichen	Ihr Zeichen	Unser Schreiben vom	Düsseldorf,
Notre référence	Votre référence	Notre lettre du	
CB/rw			le 10 février ...

Objet: Notre commande no. 3067 du 20 janvier ...

Mesdames,
Messieurs,

Votre transitaire Francetrans S.A. vient de nous remettre la marchandise correspondant à notre dernière commande. En déchargeant les caisses nous avons dû constater que les caisses no. 4 et 7 étaient ouvertes et qu'une grande partie du contenu était humide et donc invendable. Nous vous enverrons le constat définitif signé par le conducteur du camion par courrier séparé.

Les autres caisses étaient intactes, mais en vérifiant l'assortiment "Délices de Bruxelles" qui devait contenir 6 variétés de biscuits, nous n'en avons trouvé que 5: au lieu du "Croustillant Chocolat" les boîtes contenaient la double quantité de "Sablés". De plus, ceux-ci ne correspondent pas aux photos imprimées sur l'emballage.

Vu que nos clients n'accepteront pas les assortiments au prix convenu, nous vous proposons de nous accorder un rabais de 20 % afin de pouvoir écouler cette marchandise à un prix intéressant et éviter tous frais supplémentaires de transport.

En ce qui concerne les caisses endommagées, nous vous prions de les remplacer immédiatement après la réception du constat. Nous espérons ainsi pouvoir faire face à nos propres engagements.

Veuillez agréer, Mesdames, Messieurs, nos salutations distinguées.

SCHLEMMERECK

ppa. *Bernhard*

Galeries Précieuses
Place de la Concorde
Montréal
Canada

Questions:
1. Quelles peuvent être les causes du bris?
2. Commentez le ton de la lettre!
3. Pourquoi les Galeries Précieuses demandent-elles un remplacement immédiat?

Porzellanmanufactur Kämmer
Kantstraße 22
07407 Rudolstadt
Allemagne

V/Réf. gk/rz
N/Réf. mg/l
Montréal, le 12 avril ...

Objet: Notre commande no. G3590 - Votre facture no. 06/512 du 25 mars -
            Chopes "Printemps"

Mesdames, Messieurs,

Votre envoi de 10 colis vient de nous être remis. Etant donné que l'extérieur des
caisses présentait un aspect impeccable et qu'aucun bruit avait été détecté
pendant le déchargement nous avons accepté la marchandise sans autre contrôle.

En déballant les chopes nous avons dû constater qu'une partie de celles-ci était
brisée. A notre avis cela n'est pas dû à une manutention négligente de la part du
transporteur mais doit être attribué à l'emballage insuffisant de la porcelaine, car il
n'y avait pas assez de matériau de calage entre les pièces et vous aviez utilisé du
papier pour les emballer au lieu d'une pellicule à bulles d'air. Il y avait donc du jeu
entre les différentes pièces. Après avoir vérifié toutes les caisses nous avons
constaté le bris de 98 chopes.

Nous sommes sincèrement navrés d'avoir à vous informer de cet incident. Si vous
le désirez, nous vous enverrons le constat d'un expert.

Nous vous prions de préparer immédiatement un envoi de substitution et de
l'acheminer également par avion car nous avons prévu de vendre cette
marchandise pour la "Fête des Mères" dans nos divers magasins.

Veuillez nous contacter aussitôt que possible afin que nous puissions trouver une
solution satisfaisante en ce qui concerne le règlement de cette livraison.

Veuillez agréer, Mesdames, Messieurs, nos salutations distinguées.

GALERIES PRECIEUSES

Germaine Dumas

chop = Becher
le bris = Bruch

WÖRTZ SCHUHHÄUSER
Mönckebergstraße 42a
20095 Hamburg

L'Escarpin
123, rue Carnot
CERGY

> **Questions:**
> 1. **Quel est le motif de cette réclamation?**
> 2. **Pourquoi cet incident est-il extrêmement fâcheux?**
> 3. **Commentez la réaction du client.**

Unser Zeichen	Ihr Zeichen	Unser Schreiben vom	Hamburg,
Our ref.	Your ref.	Our letter	
Notre réf.	Votre réf.	Notre lettre du	
Lg/bb	-	-	le 20 février ...

Notre commande no. 20/4501/B du 30 novembre - LT 300/3405-C

Mesdames,
Messieurs,

Les chaussures faisant l'objet de cette commande ont été mises en vente immédiatement après livraison et continuent à bien s'écouler. Il s'est avéré, malheureusement, que l'escarpin "Starlet" pose de sérieux problèmes car ce modèle, livré dans les couleurs vert, noir et or, a été examiné dans les laboratoires de l'Association des Consommateurs de Berlin.

Ce laboratoire vient de nous communiquer qu'il a trouvé que le modèle "or" est traité avec un colorant cancérigène. Ce colorant a été interdit en 2000 pour tout article ayant un contact corporel prolongé. Nous vous en avions informés le 24 janvier 2000 (voir copie de notre lettre).

Entre-temps, nous avons promis de retirer ce modèle de toutes nos boutiques, mais nous en avions déjà vendu environ 155 paires. Nous espérons que nous pourrons éviter une campagne de presse qui pourrait compromettre la bonne réputation de notre maison et porter préjudice à la griffe "Escarpin". Nos pertes s'élèvent déjà à € 12.000,00 et nous n'avons pas encore reçu les factures du laboratoire dont nous vous ferons parvenir les copies dès qu'elles nous seront parvenues.

Vu l'ancienneté de nos relations, nous vous prions de faire de sérieuses recherches et de nous donner une explication pour cet incident désagréable. Nous sommes sûrs que vous nous proposerez un arrangement à l'amiable.

Nous vous prions de répondre dans les plus brefs délais.

Recevez, Mesdames, Messieurs, l'assurance de nos sentiments distingués.

WÖRTZ SCHUHHÄUSER

Goldemann

COMPUSERVICE

Distribution de Micro-Ordinateurs et Logiciels

10, rue du Cadre · 69005 LYON

Exercice:

Décrivez la situation.

SIBAG Computer
Nixdorfweg 2 - 16
13629 Berlin
Allemagne

V/Réf.
N/Réf. mmd/el
Lyon, le 03 janvier ...

Objet: Micro-Ordinateur SOLUS 2/Imprimante SOLUS PLUS -
Notre commande no. 45FR du 30 novembre

Madame,
Monsieur,

J'espère que vous avez passé un agréable Réveillon et je vous souhaite une Bonne Année. J'ai entière confiance en la poursuite de nos bonnes relations.

Malheureusement, je dois m'adresser à vous pour une affaire assez désagréable, car je viens de recevoir l'appel d'un de mes meilleurs clients auquel j'avais livré le SOLUS 2 il y a deux semaines. Il se plaint de certaines difficultés lors de la transmission de documents sur l'imprimante. Les copies ne sortent pas correctement imprimées et il est convaincu qu'il s'agit d'un défaut dans le système du SOLUS 2. En effet, il avait visualisé les pages avant de les imprimer et branché l'imprimante sur un autre ordinateur qui produisait les copies sans problème.

Nous avons essayé de régler ce problème par téléphone étant donné que la configuration aurait pu être mal installée, mais nous n'avons pas pu détecter de défaut.
Nous avons alors activé plusieurs documents et changé de format - sans aucun résultat.

Vu l'importance de ce client et l'urgence de l'affaire - il devait faire imprimer plusieurs séries de lettres et ne pouvait pas se servir d'un autre ordinateur - je lui ai envoyé par courrier exprès le dernier modèle qui me restait des SOLUS 3, qui, comme nous le savons, est plus cher. Je me suis fait renvoyer l'appareil en question et vous prie de me proposer une solution pour régler ce problème. J'ai l'impression que mon client aimerait garder le SOLUS 3 sans payer la différence car il a perdu beaucoup de temps et d'argent dans cette affaire.

En outre, ce client m'a fait comprendre qu'il annulerait sa dernière commande de 3 micro-ordinateurs SOLUS 1 et de 3 imprimantes si sa réclamation n'était pas réglée à son entière satisfaction.

Je vous serais très reconnaissante de bien vouloir me rappeler dans le courant de cette semaine afin d'en discuter.

Je suis sûre que nous trouverons ensemble un moyen de limiter les dégâts et vous prie d'agréer, Madame, Monsieur, mes salutations distinguées.

COMPUSERVICE
Marie Maître-Devallon

LA MAISON DU JOUET
42, rue Grolée
69002 Lyon

Mecanojeux S.A.
Route des Oliviers, km 45
13008 Martigues

V/Réf. hj/gr
N/Réf. bc/bg
Lyon, le 13 septembre ...

Objet
Notre commande no. 4070B - Votre facture no. B9862-03 du 25 juin ...

Madame,
Monsieur,

Nous venons de recevoir votre facture. Malheureusement, nous avons décelé une
erreur en ce qui concerne le montant de la facture et la remise, à savoir que vous
nous avez facturé 300 voitures en miniature "Panhard" au prix unitaire de € 15,00
bien que vous n'en ayez livré que 200 conformément à notre commande

Vu la valeur totale de la commande de € 10.000,00 nous avions convenu d'une
remise de 6 % qui ne figure pas dans votre facture.

Vous voudrez bien trouver, ci-joint, le document en faisant preuve. Nous vous prions
donc d'établir une nouvelle facture tenant compte de la quantité livrée et de la
remise.

Vous remerciant à l'avance, nous vous prions d'agréer, Madame, Monsieur, nos
salutations distinguées.

La Maison du Jouet

Bernard Chopard

Comptable

Société Lyonnaise de Transport
Transports Routiers
11, Quai Jean Moulin
69001 Lyon

Santa Lucia S.A.
12, rue André Gide
59000 Lille

N/Réf.: Compt. 12/06B
Objet:

Lyon, le 20 mars ...

Madame,
Monsieur,

Nous nous permettons de vous rappeler que vous restez, à ce jour, redevables des factures référencées ci-après.

Il s'agit probablement d'un oubli que vous ne manquerez pas de réparer en nous adressant votre règlement par retour du courrier.

No. fac	Date fac	Date éch.	Montant €
003059	31.01.	13.02.	1085,40
003146	02.02.	15.02.	2340,85
003146	03.02.	16.02.	1890,11

Nous comptons sur une prompte régularisation et vous remercions à l'avance.

Veuillez agréer, Madame, Monsieur, nos sentiments distingués.

Société Lyonnaise
La Comptabilité

Michel Laplaud

redevable = schuldig, noch schulden

Allô affaires – Handelsfranzösisch © FELDHAUS VERLAG, Hamburg

Exercice de lecture

Elargissez votre champ visuel!

correspond
ne correspond pas
la marchandise ne correspond pas
la marchandise ne correspond pas aux échantillons
mais la marchandise ne correspond pas aux échantillons

reçu
pas reçu
toujours pas reçu
n'avons toujours pas reçu
nous n'avons toujours pas reçu
nous n'avons toujours pas reçu la livraison
parce que n'avous n'avons toujours pas reçu la livraison

emballées
pas été emballées
n'ont pas été emballées
n'ont pas été emballées correctement
n'ont pas été emballées correctement dans
les pièces n'ont pas été emballées correctement dans
car les pièces n'ont pas été emballées correctement dans des cartons

remplacer
de les remplacer
de les remplacer immédiatement
vous prions de les remplacer immédiatement
nous vous prions de les remplacer immédiatement après
nous vous prions de les remplacer immédiatement après avoir reçu
nous vous prions de les remplacer immédiatement après avoir reçu le constat

dédommager
nous dédommager
nous dédommager des
de nous dédommager des pertes
de nous dédommager des pertes subies
vous demandons de nous dédommager des pertes subies
nous vous demandons de nous dédommager des pertes subies

L'essentiel d'une réclamation – comment l'exprimer

1.   Indiquer le motif de la réclamation et exposer les faits
1.1.   Retard de livraison

Malheureusement, votre envoi n'est pas encore arrivé.
Malheureusement, votre envoi ne nous est toujours pas parvenu.
Nous sommes déjà le ... et nous ne sommes toujours pas en possession de la marchandise.
Selon notre contrat, la marchandise aurait dû arriver le ...
Malgré votre promesse, nous n'avons pas reçu ...

1.2.   Non-conformité de la marchandise
1.2.1. Quantité

En déballant/vérifiant la marchandise ...
... nous avons constaté que 50 pièces/kilos/paquets/boîtes manquaient.
Les boîtes ne contenaient que ... g au lieu de ... / ... unités au lieu de ...

1.2.2. Qualité

La qualité des produits est inférieure à celle des échantillons.
Les couleurs diffèrent sensiblement des échantillons.
La marchandise est défectueuse/humide/mouillée/pourrie/endommagée/moisie
La porcelaine est cassée/brisée/fêlée ...
Le tissu est déchiré/trop fin/trop épais/mal tissé/mal fini/froissé ...
La finition laisse à désirer.

1.2.3. Emballage

L'emballage était insuffisant/n'était pas approprié/déchiré.
Les pièces étaient mal emballées/mal protégées contre l'humidité/la chaleur/le froid.
La porcelaine était mal protégée contre les chocs.
Les sacs en plastique n'étaient pas (bien) scellés.
Les couvercles étaient mal fermés.
Il y avait des rayures sur la surface/le dessus de ...

1.3.   Facturation

Nous avons constaté une erreur de facturation.
Vous avez omis (de) ...
Vous n'avez pas déduit la remise de ...
Vous avez calculé ... par unité au lieu de ...
Vous avez indiqué la somme/un total de € ... au lieu de ...

2.   Décrire les conséquences

La marchandise est invendable.
Le produit peut seulement être écoulé avec un rabais de ...
Le produit ne peut être écoulé qu'avec un rabais de ...
L'article peut seulement être vendu en promotion.
Nos clients nous réclament les ... tous les jours.
Nous devons faire face à nos propres engagements.

Notre production de ... est perturbée à cause du manque de ...
Nous craignons des pertes considérables.
Nous avons déjà subi une perte de ...
Nous risquons de perdre notre bonne renommée.

3.   Proposer une solution pour régler l'affaire

Si la marchandise nous parvient avant le ... nous l'accepterons avec un rabais de ...
Si les pièces qui manquent n'arrivent pas cette semaine/dans les ... jours, nous
    refuserons l'envoi.
Nous garderons les caisses si vous nous accordez un rabais de ...
Nous garderons les tissus jusqu'à nouvelle instruction.
Nous vous retournerons les caisses à vos frais.
Veuillez vérifier/examiner vous-même(s) les appareils.
Quelle réduction seriez-vous prêts à nous accorder?
Quelle solution proposez-vous?
Nous attendons vos instructions.

4.   Exiger une réparation - un dédommagement

Nous attendons un remplacement dans un délai de ... jours.
Nous vous demandons de remplacer le produit par une marchandise conforme à notre
    commande.
Veuillez livrer les tissus commandés en échange des tissus livrés par erreur.
Veuillez compléter la livraison le plus rapidement possible.
Veuillez réparer l'appareil le plus vite possible.
Nous nous voyons obligés de refuser la marchandise/d'annuler le contrat/nous réserver
    le droit de nous approvisionner ailleurs.

Nous espérons qu'un tel incident ne se reproduira plus à l'avenir. *Vorfall*
Etant donné qu'il n'est pas dans vos habitudes de nous livrer ...
... nous sommes convaincus que vous réglerez cette affaire au mieux de nos intérêts
    communs.

Veuillez nous adresser une nouvelle facture.
Veuillez nous faire une facture d'avoir de ...

exiger = fordern
perturber = stören

Exercices de vocabulaire et de grammaire

1. Soupe aux lettres

E	M	E	S	U	R	E	C	O	N	F	O	N	D	U	V
N	O	U	R	E	M	P	L	A	C	E	R	O	Z	P	O
D	I	S	A	S	A	N	S	G	P	R	I	D	A	A	Y
O	N	V	Y	I	O	S	U	P	E	R	I	E	U	R	O
M	F	S	U	B	I	S	P	L	A	E	N	S	E	T	N
M	E	D	R	E	D	O	E	C	S	U	R	A	V	I	S
A	R	R	E	T	I	E	R	O	C	R	A	G	I	C	J
G	I	N	S	U	F	F	I	S	A	N	T	R	N	U	L
E	E	M	P	O	F	O	E	S	L	I	Z	E	K	L	I
H	U	M	I	D	E	N	U	G	A	E	L	A	P	E	S
E	R	R	E	U	R	C	R	C	G	R	T	B	I	S	E
A	F	O	R	C	E	E	B	I	E	C	E	L	O	T	Z
C	A	S	S	E	R	D	E	C	H	I	R	E	R	T	R

2. Phrases à reconstituer

1. Je serais disposé à garder les tissus envoyés par erreur
2. Nous serions obligés de remettre votre dossier à notre service contentieux
3. Je serais obligé de me procurer les marchandises ailleurs
4. Une livraison tardive peut faire manquer des ventes notamment
5. L'exportateur propose une réduction de prix

a. s'il s'agit d'articles saisonniers
b. s'il est responsable des dommages
c. si votre règlement ne nous parvenait pas
d. s'il ne vous était pas possible de me livrer lesdites marchandises
f. si vous consentiez à m'accorder un rabais sur ces pièces non commandées

3. Cherchez l'intrus!

1. détérioré - endommagé - désolé - avarié
2. négligent - insolent - insuffisant - défectueux
3. incomplet - inutilisable -injustifié- inacceptable
4. fêlé - déformé - décollé - calé
5. incompréhensible - inflammable - incroyable - inimaginable
6. inexacte - difficile - délicate - embarrassante
7. la détérioration - la dégradation - les dégâts - la perte

4. Formez des phrases entières

1. J'ai le regret d'attirer votre attention ...
2. Lors de la vérification de l'envoi ...
3. Nous regrettons vivement d'avoir à vous informer que ...
4. Nous vous demandons de procéder d'urgence à ...
5. Nous vous prions de faire le nécessaire pour ...
6. Nos clients s'impatientent ...
7. Nous n'avons jusqu'ici reçu ...
8. Nous vous avions formellement mentionné que ...

   a) ni livraison partielle ni explication au sujet de votre retard.
   b) assurer la livraison immédiate.
   c) sur le fait que le délai de livraison promis est largement dépassé
   d) nous avons constaté l'erreur suivante:
   e) la livraison des articles commandés.
   f) votre envoi est incomplet.
   g) je me trouve dans une situation délicate.
   h) les marchandises devaient arriver avant la fin du mois.

5. Mettez à la forme négative

1. Nous avons respecté le délai de livraison. Non, vous ...
2. Nous vous avons envoyé une machine en parfait état. Non, vous ...
3. Quelqu'un s'est-il occupé d'un emballage spécial? Non, ...
4. Ont-ils vérifié l'état des caisses avant le départ? Non, ...
5. Vous avez déjà eu des problèmes avec cet appareil? Non, ...
6. Est-ce que tout était brisé? Non, ...
7. Aviez-vous protégé le tissu aussi de l'humidité? Non, ...
8. Vos marchandises peuvent encore se vendre? Non, ...
9. Nous recevons normalement la confirmation de commande et l'avis d'expédition très rapidement, mais jusqu'à ce jour nous ...
10. Vous travaillez avec l'étranger mais nous ...
11. Ils n'ont pas de partenaire en Asie et nous (de même) ...
12. Tout le monde connaît ce problème.
13. Il n'y a qu'un expert qui pourrait constater les dégâts.
14. Il y avait des taches partout.
15. Avez-vous réclamé quelque chose à votre fournisseur?
16. Les imprimantes sont-elles également endommagées?
17. Etes-vous entièrement satisfaits?
18. A-t-il téléphoné et écrit?

6. Formulez des phrases à l'aide des éléments suivants.

Mettez les verbes à l'infinitif, au subjonctif ou à l'indicatif. Insérez les prépositions et les conjonctions qui manquent (si, que, de, à condition que ...)

1. Pour nous, il est absolument nécessaire
2. Je regrette/nous regrettons
3. Il faut
4. Nous vous demandons
5. Nous aimerions
6. Nous sommes désolés
7. Nous espérons/j'espère
8. Veuillez nous faire savoir
9. Nous vous prions
10. Nous souhaitons
11. Nous insistons sur le fait que
12. J'ai constaté/nous avons constaté

a) livrer les marchandises promptement
b) payer les frais causés par ...
c) nous accorder un rabais
d) avoir reçu trois paquets endommagés
e) accorder une remise de 10 %
f) rembourser les frais de transport
g) les marchandises être conformes à nos ordres
h) le bien-fondé de notre réclamation
i) dorénavant recevoir les marchandises en bon état
j) être dû à la manutention négligée
k) rembourser les pièces défectueuses
l) devoir vous signaler un retard de 10 jours.

7. Mettez le verbe qui convient!

> joindre - soustraire - remplacer - commettre - (se) glisser - établir - suggérer - conserver - reconnaître -procéder - constater - admettre - conserver - accorder - consentir

1. En .... au déballage des caisses, nous avons .... que la moitié des verres étaient brisés.
2. Nous vous proposons de .... la marchandise à condition que vous .... un rabais de 10 %.

3. Vous avez oublié de .... la police d'assurance.
4. Nous vous proposons de .... ce modèle par un appareil semblable.
5. Nous vous prions de .... un constat d'expert.
6. La compagnie accepte de .... les articles.
7. Vous avez omis de .... la remise de 15 % du montant de la facture.
8. Vous avez probablement .... une erreur.
9. Nous garderons la machine à condition que vous .... à la réparer immédiatement à vos frais.
10. Nous supposons qu'une faute .... dans votre confirmation d'ordre.
11. Le chef des ventes .... une solution plus satisfaisante.
12. Vous devez .... que la réclamation est justifiée.
13. Nous espérons que vous .... le bien-fondé de cette réclamation.

falsch

procéder = vorgehen

8. Mettez l'adjectif qui convient

> taché - ébréché - mouillé - rayé - écrasé - invendable - brisé - moisi - en miettes - inacceptable - pourri - froissé - incompréhensible - imbuvable - immangeable - délavé - mal emballé -

1. Dans chaque cagette, il y avait au moins 10 à 15 fruits ....
2. Vos gâteaux sont tous arrivés .... Ils étaient très ....
3. La première étagère en pin de chaque paquet a été endommagée. Elle est ...... , donc ....
4. Vos tissus devaient arriver dans des caisses appropriées.Ils étaient seulement dans des sachets en plastique et sont complètement ....
5. Les soucoupes de vos services à café étaient mal calées dans le carton. Elles sont ....
6. En plus, le bord de plusieurs assiettes plates est ....
7. Vos couvertures n'étaient pas dans des caisses appropriées au transport maritime. Elles nous sont arrivées .... , certaines étaient même ....
8. Les couleurs de vos serviettes ne correspondent pas à celles de vos échantillons, elles sont toutes ....
9. Vos notices de montage sont ....
10. Nous venons de déguster votre vin. Il est aigre (sauer), donc ....
11. L'emballage des croissants n'était pas assez solide. Les croissants étaient .... , donc ....
12. Le gruyère râpé (gerieben) était tout .... , car l'emballage sous vide était défectueux.
13. Vos pizzas sont tellement salées qu'elles sont ....

9. Différence entre bon/bien, mauvais/mal

1. La présentation de ces articles est ....
2. Ils sont .... présentés.
3. La qualité de ce produit est de moins en moins ....
4. Nous vendons cet appareil de moins en moins ....
5. Le service après-vente fonctionne très ....
6. Cette machine se vend ....
7. Ce sont de très .... clients.
8. Je les comprends ....
9. Nous avons de .... relations avec l'étranger.
10. Ils gèrent .... leurs filiales.

LE PLUS-QUE-PARFAIT

avoir/être à l'imparfait + le participe passé		
DIRE	Il **avait dit** que ...	Il n'avait pas dit que ...
ARRIVER	Elle **était arrivée.**	Elle n'était pas arrivée.
SE REFERER	Nous nous **étions référés** à ...	Nous ne nous étions pas référés à

10. Formez des phrases au plus-que-parfait

1. Promettre que les marchandises arrivent avant le 12 janvier. (vous)
2. Interdire que le colis soit exposé à l'humidité. (nous)
3. Commander le modèle C. (ils)
4. Faire la proposition suivante. (je)
5. Nous rendre visite dans nos bureaux. (votre représentant)
6. Mal emballer l'appareil. (vous)
7. Devoir confondre les numéros de référence. (nous)
8. Ne pas remplir les espaces vides avec des particules de calage. (vous)
9. Etre mal calé(es). (les pièces)
10. Se répandre sur le carton. (le liquide)
11. Ne pas nous parvenir. (les colis)
12. Ne pas tenir promesse. (vous)
13. Répondre à notre première lettre. (ils)
14. Déduire les frais de la facture. (nous)
15. Convenir de cette date. (nous)
16. S'avérer que l'emballage était insuffisant. (il)
17. Faire parvenir une expertise. (nous)
18. Reconnaître l'erreur. (vous)
19. Admettre que le prix est trop élévé. (ils)
20. Joindre une copie de la facture. (nous)

11. Phrases hypothétiques (voir aussi chapitre "offre")

avec le plus-que-parfait / conditionnel 2: (voir chap."demande")
Exemples : Si la marchandise était arrivée (PQP) à temps, il n'y aurait pas eu (COND 2) de problèmes
Si vous aviez exécuté (PQP) la commande comme prévu, nous aurions payé (COND.2) immédiatement

1. Si vous (emballer) les marchandises correctement, cela (ne pas arriver).
2. Si nous (savoir) cela avant, nous (annuler) notre commande.
3. Nous (accepter) la marchandise, si vous (livrer) à temps.
4. Nous (pouvoir se renseigner) ailleurs, si vous nous (contacter) plus tôt.
5. Si vous (mieux s'informer), cette erreur (ne pas se produire).
6. Ces marchandises (ne pas être endommagé), si vous (vérifier) l'emballage.
7. Si vous (exécuter) notre ordre avec soin, vous (remarquer) le mauvais état des appareils.
8. Si vous (respecter) la date promise, nous (ne pas avoir) de problèmes.
9. Si la commande (être éxécuté) avec soin , nous (ne pas être obligé) de nous plaindre.
10. Si la vaisselle en porcelaine (être mieux emballé), elle (résister) aux chocs pendant le transport.

LE PASSIF

Présent :	(actif)	Le vendeur emballe la marchandise
	(passif)	La marchandise est emballée par le vendeur
Passé-composé :		Le vendeur a emballé la marchandise
		La marchandise a été emballée par le vendeur.
Futur :		Le vendeur emballera la marchandise
		La marchandise sera emballée par le vendeur
Imparfait :		Le vendeur emballait la marchandise
		La marchandise était emballée par le vendeur
Cond. 1 :		Le vendeur emballerait la marchandise
		La marchandise serait emballée par le vendeur.
Cond. 2 :		Le vendeur aurait emballé la marchandise
		La marchandise aurait été emballée par le vendeur

Verbes auxiliaires : Le vendeur doit emballer la marchandise
La marchandise doit être emballée par le vendeur

12. Mettez les phrases à la forme passive

1. Le vendeur a envoyé la marchandise trop tard.
2. L'expéditeur n'avait pas exécuté l'ordre à la date prévue.
3. Le chef du service expédition n'a pas contrôlé la livraison.
4. Notre secrétaire enverra le bulletin de constatation des dégâts.
5. Le client renvoie les machines.
6. On ne vous passera plus aucun ordre.
7. Nous exigeons une indemnité immédiate.

8. Nous ne pouvons vendre ces machines qu'à un prix réduit.
9. Vous devez remplacer les pièces endommagées sans délai.
10. Cette firme proposait des offres très intéressantes.
11. Nous avions mis les pièces endommagées à votre disposition.
12. Nous annulerons la commande.
13. Le fournisseur doit mieux contrôler son envoi.
14. Notre secrétaire vous a communiqué nos instructions.
15. Nous ne payerons pas la facture avant le dédommagement.
16. Nous pensions que vous exécuteriez cette commande avec plus de soin.
17. Le transporteur a commis une erreur.
18. L'humidité avait endommagé ces articles.
19. L'expéditeur doit nous rembourser les frais supplémentaires.
20. Le client formulera sa réclamation par lettre recommandée.

13. Traduisez et faites des phrases avec ces expressions

1. Nach Überprüfung der Sendung ...
2. Nach dem Öffnen der Kartons ...
3. Nach dem Auspacken der Waren ...
4. Nach Erhalt Ihrer Artikel ...
5. Nach Feststellung des Schadens ...

14. Replacez les mots suivants dans le texte:

> simplement - contrat - non-conformité - déception - lettre recommandée - absent -
> mentionnant - vendeur - identique - bon de livraison - découvriez - livre - en magasin -
> correspond - refusez

Livraison non conforme

Vous aviez commandé un canapé en tissu bleu foncé. A la livraison, c'est la .... :

la teinte (la couleur) du canapé ne .... pas du tout à ce que vous aviez vu ....

Le .... doit respecter le .... passé avec vous et vous livrer un article .... à celui que vous

lui aviez commandé.

Si vous constatez la .... au moment de la livraison, ... la purement et .... en .... la

raison sur le ....

Si vous êtes .... au moment de la livraison et que vous ne .... le problème que plus tard,

écrivez le plus rapidement possible au vendeur par .... pour qu'il vous v l'article commandé.

15. Cette réclamation est en désordre! Restituez le bon ordre des phrases

1. Nous avons passé commande dans votre magasin de 50 tondeuses à gazon.
2. Le bon de commande ci-joint indique
3. Nous sommes aujourd' hui le 9 mars
4. La date de livraison prévue étant dépassée de plus de 7 jours
5. Nous vous prions de bien vouloir
6. Recevez, Monsieur,

a. nous vous faisons part de notre décision de résilier(annuler) le contrat
b. et nous n'avons toujours pas été livrés
c. le 20 écoulé
d. nous rembourser dans les plus brefs délais
e. l'assurance de nos sentiments distingués
f. que la livraison devait avoir lieu le 30 écoulé

16. Mettez le temps convenable!(au passé et au futur)

Vous (acheter)des appareils électroménagers. Le vendeur vous (fixer) une date de livraison qu'il (ne pas respecter) et qu'il (repousser) de semaine en semaine. Comme la marchandise commandée (valoir) moins de 3000F, vous (pouvoir)maintenant demander au vendeur qu'il vous (livrer) impérativement à une date que vous lui (fixer). Sinon, vous (annuler) la comman-de que vous (passer) et il vous (rembourser) l'argent versé initialement.

Exercices de rédaction et de traduction

Un peu d'ordre, s'il vous plaît!

1) Nous espérons que vous pourrez régler cette affaire désagréable dans les plus brefs délais car notre clientèle nous réclame la marchandise tous les jours et nous risquons de perdre notre bonne renommée.

2) En déchargeant les caisses nous n'avions pas remarqué qu'une grande partie des caisses était humide à l'intérieur.

3) Veuillez nous communiquer par fax quand l'envoi de remplacement quittera vos entrepôts afin que nous puissions informer nos clients rapidement.

4) Ci-joint vous recevrez un constat des dégâts établi par notre chef des entrepôts.

5) C'est pourquoi nous avons accepté la livraison.

6) Veuillez agréer, Mesdames, Messieurs, nos salutations distinguées.

7) Votre transitaire INTERTRANS vient de nous remettre votre livraison de confitures.

8) Nous avons calculé qu'il s'agit de 30 % de la totalité de votre livraison qui est invendable.

9) Nous vous prions donc de remplacer la marchandise qui manque, c'est-à-dire 1.500 pots de confiture d'abricots et 750 pots de gelée de pommes.

10) Objet: Votre dernière livraison de confitures variées - Notre commande no. 207

11) Mesdames, Messieurs,

12) Ce n'est qu'en déballant les pots que nous avons constaté que les étiquettes s'étaient détachées à cause du liquide qui sortait de quelques pots parce qu'ils étaient mal vissés.

Exercices de rédaction (A)

Marchandise commandée	**Marchandise livrée**

une serviette/un gant

un peignoir

un sèche-cheveux

une machine à café

un chemisier

un chemise

Allô affaires – Handelsfranzösisch © FELDHAUS VERLAG, Hamburg

Marchandise commandée

du tissu à pois

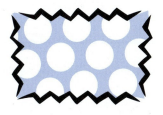

Marchandise livrée

du tissu à rayures

une cagette de cerises

une cagette de melons

un service à café

des chopes /une chope brisée

Exercices de rédaction (B)

1) Aviaconfort an Traveltex GmbH

1. Sie hatten am 10. Juni einen Auftrag über 5.000 Wolldecken erteilt (Auftrag Nr. 60941). Davon sollten 2.500 (1. Teillieferung) bis zum 30. Juni geliefert werden und die 2. Teillieferung 4 Wochen später.

2. Die ersten 2.500 Decken sind pünktlich eingetroffen, doch heute ist bereits der 15. August und Sie warten immer noch auf die restlichen 2.500 Decken.

3. Da jetzt Hochsaison im Reiseverkehr herrscht, erhalten Sie fast täglich Anrufe der Fluggesellschaften, die dringend weitere Decken benötigen.

4. Setzen Sie dem Lieferanten eine weitere Frist von 10 Tagen und drohen Sie ihm, bei der Konkurrenz einzukaufen, falls er diese Frist nicht einhält.

5. Sie hoffen auf eine zufriedenstellende Erklärung und sofortige Nachricht mit Versandavis.

2) Schlumberger an Gapa

1. Sie hatten 2.000 Paar Überschuhe [1] für die Gartenarbeit, Modell „Superbotte" und 500 Paar Maurerhandschuhe [2], Modell „Bricodur" mit Auftrag Nr. 020598 vom 15. letzten Monats bestellt und kurz darauf erhalten.

2. Leider haben Sie Grund zur Klage, denn aus Ihren Filialen wird berichtet, dass sich die Kunden beschweren, weil die Überschuhe nicht wasserdicht [3] sind und die Handschuhe nicht ausreichend vor Hitze und chemischen Substanzen schützen. Einige Handschuhe sind in der Tat brüchig [4].

3. Da es sich um die erste Reklamation dieser Art handelt, gehen Sie davon aus, dass es sich um Fabrikationsmängel handelt und bitten um Ersatzlieferung.

4. Sie werden die Ware sofort zurückschicken, weil Sie keine Zeit haben, jedes einzelne Teil zu prüfen und damit sich der Fabrikant von den Mängeln überzeugen kann. Sie schicken die Waren auf Kosten des Lieferanten zurück.

5. Sie erwarten die Ersatzlieferung schnellstens, da man sich mitten in der Gartensaison befindet und die Nachfrage nach Überschuhen und Handschuhen stark ist und die Ihre Kunden nicht verlieren möchten.

6. Sie bitten um Anruf, wann die neue Ware zu erwarten ist.

1) Überschuhe: les surbottes (f)
2) Maurerhandschuh: le gant de maçonnerie
3) wasserdicht: étanche
4) brüchig: présenter des craquelures

3) Fa. Schneider & Co., Bielefeld, an Fa. Comptoir des Tissus, Lyon.

Firma Schneider & Co., Stoffgroßhändler in Bielefeld, hat bei Firma Comptoir des Tissus, Lyon, Wollstoffe bestellt. Der Auftrag wurde am 20. Februar erteilt mit Auftrag Nr. 2346 zur Lieferung am 30. Juli.

Heute ist der 02. September ... Sie schildern die Situation:

1. Die Sendung ist mit 2 Wochen Verspätung eingetroffen, ohne dass Comptoir des Tissus vorher Nachricht gegeben hätte.
2. Da Sie regelmäßig Kleiderfabrikanten beliefern, die jetzt ihre Winterkleider herstellen müssen, haben Sie bereits Verluste erlitten; denn einige Kleiderfabrikanten haben sich bereits anderweitig eingedeckt.
3. Hinzu kommt noch, dass ein Fabrikant Ihnen jetzt einen Teil der Sendung zurückgeschickt hat, da die Farben nicht mit den Mustern übereinstimmen und weil einige Ballen (le ballot) Löcher (le trou) enthalten. Sie werden diese Ware auf Kosten Comptoir des Tissus zurückschicken.
4. Sie dringen darauf, dass Ihre Aufträge in Zukunft mit größerer Sorgfalt ausgeführt werden und fordern einen Nachlaß von 45 % auf die Ware.
5. Sollte die französische Firma nicht auf Ihre Forderungen eingehen und garantieren, in Zukunft einwandfreie Ware zu liefern, werden Sie sich einen anderen Lieferanten suchen.

4) Firma Dartidom an Gerätebau Steiner GmbH

1. Beziehen Sie sich auf Ihren Auftrag und die Auftragsbestätigung von Steiner (Seite ...).
2. Sie haben statt der 1.200 Friteusen, Modell „Suprema", 2000 Watt, 600 des bestellten Modells und 600 des Modells „Frita", 1500 Watt erhalten.
3. Sie wären bereit, die falsch gelieferten Geräte mit einem Nachlass von 30 % zu behalten oder würden sie auf Kosten von Steiner zurückschicken.
4. Sie bitten, in jedem Falle die fehlenden 600 Geräte des Modells „Suprema" sofort abzuschicken, da die Nachfrage groß ist.
5. Sie werden wahrscheinlich weitere 300 Geräte bestellen, falls Steiner bereit ist, Rabatt zu gewähren.
6. Sie erwarten zwar eine Erklärung für die Falschlieferung, schließen Ihr Schreiben jedoch sehr freundlich, da es sich um eine langjährige Geschäftsverbindung handelt.

5) Galeries Précieuses an Monteverde

1. Beziehen Sie sich auf Ihren Auftrag Nr. 335-AZ-97 und die Rechnung von Monteverde Nr. 3451/97.
2. Leider ist Monteverde ein Fehler unterlaufen, da der Artikel no. 10058 laut Preisliste nicht € 680,00 sondern € 665,00 kostet.
3. Außerdem hat man vergessen, die 5 % Rabatt abzuziehen, die fällig werden, sobald der Auftragswert € 15.000,00 überschreitet.
4. Sie gehen davon aus, dass es sich um einen Irrtum der Buchhaltungsabteilung handelt, bitten um Zusendung einer neuen Rechnung und schließen Ihr Schreiben freundlich.

Exercices de traduction

Traduisez! (1)

Betrifft
Unsere Bestellung Nr. 34B vom 26.03. - Ihre Auftragsbestätigung vom 28.03.

Sehr geehrte Damen und Herren,

als wir Ihnen unseren Auftrag übermittelten, hatten wir Sie ausdrücklich darauf hingewiesen, dass die Einhaltung der Lieferzeit von außerordentlicher Wichtigkeit ist. Sie hatten die Lieferung der Waren bis zum 10. April bestätigt. Leider haben wir bis heute weder die Ware noch ein Versandavis erhalten.

Wir bitten Sie deshalb, uns umgehend per Fax eine Erklärung für die Nichteinhaltung der Lieferzeit zu geben und uns mitzuteilen, wann die Ware hier eintreffen wird, da wir uns sonst gezwungen sehen, diesen Auftrag zu stornieren und uns anderweitig einzudecken. Wir müssten Sie für alle daraus resultierenden Verluste verantwortlich machen.

Wir gehen jedoch davon aus, dass Sie an einer weiteren Geschäftsverbindung mit uns interessiert sind und die Ware bis zum 21. April spätestens liefern werden. Ein weiterer Lieferverzug wäre für uns nicht akzeptabel, da er uns in eine äußerst schwierige Lage gegenüber den Kaufhäusern bringen würde, denen wir prompte Lieferung versprochen hatten.

Wir hoffen, dass Sie die Angelegenheit zu unser beiderseitigen Zufriedenheit regeln werden.

Mit freundlichen Grüßen

Traduisez! (2)

Betrifft
Unser Auftrag Nr. B 45-1001 vom 16.02. ... – Künstliche Blumen [1]

Sehr geehrte Damen und Herren,

heute morgen hat uns der Spediteur Schenker & Co. die Sendung übergeben, die dem oben genannten Auftrag entspricht. Sie hatten die Lieferung bis zum 30. März 199. spätestens versprochen – d.h., dass die Ware mit 10 Tagen Verspätung eingetroffen ist.

Diese Tatsache bringt uns in eine schwierige Situation, da wir die Blumen bereits an einige Kaufhäuser verkauft hatten, die sie für Ihre Schaufenster benötigen. Einige Firmen haben uns bereits gedroht, sich anderweitig einzudecken, falls wir nicht bis zum 08. April liefern. Wir wissen also nicht, ob die Käufer die Waren noch akzeptieren werden.

Da wir mehrere Male mit Ihrem Vertreter, Herrn Fleuriste, telefoniert und ihn über die Situation informiert haben, müssen wir Sie nun für den Schaden verantwortlich machen.

Wir sind bereit, die Ware zu behalten, wenn Sie uns einen Preisnachlaß von 30 % gewähren. Anderenfalls sind wir gezwungen, einen Teil der Ware auf Ihre Kosten zurückzuschicken und die Differenz für unsere Verluste und die retournierte Ware von der Rechnung abzuziehen.

Wir hoffen, dass Sie uns die 30 % gewähren werden, um weitere Schwierigkeiten zu vermeiden.

Wir erwarten Ihren Anruf und verbleiben

mit freundlichen Grüßen

[1] *künstlich: artificiel*

Traduisez! (3)

Datum von heute

Betrifft
Auftrag Nr. 3089 vom 22. November ... Kirschkonfiture

Sehr geehrte Damen und Herren,

Ihr Spediteur, Firma Frigovite S. A., hat uns soeben 40 Kartons Kirschkonfiture geliefert. Beim Entladen mußten wir leider feststellen, dass 3 Kisten feucht waren. Als wir diese 3 Kartons öffneten, sahen wir, dass ein großer Teil der Gläser zerbrochen waren. Außerdem fehlten die Etiketten auf den übrigen Gläsern in diesen Kartons. Wir haben auch die übrigen Kartons geöffnet und festgestellt, dass 43 Gläser offen und der Inhalt verschimmelt war.

Sie erhalten als Anlage eine Kopie der Schadensfeststellung, unterschrieben vom Fahrer des LKW. Bitte erstellen Sie eine Gutschrift über die beschädigten und unverkäuflichen Gläser. Wir benötigen zur Zeit keine Ersatzlieferung.

Unseres Erachtens ist der Schaden zum Teil auf unsachgemäße Verpackung und nachlässige Handhabung während des Transports zurückzuführen. Da dies unsere erste Reklamation ist, gehen wir davon aus, dass Sie alles tun werden, damit sich ein solcher Fall nicht wiederholt.

Mit freundlichen Grüßen

Au télephone

Dialogue A

 13

Les interlocuteurs: Standardiste de Jardin & Cie
Monsieur Dugazon de Jardin & Cie
Monsieur Rose de Schlumberger GmbH

Standardiste	Jardin & Cie, Bonjour! Que puis-je faire pour vous?
M. Rose	Est-ce que je pourrais parler à Monsieur Dugazon, s'il vous plaît! Rose à l'appareil Monsieur Rose de Schlumberger GmbH, Hanovre.
Standardiste	Voulez-vous patienter un instant, Monsieur. Je vais voir s'il est à son poste.
Standardiste	Monsieur Rose? Monsieur Dugazon est en ligne. Patientez un instant. Je vous le passe.
M. Rose	Oui, très bien.
M. Dugazon	Bonjour, Monsieur Rose.
M. Rose	Bonjour Monsieur. Je suppose que vous savez déjà pourquoi je vous appelle?
M. Dugazon	Pas tout à fait, Monsieur. Y a-t-il un problème?
M. Rose	En effet. Nous n'avons toujours pas reçu les tondeuses de notre dernière commande du mois d'octobre. Je vous l'ai déjà écrit il y a quelques jours.
M. Dugazon	Ah oui, je m'en souviens. Ecoutez, Monsieur Rose, je vous assure que j'avais l'intention de vous appeler, mais nous avons un problème administratif et j'ai dû m'en occuper ces derniers jours. Excusez-moi.
M. Rose	Oui, mais quand même, Monsieur, il est vraiment temps que ces tondeuses arrivent. J'ai reçu les premières annulations de commandes parce que les gens achètent ailleurs et que les commerçants s'approvisionnent auprès de la concurrence. Vous savez, nous risquons de perdre beaucoup d'argent et - à la longue - nos meilleurs clients. Il faut absolument que vos tondeuses arrivent ces jours-ci ...
M. Dugazon	Ne nous inquiétez pas, Monsieur. Je vous promets que ces tondeuses seront chez vous dans quinze jours au plus tard. Je m'en occuperai personnellement et vous verrez ...!
M. Rose	Très bien, Monsieur, et c'est vraiment le dernier délai. Je ne peux plus attendre, vous savez.
M. Dugazon	Mais j'ai bien compris, Monsieur Rose. Accordez-nous ce dernier délai et excusez-nous, s'il vous plaît! Merci, Monsieur!
M. Rose	Au revoir, Monsieur!

bei der Konkurrenz

Dialogue B

14

240

Les interlocuteurs: Monsieur Chopard de La Maison du Jouet et
Monsieur Gabin de Mécanojeux S.A.

Chopard	Monsieur Gabin?
Gabin	Oui.
Chopard	Bonjour Monsieur, Chopard à l'appareil. Je vous appelle au sujet de votre dernière livraison. On a un gros problème.

Gabin	Qu'est-ce qui se passe?
Chopard	Et bien. On a reçu les voitures mais parmi les 200 „Panhard" on en a trouvé une bonne dizaine sans volant et 5 dont la couleur ne correspond pas à notre commande. On les avait commandées toutes en bleu.
Gabin	Oh, je suis navré. On vous les remplacera tout de suite. Renvoyez-les moi et je vous les retournerai par courrier express. Comme ça, vous les aurez encore avant Noël.

à l'express

Chopard	Très bien, mais ce n'est pas tout. Il y a encore les Citroën qui n'ont que deux roues et les Mercedes sont arrivées sans piles.
Gabin	Oh mon Dieu, quelle catastrophe. C'est tout j'espère!
Chopard	Non, malheureusement. Il manque aussi les 2CV rouges. On les avait commandées en rouge et en vert, mais on n'a reçu que les vertes. Et vous savez, je les avais promises à mon meilleur client qui est furieux parce qu'il les avait réservées à plusieurs clients.
Gabin	Je comprends et je vous prie de nous excuser. Je n'arrive pas à m'expliquer comment tout cela a pu se passer. Je vais tout de suite appeler notre service d'expédition. Pourriez-vous m'envoyer immédiatement une liste de tout ce que vous réclamez immédiatement par fax? Dans votre cas, on n'attendra pas votre paquet, on vous remplacera les voitures tout de suite. Je vous fais confiance et on s'arrangera.

Entschädigung

Chopard	D'accord, je vous envoie ce fax et on parlera de l'indemnisation plus tard. J'espère pouvoir faire patientier mes clients.
Gabin	Merci de votre compréhension, et excusez-nous encore une fois. On fera le maximum pour vous satisfaire. J'attends votre fax et on réagira sans tarder.
Chopard	Merci, Monsieur. Au revoir.
Gabin	Au revoir, Monsieur Chopard.

Dialogue C

15

264

Les interlocuteurs:	Standard de Santa Lucia
	Secrétaire de Kaufhort
	Secrétaire de Jean Paul
	Secrétaire de M. Brüning
	Monsieur Paul
	Monsieur Brüning

Standard de Santa Lucia:	Santa Lucia. Bonjour!
Secrétaire de Kaufhort:	Bonjour, Madame. Société Kaufhort de Düsseldorf. Monsieur Brüning aimerait parler à Monsieur Jean Paul, s'il vous plait.
Standard de Santa Lucia:	Voulez-vous préciser l'objet de votre appel, s.v.p.?
Secrétaire de Kaufhort:	C'est au sujet d'une livraison qui a été faite ce matin.
Standard de Santa Lucia:	Voulez-vous patienter un instant s.v.p. Je vais me renseigner s'il est dans son bureau. Hallo, Michèle. Est-ce que Monsieur Paul est là?
Secrétaire de Jean Paul:	Oui, il est là. Mais il m'a dit qu'il ne veut pas être dérangé parce qu'il est en réunion avec un nouveau client.
Standard de Santa Lucia:	Il en a encore pour longtemps? ... parce que j'ai Monsieur Brüning de Dusseldorf en ligne.

navré = betrübt

619. 2005

Secrétaire de Jean Paul:	Un instant. Je vais lui demander.
	Ecoute, il m'a dit qu'il prenait quand même l'appel.
Standard de Santa Lucia:	Très bien. Merci. ... Hallo, Madame! Monsieur Jean Paul est actuellement en réunion mais il va vous prendre quand même. Voulez-vous patienter une petite minute, s'il vous plaît?
Secrétaire de M. Brüning:	Merci.
(Quelques secondes après)	Je vous mets en communication avec Monsieur Brüning.
Monsieur Paul:	Jean Paul. Bonjour Monsieur Brüning. Comment allez-vous?
Monsieur Brüning:	Très bien, merci. J'ai un petit problème avec votre dernière livraison.
M. Paul:	Ah, qu'est-ce qui s'est passé?
M. Brüning:	Eh bien, nous avions convenu que les robes seraient livrées suspendues, n'est-ce pas?
M. Paul:	Oui, oui, je m'en souviens. Cela n'a pas été fait?.
M. Brüning:	Non, justement. Elles nous sont parvenues pliées dans des cartons et il faut maintenant que nous les fassions repasser. Cela va nous coûter environ € 100,– et cela nous fera perdre du temps pour la mise en vente.
M. Paul:	Je suis désolé, Monsieur Brüning. Veuillez nous excuser. Je ferai une note de service à notre comptable pour qu'il vous fasse un avoir. En outre, nous veillerons à ce qu'un tel incident ne se reproduise plus. ... Sinon, vous êtes satisfait?
M. Brüning:	Oui, j'attends le début de la saison avec impatience. En tout cas, nous nous verrons bientôt au Salon de Düsseldorf.
M. Paul:	Oui, j'y serai certainement et je vous enverrai une invitation.
M. Brüning:	Merci bien. Au revoir, Monsieur.
M. Paul:	Au revoir, Monsieur Brüning. Et à bientôt!

Handwritten annotations: Unterricht, Blue London, morgen, trefle: eh; Aha; Maybe; hängend; gerade nicht (eben nicht); Eine Notiz schreiben

Exercices au téléphone

Schreiben Sie die entsprechenden Telefongespräche!

1. Kaufhaus Sommer hatte bei Firma Schwimmer Badeanzüge geordert und wartet seit 4 Tagen auf die Lieferung. Ein/e Mitarbeiter/in ruft deshalb bei Schwimmer an und möchte wissen, wann mit der Lieferung zu rechnen ist. Die Sommerferien stehen vor der Tür und andere Kaufhäuser haben bereits Badeanzüge in den Schaufenstern. Der Versandleiter von Schwimmer ist irritiert, weil seines Wissens die Ware unterwegs ist. Er will sich sofort mit dem Spediteur in Verbindung setzen und den Fall klären. Er wird Firma Sommer sofort wieder anrufen.

2. Sie sind Mitarbeiter/in der Firma Schlumberger und rufen bei Firma Gapa an.
   Sie haben von den Geschäften, die das Modell „Superbotte" verkaufen, zahlreiche Reklamationen erhalten, weil die Überschuhe nicht wasserdicht sind. Gapa ist sehr daran interessiert, seinen guten Ruf zu wahren und bittet Schlumberger, alle Überschuhe zurückzuordern und ans Werk zurückzuschicken. Die Ersatzlieferung geht sofort per LKW an Schlumberger ab. Doch das ist nicht alles: Schlumberger hat auch Beschwerden wegen der Maurerhandschuhe „Bricodur" erhalten. Sie schützen angeblich nicht ausreichend vor Hitze und werden brüchig. Gapa weist Schlumberger darauf hin, dass die Verbraucher meistens nicht die Gebrauchshinweise beachten und die Handschuhe wirklich nur für Maurerarbeiten gedacht sind. Für Maler und Elektriker gibt es andere Modelle. Er bittet Schlumberger, seine Kunden nochmals ausdrücklich darauf hinzuweisen.

3. Fruchtimport GmbH hat von Maraichers Bontemps aus der Bretagne eine Ladung Tomaten erhalten. Leider sind von 2000 Kartons à 6 kg ca. 300 unverkäuflich, da die Tomaten über-reif und zerdrückt sind. Der Mitarbeiter von Maraichers Bontemps ist bestürzt und meint, es müsse sich um einen Mangel bei der Abwicklung der Verladung und des Transports handeln. Er wird sich mit seinem Spediteur in Verbindung setzen, bittet Fruchtimport um eine genaue Auflistung des Schadens und verspricht den sofortigen Versand einer Ersatz-lieferung ohne Kosten für Fruchtimport GmbH.

4. Vous vendez des articles de jardinage et aviez commandé 80 tondeuses à gazon élec-triques. Vous n'êtes pas satisfait.:

    – envoi reçu 3 semaines trop tard : rappeler les engagements pris
    – emballage défectueux des tondeuses électriques: roues de plusieurs tondeuses endom-magées
    – situation très embarrassante pour le client: solution proposée par le vendeur?
    – espoir d'une entente possible sinon renvoi de la commande

5. Vous êtes responsable du rayon „Vaisselle" et vous aviez passé une commande qui donne lieu à des réclamations:

    – emballage insuffisant: 13 soucoupes et 10 tasses brisées
    – motif commandé dans les couleurs jaune et orange, vaisselle reçue dans les couleurs jaune et bleu
    – client très déçu / renvoi de la marchandise aux frais du vendeur
    – demande de remboursement des marchandises
    – espoir d'un règlement rapide de cette affaire

6. Vous êtes chef de rayon de la papeterie d'une grande surface et aviez commandé à votre fournisseur habituel des fournitures scolaires pour la rentrée, vous réclamez:

    – envoi promis fin juillet / retard de 2 semaines
    – grosses difficultés du client pour approvisionner son rayon „rentrée scolaire" / demande de réparation du préjudice subi
    – constatation du manque de petit matériel: gommes, taille-crayons, rubans adhésifs
    – envoi de subsitution immédiat
    – surpris du peu de soin de cette commande
    – commandes ultérieures dépendent de la réponse à cette réclamation

Traduisez!

La capitale des parfums

Grasse est située à 17 km de la Mer Méditerrannée. Dans les hauteurs calcaires de Grasse, c'est le domaine de la lavande et des herbes aromatiques. Des champs de fleurs recouvrent de grandes surfaces dans la vallée. Grasse appartient à la grande région de floriculture entre Toulon et Menton qui compte plus de 8000 établissements horticoles exportant dans le monde entier et surtout à Paris.

Dès le Moyen-Age, la présence de riches commerçants et de nombreux artisans, principalement des tanneurs [1], font de Grasse une importante métropole économique connue dans toute l'Europe. La mode des cuirs parfumés, notamment des gants, et la culture des plantes odorantes, favorisent l'essor de la parfumerie grassoise.

Aujourd'hui s'ajoutent aux parfums et aux savons les essences pour cosmétiques et arômes alimentaires. L'industrie ne cesse de progresser et fait vivre la ville entière ainsi que les villages avoisinants.

Les 3/4 des parfums vendus dans le monde ont été fabriqués à base d'essences provenant de Grasse.

Chaque année, 4 tonnes de pétales [2] de roses, 5oo tonnes de pétales d'orangers et encore de plus importantes quantités de lavande, de jasmin et de mimosa sont récoltées et traitées dans 25 grandes parfumeries que l'on peut visiter.

1) le tanneur : der Gerber
2) la pétale : das Blütenblatt

Le chocolat français

Le secret de la fabrication du chocolat en France a été révélé par les juifs espagnols persécutés fuyant l'Inquisition.

C'est en 1609 que s'installent les premiers chocolatiers dans le Pays basque français. Jusqu'à la Révolution, le chocolat reste un produit de luxe réservé aux nobles.

A la fin du XVII e siècle, des industriels anglais introduisent la mécanisation dans la fabrication du chocolat.

En Suisse, la première fabrique de chocolat est fondée par François Louis Caillet, en 1842 Philippe Suchard crée la sienne à Neuchâtel. Plus tard Lindt, Tobler et Nestlé vont influencer l'histoire du chocolat.

En France, Meunier a industrialisé dès 1824 la fabrication de chocolats et de confiseries dans son entreprise de fabrication de médicaments (enrobés de chocolat !). Il a mis également en place un contrôle complet de la filière du cacao, a acheté des plantations au Nicaragua et créé sa propre flotte commerciale. Au début du XXe siècle, ses successeurs ont développé une importante stratégie de publicité qui a popularisé cette marque jusqu'à nos jours.

En Europe la consommation annuelle de chocolat progresse constamment. Les pays du Nord sont les plus gros consommateurs. Les Américains mangent 5 kilos de chocolat par an tandis que les Japonais se contentent de 1,7 kilo!

Aujourd'hui le chocolat est une véritable industrie. Ces principaux acteurs sont en France Nestlé France et Ferrero France.

La Côte d'Ivoire est le premier producteur mondial de fèves de cacao, l'Afrique représente plus de 60% de la production mondiale.

La Maison du Chocolat, avec ses espaces de vente à Paris et à New York est aujourd'hui la référence numéro un du chocolat français.

Petits conseils utiles:

–   La température optimale de conservation (juqu'à un an et plus si le chocolat n'est pas fourré) se situe aux environs de 17 degrés, dans un endroit sec et dans une boîte hermétique.
–   Si le chocolat s'effrite en le cassant, c'est un signe de vieillesse, s'il est mou, c'est qu'il a pris de l'humidité
–   Une tablette de chocolat supérieur contient au moins 52% de cacao et 26% de beurre de cacao, une tablette avec un minimum de35% de cacao est dite chocolat tandis qu'une tablette présentant 30% est du chocolat de ménage.
–   Le chocolat blanc est du faux chocolat puisqu'il ne contient pas du tout de cacao.
–   Pour profiter au mieux d'une tasse de chocolat chaud, il faut absolument prendre auparavant un verre d'eau fraîche et plate.

Recette de la mousse au chocolat

Ingrédients:

–   400 g de chocolat (52 % au minimum de cacao)
–   6 œufs
–   3 cuillerées à soupe d'eau

Préparation:

–   casser le chocolat en petits morceaux
–   séparer les jaunes des blancs et les conserver séparément

Recette:

–   Faire fondre le chocolat dans une casserole à feu doux avec les 3 cuillerées d'eau pour obtenir une pâte lisse
–   hors du feu, ajouter et mélanger les jaunes d'œuf et mettre le tout dans un grand saladier;
–   battre les blancs en neige ferme et les ajouter à la crème dans le saladier;
–   laisser reposer 5 heures dans le réfrigérateur

Le contrat de vente dans l'exportation

L'importateur **L'exportateur**

Annonce,
Publicité,
Offre spontanée

1. Demande des renseignements techniques et commerciaux, fait une demande d'offre

2. Soumet une offre comportant tous les détails techniques et commerciaux

3. Examine, compare l'offre avec d'autres

4. Passe une commande

5. Confirme la commande

6. Exécute la commande

7. Envoie un avis d'expédition, un bordereau d'envoi et une facture

8. Reçoit et accepte la marchandise

9. Règle la facture

Ou, en cas de non-conformité, …

10. N'accepte pas la marchandise

11. Formule une réclamation

12. Accepte la réclamation et règle l'affaire, remplace la marchandise

13. Refuse la réclamation

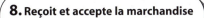

L'essentiel d'une réponse à une réclamation

> **Toute réponse à une réclamation doit être formulée par écrit!**

Dans votre lettre concernant

A) une réclamation justifiée
vous devez ...

1. Vous référer à la lettre et l'objet de la réclamation

2. Présenter vos excuses et essayer de donner une explication

3. Accepter la proposition du client ou proposer une autre solution

4. Solliciter l'indulgence du client

5. Promettre d'éviter qu'un tel incident ne se répète

B) une réclamation non justifiée
vous devez - comme pour la lettre A) -

1. Vous référer à la lettre et l'objet de la réclamation
et
2. Refuser la réclamation et en expliquer les raisons.

Prenez toute réclamation au sérieux. Elle est en général justifiée et cause des ennuis si vous ne réagissez pas rapidement.

Mais attention!

1. Il ne faut pas rejeter la faute sur un de vos collaborateurs!
2. Vous devez montrer que l'erreur commise ou l'incident donne lieu à une enquête sérieuse pour en trouver la cause!

TRAVELTEX GMBH
Wollweberei
Breite Straße 43
52353 DÜREN

Aviaconfort
A l'attention de Mme de Kergonan
75, Bd. Malesherbes

F-75008 Paris

U/Z	I/Z	I/Sch vom	DÜREN,
W/RW	mw/Cb	15 août ...	le 18 août ...

Betrifft
Votre commande no. 60941 - Livraison de la deuxième tranche

Chère Madame,

Nous venons de recevoir votre courrier relatif à la commande n° ... et aux 2.500 couvertures qui restent à livrer.

Soyez assurée que, jusqu'à présent, nous avons fabriqué au maximum des possibilités de nos métiers à tisser, mais un de nos fournisseurs avait cessé de produire la laine dont nous avons besoin pour des raisons que nous ignorons. Nous avons donc dû chercher un fabricant qui soit en mesure de nous livrer exactement la même qualité. De plus, est tombé en panne un de nos plus grands métiers automatiques ce qui a entraîné un retard dans la production courante de notre entreprise. Tout ce-ci a causé un retard de livraison et nous vous prions de nous en excuser.

Nous avons commencé la production de vos couvertures il y a deux jours et comptons pouvoir les acheminer d'ici 3 ou 4 jours. Dès que l'envoi sortira de nos maga-sins, nous vous enverrons un préavis de livraison par fax.

Nous espérons que vous pourrez faire face à vos propres engagements et que cet incident n'aura pas d'influence sur nos futures relations.

Nous vous prions d'agréer, Madame, nos salutations distinguées.

TRAVELTEX GMBH

R. Wullenweber

entrainer nachsichziehen

MAISON DELACRE
PÂTISSERIES FINES
AVE DU ROI ALBERT
B.P. 3024
BRUXELLES

Schlemmereck
Königstraße 20
40213 Düsseldorf
Allemagne

V/ref: CBrw   V/lettre du: 10 février ...   Bruxelles, le 14 février ...

Votre commande no. 3067

Madame, Monsieur,

Par votre lettre du 10 ct. vous nous signalez qu'une partie de notre envoi est arrivée mouillée et invendable et que l'assortiment de biscuits ne contenait pas les 6 variétés représentées sur l'emballage.

Etant donné que la marchandise a quitté notre usine dans un emballage impeccable nous supposons que les caisses ont été mal calées dans le camion ou qu'une manutention négligée de la part du transporteur est à l'origine de ces dégâts. Nous attendons le constat que vous avez mentionné dans votre lettre.

En ce qui concerne le contenu des boîtes de l'assortiment "Délices de Bruxelles", nous ne pouvons nous expliquer cette différence dans l'assortiment et nous devons examiner l'affaire plus à fond car c'est la première réclamation de ce genre que nous recevons. Nous avons chargé nos maîtres pâtissiers et nos techniciens de vérifier nos appareils de remplissage et nous en attendons les résultats d'ici quelques jours.

Toutefois, nous vous enverrons un remplacement qui correspond au contenu des boîtes 4 et 7 pour éviter des pertes de temps inutiles et déduirons de notre facture le rabais de 20 % que vous avez demandé pour pouvoir écouler l'assortiment que vous avez reçu. Veuillez nous informer immédiatement si vous désirez recevoir la même quantité de l'assortiment "Délices de Bruxelles" comme indiqué sur votre bon de commande afin que nous puissions l'acheminer en même temps que les autres.

Nous vous prions d'excuser les désagréments que tout cela vous causera et espérons que ce contretemps ne nuira pas à nos bonnes relations.

Veuillez recevoir, Madame, Monsieur, l'expression de nos sentiments respectueux.

Delacre

Santa Lucia S.A.
L'art du tricot
12, rue André Gide
F 59000 Lille

Kaufhort AG
Königsallee 2
40212 Düsseldorf
Allemagne

N/Réf.   FD/gp
V/Réf.   jp/yb
V/Lettre   23 janvier ...

OBJET   Bon de livraison CC2340

Madame,
Monsieur,

Nous avons appris avec regret que notre dernier envoi ne vous a pas entièrement satisfaits. En effet, nous avions prévu de vous envoyer les articles no. 302a sur cintres. Désolés de cet incident, nous avons fait le nécessaire auprès de notre département d'expédition afin qu'une telle erreur ne se reproduise plus.

Il va de soi que nous sommes prêts à prendre en charge les frais supplémentaires, soit € 120,00. Veuillez trouver ci-joint notre facture d'avoir.

Soyez assuré(e) que nous ferons toujours de notre mieux pour vous satisfaire.

Veuillez agréer, Madame, Monsieur, nos salutations distinguées.

SANTA LUCIA S.A.

Veronique Dubois

P.J. Facture d'avoir no. 782/B-CC2340

FRUITIERS DU SOLEIL
Place du Marché · 84200 Carpentras
Tel (90) 876 23 00 · Fax (90) 876 23 01

Exercice:
Expliquez la prompte réaction des Fruitiers du Soleil.

Hamburger Fruchtimportgesellschaft
Fruchthof 62
20457 Hamburg
Allemagne

N/Réf.   gp/r
V/Réf.   SC/KB
Carpentras, le 30 juin ...

Votre commande no. 50023 - Notre facture no. A802 du 24 juin ...

Mesdames,
Messieurs,

Nous venons de recevoir votre message par lequel vous nous informez qu'une partie de notre dernière livraison est arrivée pourrie et endommagée.

Bien que nous soyons convaincus d'avoir expédié une marchandise impeccable et qu'à notre avis les dégâts sont imputables à une fausse manutention pendant le transport, nous sommes prêts à remplacer les 208 caisses de melons écrasés, ainsi que les 147 caisses de pêches pourries immédiatement et sans frais. Nous les avons remises hier soir à notre transitaire la firme FRIGOSPED.

N'ayant rien à nous reprocher en ce qui concerne la fraîcheur et la qualité de la marchandise, nous vous prions de nous établir un constat exact afin que nous puissions faire les démarches nécessaires auprès de notre transitaire.

Nous avons l'impression que, outre la manutention négligée de la part du transporteur, le système de réfrigération du camion était défectueux, car c'est la première fois qu'une livraison destinée à Hambourg arrive dans un tel état.

Soyez toutefois assurés que nous ferons tout pour qu'un tel incident ne se reproduise pas.

Veuillez agréer, Mesdames, Messieurs, nos salutations distinguées.

FRUITIERS DU SOLEIL

Gérant

Hoffmann AG
Gerätebau
Maxim-Gorki-Strasse 22
Postfach 44245
01324 Dresden

SANTE BIOLOGIQUE
12, rue de Courcy

F-13100 Aix-en-Provence

Ihr Schreiben vom	Unser Schreiben vom	Ihre Zeichen	Unsere Zeichen	Dresden,
12/07/..	-	MG/cr	H/bg	le 15 juillet ...

Objet
Moulin avec système de réfrigération, Modèle "Glacière"

Mesdames, Messieurs,

Nous avons lu avec attention votre réclamation concernant le modèle TX300 et la description de l'incident.

D'après votre rapport votre client aurait voulu se servir de l'appareil immédiate-ment après la livraison. Nous en déduisons que le moulin ne marche pas parce que votre client n'a pas respecté les consignes d'emploi relatives à la première mise en marche.

Selon les instructions qui se trouvent à la page 2 de la brochure qui accompagne chaque livraison, l'appareil doit reposer pendant 12 heures avant d'être mis en rou-te afin que le liquide se répande correctement après le transport.

Nous déclinons donc toute responsabilité et vous prions d'insister sur ce fait lorsque vous en parlerez à votre client.

En raison de la régularité de nos affaires, nous consentons néanmoins à participer aux frais de réparation que vous voudrez bien exécuter sur place. Ceci nous semble la meilleure solution pour préserver la bonne réputation de la griffe "Molino" et pour satisfaire votre client.

Veuillez nous transmettre votre accord sur ce point et nous adresser un double de la facture du mécanicien afin que nous déduisions le montant de notre facture.

Veuillez agréer, Mesdames, Messieurs, nos salutations distinguées.

HOFFMANN AG
ppa.

Michael Ludwig

SIBAG
Computer & Software
Nixdorfweg 2 - 16 · 13629 BERLIN
Tel 030/280 17 234 · Fax 030/280 18 224

Per Eilboten/Par Exprès
Compuservice
A l'attention de Mme Maître-Devallon
10, rue du Cadre
F-69005 Lyon

Ihr Zeichen	Ihr Schreiben vom	Unser Zeichen	BERLIN,
Votre réf.	Votre lettre du	Notre réf.	
mmd/el	03 janvier ...	rw/mrd	le 6 janvier ...

Votre commande no. 45FR - SOLUS 2/SOLUS PLUS

Madame,

Nous vous remercions de votre lettre et vous souhaitons également une Bonne
Année. Soyez assurée que nous ferons tout pour que nos bonnes relations d'affaires
deviennent de plus en plus étroites et qu'il est dans notre intérêt de vous satisfaire.
Nous avons essayé de vous appeler et de vous envoyer un fax mais toutes vos lignes
semblent bloquées. C'est pourquoi nous nous empressons de vous répondre par
courrier exprès.

En effet, des réclamations concernant les difficultés que vous décrivez nous parviennent de temps à autre. Jusqu'à présent, notre spécialiste, Monsieur Walter, a toujours
pu régler ces cas, car il s'agissait d'une fausse démarche que votre client a dû faire
en installant l'imprimante. En général, les performances de nos microordinateurs
sont indéniables.

Il suffit normalement que M. Walter appelle les clients pour déceler l'erreur, mais
dans ce cas, vous avez agi sans nous consulter. Nous comprenons fort bien que vous
n'ayez pas voulu perdre ce client et si nos relations d'affaires n'étaient pas si an-
ciennes, nous refuserions votre réclamation. Mais dans ce cas, nous serions exceptionnellement prêts à prendre en charge la moitié de la différence de prix entre les
deux modèles. Nous déduirons le montant de notre prochaine facture.

Veuillez également assurer à votre client que nous aurions réglé cette affaire au plus
vite, si nous avions été mis au courant en premier. Le modèle SOLUS 1 et les 3 imprimantes qu'il a commandés fonctionnent sans aucun problème.

Au cas où vous auriez encore des questions d'ordre technique, nous vous
conseillons d'appeler Monsieur Walter directement au 270 18 500. Il vous aidera
avec plaisir.

Nous attendons votre appel et vous prions d'agréer, Madame, nos salutations distinguées.

SIBAG

210

L'essentiel d'une réponse à une réclamation – comment l'exprimer

1. Se référer à l'objet de la réclamation / exposer l'attention portée à la réclamation

Par votre lettre du ... vous nous informez que ...
Nous apprenons par votre lettre du ... que notre dernière livraison ne vous donne pas entière satisfaction.
Notre service d'expédition/d'exportation/de comptabilité a pris connaissance de votre réclamation.
Nous sommes désolés d'apprendre ...
Nous avons demandé à notre service ... de vérifier le cas.
Après une enquête dans nos services, il s'avère / s'est avéré que ...

2. Présenter ses excuses et tenter de donner une explication

Nous reconnaissons le bien-fondé de votre réclamation et vous prions d'excuser cet incident.
Ce retard est dû à une grève des camionneurs.
... à un arrêt de production chez un de nos fournisseurs.
La marchandise était destinée à un autre client.
Les numéros de référence ont été confondus.
Les dégâts sont dûs à / sont imputables à ...
Nous vous prions de bien vouloir excuser l'erreur.
Nous vous prions de bien vouloir nous excuser de ...
Veuillez nous excuser de ...
Excusez-nous de ...
Nous vous présentons nos excuses pour ce contretemps.
Nous vous présentons nos excuses à propos de ...
Nous vous prions de bien vouloir accepter nos excuses ...

3. Accepter la proposition du client ou proposer une autre solution

Nous vous prions de bien vouloir ...
... conserver la marchandise en dépôt jusqu'à nouvel ordre.
... garder la marchandise en acceptant un rabais de ... %
... garder la marchandise moyennant un rabais de ... %
... retourner la totalité de l'envoi / les pièces endommagées et invendables.
... déduire le montant de ... de notre facture
Si vous êtes prêt(s) à garder les articles endommagés, nous vous les facturerons à un prix réduit.
Nous vous enverrons les pièces qui manquent dans les meilleurs délais/demain par camion.
Nous remplacerons les marchandises le plus rapidement possible.
Vous serez en possession des marchandises avant le ...
Nous changerons d'emballage pour mieux protéger la marchandise contre ...
Nous vous enverrons un avoir / une facture d'avoir sur notre facture no. ...
Nous vous adresserons une nouvelle facture.
Les frais de transport / supplémentaires seront à notre charge.

le bien-fondé = Berechtigung, Triftigkeit?
imputé = zuschreiben

moyennant = mittels

Nachsicht

4./5. Solliciter l'indulgence du client et promettre d'éviter la répétition de tels incidents

Nous renouvelons nos excuses pour cet incident indépendant de notre volonté.
Soyez assurés que nous ferons l'impossible pour éviter de tels contretemps.
Croyez qu'à l'avenir nous veillerons à ce qu'un tel incident ne se reproduise pas.
Nous souhaitons que cet incident n'affecte pas / n'altère pas nos bonnes relations
  d'affaires
Nous espérons que vous conserverez la confiance que vous avez toujours témoignée à
notre entreprise.

6. Refuser la réclamation...

La marchandise a quitté notre usine dans un parfait état/dans un emballage impeccable.
Cette qualité n'a jamais donné lieu à réclamation ...
D'après nos livres, toutes les pièces facturées vous ont été livrées.
Nous ne pouvons pas donner suite à votre réclamation parce que ...
D'après le bordereau d'expédition et le bon de livraison signé par vos services de
  réception ...
... toutes les pièces vous ont été livrées.
... la marchandise est arrivée en bon état.
L'examen des marchandises retournées n'a révélé aucun défaut de matière ou vice de
  fabrication.
Nous nous dégageons de toute responsabilité.

... ou reporter la décision

Nous devons encore étudier plus à fond votre réclamation et vous demandons de
  patienter quelques jours.
Nous vous prions de faire établir un constat d'avarie/des dégâts par un expert
  indépendant.
Nous traitons l'affaire avec le transporteur et vous informerons du résultat de nos
  démarches.
Nous avons contacté notre transporteur car il s'agit apparemment d'une manutention
  négligée pendant le transport.
Nous avons fait appel à un expert pour vérifier le cas.

impeccable = tadellos

Exercices de vocabulaire et de grammaire

1. Remettez de l'ordre dans ces phrases

1. signalez / de fabrication / présentaient / vous nous / que / les articles / des défauts
2. vous nous / notre livraison / que / par votre lettre / incomplète / faites savoir / était
3. il ne nous / les délais / en effet / a pas été / de respecter / de livraison / fixés / possible
4. d'apprendre / ne vous / pas encore / nous sommes / parvenues / que / surpris / ces marchandises / sont
5. au regret de / donner suite / à votre / nous / ne pouvoir / sommes / réclamation

2. Complétez par un verbe conjugué

1. Nous regrettons vivement que certains articles vous (être parvenu(-)) endommagés.
2. Nous donnons immédiatement les instructions nécessaires pour que les marchandises qui vous (faire défaut) vous (être livré(-)) sans délai.
3. Nous espérons que vous (comprendre) la légimité de notre refus.
4. Au cas où vous n' (avoir pris) aucune disposition, nous vous conseillons de lui écrire.
5. Nous espérons que cet incident ne vous (porter) pas préjudice.
6. Nous vous donnons l'assurance que nous (apporter) le plus grand soin à l'exécution de vos futures commandes.
7. Les recherches que nous (effectuer) n'ont abouti à rien.
8. Vous nous signalez que nous (facturer) des articles que vous (ne pas commander).
9: Nous ferons tout notre possible pour qu'un tel incident ne se (reproduire) plus.
10. Les recherches que nous (entreprendre) à la suite de votre réclamation n'ont donné aucun résultat.

3. Trouvez le substantif correspondant

1. satisfaire
2. régulariser
3. régler
4. annuler
5. rembourser
6. facturer
7. dédommager
8. indemniser
9. perdre
10 vérifier

4. Trouvez le verbe correspondant

1. le regret
2. la proposition
3. la situation
4. le fournisseur
5. la création
6. l'omission
7. la justification
8. la rédaction
9. l'accord
10. la confiance

5. Texte à trous

> incident - malgré tout - ressentiront - formulé - dédommagé - signalez - faute - lors de - réclamation - au cas où - auprès du (2x) - imputable - lettre recommandée - délai - admettre - endommagés

Messieurs,

Par votre lettre du 5 ct., vous nous ... que l'article référence H10 vous sont parvenus ... . Cette ... ne nous est pas ... . Nous espérons que vous avez ... les réserves d'usage ... transporteur ... la réception. Vous serez ... par lui.
Vous savez qu'une ... doit être envoyée par ... dans les 3 jours suivant la réception des marchandises. ... vous n'auriez pas respecté ce ... , nous vous conseillons, ... , d'essayer de faire ... votre réclamation ... transporteur.
Nous regrettons vivement cet ... et espérons que nos relations ne s'en ... pas

LE PARTICIPE PRESENT

nous espérons	espérant	nous avons espéré	ayant espéré
nous écrivons	écrivant	nous avons écrit	ayant écrit
nous allons	allant	nous sommes allé(e)s	étant allé(e/s)

	mais:		
	savoir	**sachant**	
	être	**étant**	
	avoir	**ayant**	

6. Transformez la phrase en employant un participe présent

1. Comme nous avons constaté qu'il s'agissait de notre erreur...
2. Toute réclamation qui date de plus de 3 jours ne sera pas acceptée.
3. Voici la machine qui correspond à votre demande.
4. Comme nous venons de retrouver les colis perdus ...
5. On utilise des lettres-types qui permettent de répondre à des situations courantes.
6. C'est une firme qui change sans cesse de personnel.
7. Comme nous avons nous-mêmes remarqué que l'emballage était insuffisant ...
8. Comme l'erreur a été commise par le service expédition ...
9. On nous a envoyé les marchandises qui étaient destinées à un autre client.
10. Comme les marchandises retournées ne présentent aucun défaut de fabrication, nous n'acceptons pas votre réclamation.

Exercices de rédaction et de traduction

Exercices de rédaction

1) Porzellanmanufactur Kämmer, Rudolstadt, an Galeries Précieuses, Montréal/Canada
Beantworten Sie das Reklamationsschreiben der Galeries Précieuses von Seite 174

Sie bedauern, dass ein Teil der Becher zerbrochen in Montreal eingetroffen ist, versichern aber, dass es bisher zu keiner Reklamation gekommen ist, wenn Sie das Porzellan wie üblich in Papier eingewickelt und mit Füllmaterial versehen versandt haben. Da die Ware per Luftfracht nach Kanada gegangen ist und nicht wie oft per Schiff, kann der Schaden nur durch nachlässige Behandlung bei der Verladung entstanden sein. Sie werden sich mit dem Spediteur in Verbindung setzen, um die Sache zu klären und bitten deshalb um die angebotene Schadensmeldung durch einen Experten.
Damit Galeries Précieuses jedoch keinen Verlust erleidet, senden Sie heute 100 Becher per Luftfracht nach Montreal, und zwar mit dem Flug LH 4210, der am ... eintreffen wird. Sie haben die Ware diesmal – wie geraten – mit Blasenfolie und Füllstoff aus Polysterol verpackt.
Sie bitten Galeries Précieuses wegen der Unannehmlichkeiten um Entschuldigung und hoffen, dass Ihre Geschäftsverbindung deshalb keinen Schaden erleidet.

2) Staetcastell, Neubrandenburg, an Scriptstore, Rouen
Beantworten Sie bitte die Reklamation von Seite 170 per Fax

Sie bedauern die Verspätung der Lieferung außerordentlich. Die Ware wurde bereits am 02. Juni per LKW abgeschickt. Sie haben sich sofort mit dem Spediteur in Verbindung gesetzt und erfahren, dass der Transport durch den Streik der belgischen LKW-Fahrer verzögert wurde. Auf dem LKW für Rouen befand sich auch Ware für Lüttich und Antwerpen. Der LKW ist heute morgen von Antwerpen Richtung Rouen gefahren und muß morgen früh beim Kunden eintreffen. Wegen eventuell erlittener Verluste ist der Spediteur verantwortlich zu machen. Sie bitten um Nachricht, sobald die Ware eintrifft.

3) L'Escarpin, Cergy an Wörtz, Hamburg
Beantworten Sie bitte die Reklamation von Seite 175

Drücken Sie Ihr Erstaunen über die Probleme mit dem Modell „Starlet" in der Farbe „Gold" aus. Sie erhalten das Färbemittel von der Firma Hochbauer in Deutschland und sind bisher davon ausgegangen, dass es unschädlich ist. Bitten Sie um Rücksendung aller Schuhe in dieser Farbe und um Zusendung der Laborunterlagen. Selbstverständlich übernehmen Sie alle Kosten, da Ihnen am guten Ruf der Marke „Casa delle Scarpe" liegt. Sie werden die Untersuchungsergebnisse der Firma Hochbauer vorlegen und um Klärung bitten. Der Kunde möge einen Vorschlag machen, welche Farbe er anstelle der Farbe „Gold" geschickt haben möchte. Sie bitten vielmals um Entschuldigung wegen dieses Vorfalls und hoffen, dass er Ihre guten Geschäftsbeziehungen nicht beeinträchtigen wird.

4) Computechnik GmbH, Solingen, an Distributions Select, Metz

Ein Kunde von Distributions Select hat sich darüber beschwert, dass sein Computerprogramm nicht wie gewünscht funktioniert. Drücken Sie Zweifel an der Rechtmäßigkeit der Reklamation aus. Ihrer Meinung nach hat der Kunde die Installationshinweise nicht korrekt befolgt. Sie bitten Distributions Select, den Kunden nach der beiliegenden Liste die Funktionen prüfen zu lassen und notfalls zum Kunden zu fahren, um das Programm neu zu installieren. Sie wären bereit, sich an den Kosten zu beteiligen.

Exercices de rédaction

Traduisez! (1)

Betrifft: LT200/32/B – Ihr Auftrag Nr. 502

Sehr geehrte Damen und Herren,
wir haben mit Bedauern zur Kenntnis genommen, dass Ihre Kunden mit unseren Erzeugnissen nicht zufrieden sind.

Was die Überschuhe betrifft, so bitten wir Sie, alle Paare, die Sie noch auf Lager haben, auf unsere Kosten an uns zurückzusenden. Wir haben bereits eine Ersatzlieferung an Sie auf den Weg gebracht. Wir werden prüfen, ob es sich um einen Fabrikationsfehler handelt. Alle Überschuhe, die Sie jetzt erhalten, sind streng kontrolliert worden und garantiert wasserdicht.

Bei dem Produkt „Bricodur" handelt es sich um Maurerhandschuhe, die bis zu einer Temperatur von 50 Grad Celsius und vor einigen chemischen Substanzen schützen, doch nicht vor allen. Bitte erklären Sie Ihren Kunden, dass sie unbedingt die Gebrauchshinweise lesen müssen. Die Handschuhe können brüchig werden, wenn sie in Kontakt mit einigen Reinigungsmitteln geraten (siehe Gebrauchshinweise). Bitte empfehlen Sie Ihren Kunden, die mit chemischen Substanzen arbeiten, ein anderes Modell zu kaufen, z. B. „Bricopeintre".

Um Ihnen die Verhandlungen mit Ihren Kunden zu erleichtern, haben wir einige Muster abgeschickt, die Sie verteilen können.

Wir hoffen, dass es Ihnen gelingt, Ihre Kunden zu überzeugen, und dass die Ersatzlieferung Sie in gutem Zustand erreicht.

Seien Sie versichert, dass wir in Zukunft alles tun werden, um Sie zufriedenzustellen.

Mit freundlichen Grüßen

Traduisez! (2)

Betrifft
Ihr Auftrag Nr. 90209 – Kaschmirstoffe

Sehr geehrte Damen und Herren,
wir haben durch Ihr Schreiben vom ... zur Kenntnis genommen, dass unsere Stoffe mit 2 Wochen Verspätung eingetroffen sind. Leider konnten wir nicht früher liefern, weil einer unserer Kaschmirlieferanten die Produktion eingestellt hatte und wir einen anderen Hersteller suchen mußten, der dieselbe Qualität liefert. Das war nicht einfach, und wir bedauern, dass Sie deshalb Schwierigkeiten hatten.

Was die Löcher in einigen Ballen betrifft, so haben wir keine Erklärung dafür. Es muß sich um einen technischen Fehler handeln. Wir sind dabei, unsere Maschinen zu untersuchen. Um uns die Suche zu erleichtern, bitten wir Sie, uns einen fehlerhaften Ballen zurückzuschicken. Die Transportkosten gehen selbstverständlich zu unseren Lasten.

Bitte lassen Sie uns ferner wissen, in welchen Farben wir Ihnen Ersatz liefern sollen.

Selbstverständlich sind wir daran interessiert, die Geschäftsbeziehungen mit Ihnen fortzusetzen, und senden Ihnen deshalb als Anlage eine Gutschrift über € ..., was den von Ihnen geforderten 45 % Nachlass entspricht.

Bitte entschuldigen Sie den Vorfall, der ohne unser Zutun geschah, und seien versichert, dass sich ein solcher Vorfall nicht wiederholen wird.

Mit freundlichen Grüßen

Au téléphone

Dialogue A

Les interlocuteurs: Monsieur Juspain
                      Madame Kirschbaum

Juspain   Juspain à l'appareil. Bonjour, Madame Kirschbaum. Vous allez bien?

Kirschbaum   Merci, Monsieur, et vous même?

Juspain   Très bien. Merci. Ma collaboratrice m'a annoncé que vous avez un problème.

Kirschbaum   En effet. Vos melons sont arrivés écrasés et les pêches pourries. C'est une catas-
               trophe!

Juspain   Ah, oui. C'est terrible. Tout est invendable?

Kirschbaum   Presque tout. Nous avons pu écouler une partie à un fabricant de jus de fruits à
               25 % du prix normal et nous avons dû détruire le reste. En plus, la demande a
               été si forte que nous n'avons pas pu satisfaire la majorité de nos clients. Notre
               concurrent, Hispafruit, qui vend uniquement des produits espagnols, en a été
               bien content, vous savez. J'ai peur qu'on ait perdu un de nos meilleurs clients.

Juspain   Voyons, Madame. Essayons de trouver vite une solution. Dites-moi exactement
               de combien de caisses il s'agit et je vous prépare immédiatement un envoi de
               remplacement qui pourra partir ce soir si nous nous dépêchons. J'ai bien
               l'impression que c'est la faute de notre transitaire qui n'a pas fait réparer son
               système de réfrigération et avec la chaleur qu'il fait actuellement ... Il suffit que
               le camion reste exposé au soleil pendant deux ou trois heures sans réfrigéra-
               tion ... Mais, rassurez-vous, Madame, ce ne sera pas le même transitaire cette
               fois-ci. Qu'est-ce que je peux vous envoyer?

Kirschbaum   Il s'agit d'environ 200 caisses de melons et de 145 caisses de pêches. Mes em-
               ployés sont en train de les compter encore une fois.

Juspain   Bon, alors je vous prépare l'envoi tout de suite et nous parlerons du reste de-
               main. Vous n'avez qu'à m'envoyer un constat exact par fax et je me débrouille-
               rai avec notre transitaire. Il y a encore quelques comptes à régler entre nous.
               Vous savez, on se connaît depuis vingt ans ...

Kirschbaum   Merci, Monsieur Juspain. Je vous enverrai ce fax et on parlera du règlement de
               tout cela plus tard. Au revoir, Monsieur.

Juspain   Au revoir, Madame Kirschbaum. Et bien des choses à votre mari!

Dialogue B **17**

Les interlocuteurs: M. Gibert et M. Herbert

Gibert	J'ai vendu votre modèle „Frigofix" à un de mes clients à Valence et il vient de m'appeler en me disant que le système de réfrigération ne marche pas. Et vous savez, c'est un hôtelier qui achète beaucoup depuis 1985 et il n'a jamais réclamé quoi que ce soit.
Herbert	Hm, hm ... Etes-vous sûr que le client a bien lu les instructions d'utilisation avant de mettre l'appareil en route?
Gibert	On ne peut pas tout contrôler, surtout si le client est à 600 km d'ici, mais je suppose que oui.
Herbert	C'est toujours la même histoire. Les clients mettent les appareils en route et après - quand ça ne fonctionne pas - ils commencent à lire les instructions. Et finalement c'est le fabricant qui a tort.
Gibert	Et bien, je ne peux pas vous garantir que ce client ait respecté les instructions d'usage. D'après moi, c'est un homme sérieux qui sait ce qu'il fait - surtout quand il s'agit d'un modèle aussi coûteux. Il n'investit pas mal et il surveille son personnel, j'en suis sûr.
Herbert	Bon. La seule chose que je puisse vous proposer, c'est de me renvoyer l'appareil. Nous essayerons de le réparer ici et on partagera les frais. Mais c'est vraiment tout ce que je peux faire dans ce cas, car je suis presque sûr que votre client n'a pas respecté nos instructions.
Gibert	D'accord. Je vais lui proposer cela et je vous rappellerai cet après-midi si j'arrive à le joindre tout de suite.
Herbert	Entendu. Rappelez-moi avant 16.30 h - j'ai un rendez-vous très important à 16.45 h. Alors, à tout à l'heure.
Gibert	Je tâcherai de faire de mon mieux. A tout à l'heure et au revoir!
Herbert	Au revoir.

Allô affaires – Handelsfranzösisch © FELDHAUS VERLAG, Hamburg

Les instructions d'utilisation *Mode d'emploi*

Moulinex vous remercie d'avoir choisi un appareil de sa gamme. Dans le monde entier, **Moulinex** cherche à vous faciliter la vie en vous proposant des produits de qualité, d'un entretien facile et garanti.
Les bouilloires permettent d'obtenir, à tout instant de la journée, facilement et en toute sécurité, de l'eau bouillante pour le thé, le café, les soupes instantanées, à la maison comme au bureau.

Description

Prenez connaissance de votre appareil
A   Interrupteur (0/I)
B   Couvercle
C   Bec verseur (remplissage possible par le bec)
D   Corps
E   Niveau d'eau (L14 et L13)
F   Socle d'alimentation avec rangement du cordon (L13 et AJ2)
G   Poignée

Caractéristiques techniques

Les 4 bouilloires de la gamme ont les mêmes caractéristiques de base :
- Puissance : 1850 W (220V) - 2200 W (240 V)
- Capacité maximum : 1,5 L
- Capacité minimum : 0,3 L

Conseils de sécurité

Vérifiez que le voltage de votre appareil correspond à celui de votre installation électrique.
Toute erreur de branchement annule la garantie.

6

Cet appareil doit nécessairement être branché sur une prise de courant avec terre.

Avant une première utilisation

- Lisez attentivement les instructions avant d'utiliser l'appareil. Elles vous donnent des indications utiles pour la sécurité de l'installation, l'emploi et l'entretien.
- Enlevez tout emballage et autocollant avant d'utiliser l'appareil.
- Rincez l'intérieur de votre bouilloire.

Mise en service

- Débranchez toujours la bouilloire avant de la remplir ou de verser de l'eau.
- Remplissez l'appareil soit par le couvercle soit par le bec verseur.
L 19 / AJ 2 :
- Assurez-vous que l'élément chauffant est totalement immergé.
- Remplissez entre les repères minimum et maximum qui se trouvent à l'intérieur de la bouilloire.
L 14 / L 13 :
- Remplissez entre les repères minimum et maximum indiqués sur la jauge extérieure.
Important : N'oubliez pas de remettre le couvercle en bonne position afin d'éviter tout débordement d'eau, toute fuite de vapeur ou un mauvais fonctionnement de l'interrupteur.
. Branchement de la bouilloire
L14 / L19 : Posez la bouilloire sur une surface stable et branchez-la.

7

L13 /AJ 2 : Posez le socle sur une surface stable. Enfichez la bouilloire sur son socle et branchez-le.
Le socle d'alimentation n'a été conçu que pour les bouilloires cordless.
- Pour la mise en marche, mettez l'interrupteur en position «I».
. Double sécurité
Comme toutes les bouilloires de la gamme **Moulinex**, dès que l'eau arrive à ébullition, l'appareil s'éteint automatiquement et l'interrupteur revient en position «0».
Si vous voulez stopper le cycle avant l'arrêt automatique de la bouilloire, il suffit de mettre l'interrupteur en position «0».
L'appareil possède un dispositif de sécurité qui interrompt automatiquement le cycle au cas où la bouilloire est mise en marche sans eau ou avec trop peu d'eau.

Conseils pratiques

- Débranchez la bouilloire pour tout remplissage ou pour tout nettoyage.
- N'utilisez pas la bouilloire si le cordon ou la prise sont défectueux ou inadéquats. Ne démontez la bouilloire sous aucun prétexte. Faites appel à un centre d'entretien agréé **Moulinex**.
- Ne laissez pas la bouilloire à la portée des enfants.
- Eloignez la bouilloire ou son cordon de toute source de chaleur, ou de toute surface mouillée ou glissante. Ne laissez pas pendre le cordon.
- Ne déplacez jamais la bouilloire lorsqu'elle est en marche.
- N'utilisez pas la bouilloire lorsque vous avez les mains mouillées ou les pieds nus.

8

- Utilisez votre bouilloire uniquement pour chauffer de l'eau et n'y introduisez aucun ustensile.
- Eloignez vos mains du bec verseur lorsque l'eau arrive à ébullition et évitez tout contact avec les surfaces chaudes.
- Détartrez régulièrement votre bouilloire.
- N'utilisez jamais votre bouilloire sans son couvercle.
- Le socle d'alimentation ne peut être utilisé qu'avec les bouilloires cordless L13 et AJ 2.
- L'emploi de prises multiples et/ou rallonges est déconseillé.
- N'exposez pas l'appareil aux agents atmosphériques (pluie, soleil, etc...).
- De l'eau bouillante peut s'éjecter de la bouilloire si elle est trop remplie.
Attention : Cet appareil devient chaud lors de son utilisation.

Nettoyage

- Débranchez votre appareil.
- Ne mettez jamais la bouilloire ou le socle dans l'eau.
- Pour nettoyer les surfaces extérieures, utilisez un chiffon mouillé et un détergent non abrasif. Ensuite essuyez-les avec soin.

Entretien

Si le câble d'alimentation est endommagé, des outils spéciaux étant nécessaires, faites-le obligatoirement remplacer dans un centre Moulinex (voir liste dans le livret «Moulinex Service»).

9

Cette enseigne vous signale l'emplacement de Points Service qui sont à même de vous proposer :
- Le dépannage et la vérification des appareils Moulinex sous et hors garantie.
- La vente de pièces détachées et d'accessoires.
- Des conseils d'utilisation et d'entretien.
Les Garanties
Votre appareil Moulinex bénéficie d'une garantie totale pièces et main d'oeuvre d'UN AN à compter de la date d'achat.
Voir les conditions de garantie détaillées dans le livret "Moulinex Service".
Le Service Après-Vente
Si vous rencontrez quelques difficultés à l'utilisation de votre appareil, consultez votre livret "Moulinex Service".
Vous serez assuré d'un Service efficace en faisant appel aux professionnels dont les adresses figurent sur ce document.
Les accessoires et les pièces détachées
Vous pouvez vous procurer les pièces détachées ainsi que les accessoires d'origine ou les options auprès du Centre Moulinex indiqué sur le livret "Moulinex Service" ou de votre revendeur habituel.
Le Service Consommateur
Un conseil quant à l'utilisation de votre appareil Moulinex..? Contactez le Service Consommateur indiqué dans votre livret "Moulinex Service". Des spécialistes sont à votre disposition pour vous aider à profiter au mieux de votre appareil Moulinex.

10

Exercices au téléphone

1. Ihr Kunde beschwert sich über eine verspätete Lieferung von Badetüchern. Sie bedauern das. Es ist aber nicht Ihre Schuld, da Sie die Pakete am 20. d. M. – also rechtzeitig – an den Spediteur übergeben haben. Sie versprechen, sich mit dem Spediteur in Verbindung zu setzen, um den Fall zu klären, und werden den Kunden wieder anrufen.

2. Eine Lieferung von Bettbezügen entspricht nicht der Bestellung. Der Kunde hatte die Größe 160 cm x 200 cm bestellt und 135 x 190 erhalten. Außerdem entspricht die Stoffqualität nicht den Mustern. Sie bitten um Rücksendung der Ware auf Ihre Kosten und versprechen eine Ersatzlieferung binnen 3 Tagen.

3. Eine Lieferung von Geflügelpasteten in Dosen entspricht geschmacklich nicht den Mustern. Es handelt sich offensichtlich um mindere Qualität, die der Kunde nur mit Preisnachlaß verkaufen kann. Sie bitten um Zusendung eines Musters, um den Fall zu prüfen, und erklären sich bereit, gegebenenfalls einen Rabatt zu gewähren oder eine Ersatzlieferung zu machen, sollte sich herausstellen, dass der Kunde Recht hat.

4. Die Besitzerin einer Boutique beschwert sich, dass die gelieferten Pullover bei der Reinigung eingelaufen sind. Weisen Sie die Beschwerde zurück, denn auf den Etiketten in den Pullovern steht ausdrücklich, dass sie nicht chemisch gereinigt werden dürfen, sondern mit kaltem Wasser gewaschen werden sollen. Die Kunden haben sich offensichtlich nicht daran gehalten.

5. Vous approvisionnez généralement vos clients en produits surgelés mais une erreur sur ordinateur vous a transmis des dates incorrectes.
   - accusez réception de la réclamation : retard de livraison
   - reconnaissez l'incident: présentez vos excuses
   - donnez satisfaction au client/proposez un dédommagement
   - assurez-lui que cela ne se reproduira plus

6. Vous deviez livrer de l'outillage dentaire. Le bon de commande et l'accusé de réception ont été déposés correctement dans les bureaux mais l'acheminement de la marchandise n'a pas fonctionné
   - accusez réception de la réclamation
   - informez le client de la perte des marchandises / excusez-vous
   - reconnaissez votre responsabilité: proposez un remboursement immédiat
   - assurez que cet incident est exceptionnel / promettez une exécution très soignée à l'avenir

7. Vous aviez promis au téléphone d'accorder un escompte à votre client puisqu'il désirait payer immédiatement après réception de la facture
   - accusez réception de la réclamation
   - reconnaissez que vous avez omis de déduire l'escompte promis
   - présentez vos excuses
   - régularisez l'affaire rapidement :envoyez une nouvelle facture
   - prenez congé

8. Vous venez de recevoir une réclamation que vous ne pouvez pas accepter
   - référez-vous à la réclamation formulée: le mode de paiement diffère de celui qui avait été prévu (1/3 à l'avance, 1/3 à la livraison, 1/3 dans les 10 jours après la date de la facture)
   - signalez que votre facture est bien conforme aux conditions stipulées dans la commande et dans la confirmation de commande
   - proposez d'envoyer une copie de celles-ci
   - regrettez ce malentendu et exprimez votre espoir de rester en bonnes relations d'affaires avec le client

La réservation

Des annonces

Des annonces

HOTEL DU DRAGON
★★★

32 chambres contemporaines dans un immeuble du XVIIe siècle.
Le calme au centre-ville.
Salle de réunion - bar.

single bain wc	430 - 490 - 540 - 595 F
double bain wc	475 - 530 - 595 - 640 F
appartement 3 personnes	780 - 880 F
petit déjeuner	56 F

**2 RUE DE L'ECARLATE / 12 RUE DU DRAGON
67000 STRASBOURG
TÉL. : 88 35 79 80**

TÉLEX DRAGON 871 102 F TÉLÉCOPIEUR 88 25 78 95

A deux pas de la cathédrale, Marlene et Patrick Klipfel, ainsi que tous leurs collaborateurs, seront très heureux de vous accueillir dans le respect de la chaleureuse tradition alsacienne des "Winstub" : de bonnes bières, les meilleurs produits du terroir, quelques grands crus ; l'authentique des saveurs qui, nous l'espérons vivement, nous vaudront le plaisir de vous voir... et de vous revoir...

Cuisine chaude jusqu'à 23 h 30
S'MUNSTERSUEWEL / 8 place du Marché aux cochons de lait
67000 STRASBOURG - Tel 88 32 17 95 - Fax 88 21 96 02

303

Au téléphone

Dialogue A

18

Interlocuteurs: Secrétaire de Madame Wiese, Werkzeugfabrik Stillgabel   = SE
Standardiste de l'Hôtel Ritz   = ST
Agent de réservation à l'hôtel Ritz   = AR

ST   Hôtel Ritz à votre service!

SE   Werkzeugfabrik Stillgabel, Bonjour! Pourriez-vous me passer la réception, s'il vous plaît?

ST   Oui, bien sûr. Un instant, s'il vous plaît.

AR   Hotel Ritz, Bonjour. Vous parlez avec Monsieur Gentil de la réception. Que puis-je faire pour vous?

SE   J'aimerais réserver une chambre individuelle à grand lit et salle de bains, du 14 au 16 mars, s'il vous plaît.

AR   Attendez une seconde, je vais vérifier si nous avons une disponibilité. – Vous avez de la chance, Madame, il nous reste une seule chambre individuelle. C'est à quel nom?

SE   Au nom de Madame Wiese de la société Stillgabel, Hambourg.

AR   Pourriez-vous épeler les noms, s'il vous plaît, pour qu'il n'y ait pas d'erreur?

SE   Bien sûr. C'est Mme Wiese. W, I comme Isidor, E comme Emile, S comme Siegfried, E comme Emile. Et la Société s'appelle S comme Siegfried, T comme Théodore, I comme Isidor, deux L, G comme Georges, A comme Anatole, B comme Berthe, E comme Emile, L comme Louis. Quel est le prix de votre chambre avec petit déjeuner?

AR   *300 Euro*
FF 1500,– par nuit, petit déjeuner américain compris, Madame. Pourriez-vous m'envoyer quand même vos coordonnées par télécopie ? Je vous confirmerai votre réservation par écrit si vous le souhaitez.

SE   Très bien. Je vous envoie un fax tout de suite.

AR   Merci et au revoir, Madame.

SE   Au revoir.

Exercice: Rédigez la lettre de confirmation qu'enverra l'hôtel!

342

Dialogue B **19**

Monsieur Sorel de la Société SOGIMEX a laissé un message sur le répondeur:

Bonjour, Madame Jobert!

Je serai absent jusqu'à après-demain et je ne pense pas pouvoir rentrer avant 16 heures pour signer le contrat avec Séguin. Laissez-le donc sur mon bureau. Je le posterai moi-même si j'arrive trop tard.

Ah, une chose très importante: Monsieur Hashimoto m'a fait appeler hier soir. Il viendra le 30, donc, dans 3 jours avec un vol de Japan Airlines en provenance de Singapour qui doit atterrir vers 10 heures du matin. Vous vous renseignerez auprès de Japan Airlines à l'aéroport je suppose.

Appelez donc notre interprète pour qu'elle aille le chercher avec Monsieur Dugas ou - s'il n'est pas disponible - avec Monsieur Perrier.

Vous lui réserverez une chambre - pour 2 nuits à nos frais à l'hotel „Nikko"- il l'apprécie beaucoup. Vous savez qu'il est notre meilleur client au Japon. Alors, nous prenons tous ses frais à notre charge.

Pour le déjeuner, réservez une table à la "Coupole" pour 13 heures. J'aimerais que Dugas ou Perrier viennent avec nous. Pour le lendemain, trouvez-lui un guide pour une visite de Versailles - pour l'après-midi de préférence car on aimerait travailler ensemble pendant la matinée. Pour la soirée, prévoyez un dîner chez "Bebert" ou une soirée à l'Opéra avec dîner ensuite. On m'a dit qu'il adorait ça. Pour le reste, on verra quand il sera là.

N'oubliez surtout pas de reconfirmer son vol de retour. Je ne pourrais pas m'occuper de lui plus longtemps.

Et puisqu'on ignore à quelle heure est son vol de retour, reportez mon rendez-vous avec Madame Doré à vendredi matin, s'il vous plaît.

Prévenez déjà Monsieur Meunier que notre ami japonais voudrait visiter l'usine et qu'on fera cela le lendemain de son arrivée.

Bon, j'espère n'avoir rien oublié ... oui, c'est tout, je pense.

Je vous souhaite une excellente journée. Et en cas d'urgence vous pouvez me joindre au 48 85 02 04 à Bruxelles.

Merci!

Questions:
1. Combien de coups de téléphone Mme Jobert devrait-elle passer?
2. Quel jour l'enregistrement a-t-il été fait?
3. Quel programme M. Hashimoto aura-t-il?
4. Pourquoi Monsieur Sorel insiste-t-il sur le fait que le vol de retour soit reconfirmé?

Dialogue C **20**

Les interlocuteurs: Madame Jobert
Standardiste de l'hôtel Nikko
Agent de réservation

Standard   Hotel Nikko. A votre service!

Mme Jobert: Bonjour, Madame. J'aimerais réserver une chambre, s'il vous plaît.

Standard: Un instant, s.v.p. Je vous mets en communication avec le service de réservation.

Service de
Réservation: Réservation. Bonjour. Que puis-je faire pour vous?

Jobert: Je voudrais réserver une chambre individuelle pour 2 nuits à partir du 30.

Réservation: Un instant, s.v.p. Je dois vérifier. Je suis désolée, Madame, nous sommes presque complets à partir du 30. Il y a ce congrès, vous savez! La seule chose que je puisse vous proposer c'est une junior-suite avec vue sur la Tour Eiffel, avec whirl pool, bien sûr, et salle de bains à € ... par nuit.

Jobert: Oh, là, là. C'est une fortune. Je ne sais pas si je suis autorisée à dépenser autant. Pourriez-vous me la garder jusqu'à – disons – 13.00 heures et je vous confirmerai ma réservation par fax.

Réservation: C'est au nom de quelle société?

Jobert: Sogimex, et la personne s'appelle Monsieur Hashimoto.

Réservation: Monsieur Hashimoto sera pris en charge par la société?

Jobert: Oui.

Réservation: Alors, j'ai besoin de vos coordonnées, Madame.

Jobert: Oui, bien sûr. C'est la Société SOGIMEX à Boulogne, 42, rue de Sèvres, téléphone 01 46 02 24 24, et je m'appelle Jobert.

Réservation: Parfait, alors je vous garderai la suite jusqu'à 13 heures et j'attends votre message par fax - à l'attention de Madame Deneuve. Merci, Madame.

Jobert: Merci et au revoir.

Réservation: Au revoir, Madame.

Dialogue D **21**

Madame Jobert consulte le chef comptable de la société

Jobert: Salut, Robert, c'est Michelle.

Comptable: Salut, Michelle. T'as un problème?

Jobert: Comment tu le devines? En effet, j'en ai un.

Comptable: Et bien, j'écoute.

Jobert: Monsieur Sorel attend la visite de M. Hashimoto et il m'a chargée de réserver une chambre au Nikko.

Comptable: Je comprends. C'est ce que les Japonais aiment le mieux.

Jobert: Alors, il y a ce congrès qui commence après-demain et il n'y a qu'une junior-suite de libre qui coûte une fortune. J'aimerais savoir si la société peut se permettre ce luxe. Je n'aimerais pas déranger M. Sorel à Bruxelles.

Comptable: C'est combien, la nuit?

Jobert: € ... petit déjeuner compris.

Comptable: Ben, oui ...! En effet, on dirait que la Reine d'Angleterre vient nous rendre visite. Mais je pense que Monsieur Sorel veut que notre client soit hypercontent, n'est-ce pas?

Jobert: Oui, c'est ça. Il m'a dit que c'est notre meilleur client. Tu dois en savoir plus que moi puisque tu vois les factures.

Comptable: Allons voir ... Oui, c'est vrai. Et il est très ponctuel en ce qui concerne ses règlements. Alors, faisons les choses comme il faut - réserve-lui son palais. Je t'y autorise.

Jobert: Merci, Robert. Tu signeras la note de service et j'enverrai le fax au Nikko. A tout de suite!

Comptable: A tout de suite. Au revoir, Michelle!

Un fax

SOGIMEX S.A., 42 rue de Sèvres, 85140 Boulogne

FAX à	Hotel Nikko, à l'attention de Madame Deneuve
No.	
de	SOGIMEX S.A., Boulogne
Fax No	4602 24 25
Total pages	1

Boulogne, le ...

Objet: Réservation au nom de M. Hashimoto

Madame,

Comme suite à notre entretien téléphonique de ce matin, nous vous prions de bien vouloir réserver une junior-suite avec vue sur la Tour Eiffel au nom de M. Hashimoto à partir du 30 ct pour deux nuits.

Tous les frais d'hébergement, de restaurant et de téléphone seront pris en charge par notre société.

Monsieur Hashimoto arrivera par le vol de Japan Airlines no. JL401 pendant la matinée. Il sera accompagné de M. Perrier de notre société. Vous voudrez bien le contacter au cas où il y aurait un changement ou un problème quelconque sur son téléphone mobile, numéro 0685/8956341.

Veuillez agréer, Madame, nos salutations les plus distinguées.

SOGIMEX

La réservation d'une chambre d'hôtel

1. **Indiquer la date**
   J'aimerais réserver une chambre à partir du ... jusqu'au ... au nom de ...
   Nous avons besoin d'une chambre du ... au ... pour 2 personnes.

2. **Décrire la nature de la chambre**
   Je voudrais une chambre individuelle/double/à deux lits/à lits jumeaux/à grand lit ...
   ... avec lit supplémentaire/avec lit d'enfant
   ... avec douche/salle de bains/cabinet de toilette/w.c./ ... à l'étage
   ... avec balcon/terrasse ...
   ... avec téléphone/téléviseur/minibar
   ... avec vue sur/ qui donne sur la cour ...
   ... tranquille ...
   ... au rez de chaussée/au premier/deuxième étage ...

3. **Se renseigner sur le confort de l'hôtel**
   L'hôtel dispose-t-il d'un restaurant/bar/d'une discothèque/d'ordinateurs?
   Avez-vous un ascenseur?
   Disposez-vous d'une piscine/d'un sauna/d'un jardin/d'un coffre fort/d'une salle de
   réunion?
   Disposez-vous d'une laverie/d'un service de nettoyage à sec?

4. **Se renseigner sur la situation de l'hôtel**
   L'hôtel est-il situé en plein centre/à l'extérieur?
   ... près des magasins/d'une station de métro/d'un parc?
   ... loin de l'aéroport?

5. **Se renseigner sur les prix**
   Quel est le prix de la chambre?
   Est-ce que le petit déjeuner est compris?
   Quel est le tarif avec demi-pension/pension complète?
   Quel est le forfait pour un week-end/une semaine?
   Quelles réductions proposez-vous en basse saison/hors saison?

6. **Se renseigner sur le mode de paiement**
   Acceptez-vous des cartes de crédit?
   Quelles cartes de crédit acceptez-vous?

Exercices de conversation et de rédaction

1. Firma Fischer aus Düsseldorf schickt ihren Verkaufsleiter nach Straßburg zu einer Messe. Für ihn muss ein Einzelzimmer vom 10. - 15. März reserviert werden und ein Konferenzraum für den 12. nachmittags.

   Aufgabe:

   a) Schreiben Sie einen Dialog mit dem Reservierungsangestellten des Hotels „Cigogne", in dem die Reservierung vorgenommen und bestätigt wird.
   b) Verfassen Sie das Bestätigungsschreiben der Firma Fischer. Name des Mitarbeiters: Herr Martin Beckmann.

2. Firma Deluxe, Brüssel, erhält Besuch aus Deutschland. Für die Herren Benz und Daimler sollen zwei Einzelzimmer im Hotel „Gerbeaux" reserviert werden, und zwar vom 16. - 21. Juli. Leider kann das Hotel nur ein Einzelzimmer und 1 Doppelzimmer anbieten. Sie fragen nach einer Juniorsuite. Schließlich reservieren Sie ein Doppelzimmer für Herrn Benz (Verkaufsdirektor) und eine Juniorsuite für Herrn Daimler (technischer Direktor).

   a) Schreiben Sie den entsprechenden Dialog mit der Reservierungsabteilung des Hotels.
   b) Verfassen Sie das Bestätigungsfax der Firma Deluxe.

3. Votre entreprise a été invitée à visiter une grande entreprise à Marseille, le séjour durera 4 jours
   Renseignez-vous auprès de l'hôtel proposé sur les dates disponibles, sur les prix des chambres et sur les prestations de l'hôtel (situation des chambres / repas ...)
   Précisez que vous désirez 5 chambres individuelles avec salle de bain, téléphone, téléviseur et ordinateurs.
   Demandez s'il est possible de réserver une petite salle de réunion et de louer une voiture. Exigez une confirmation par écrit et demandez qu'on vous envoie un dépliant de l'hôtel.

4. Votre maison a été invitée à la célébration du cinquantenaire d'un de vos gros fournisseurs et vous avez accepté cette invitation.

   – Il vous faut donc réserver des places pour 3 personnes (en train ou en avion, voir prix et horaires) du 1er au 5 mars.
   – Il vous faut trouver un hôtel à proximité (chambres individuelles avec salle de bain / table pour 3 personnes à réserver).
   – Il vous faut organiser un cadeau approprié (se renseigner auprès de la secrétaire ou auprès d'autres entreprises concernées par le jubilé).

Chercher un emploi

Des annonces

LOURMEL Société d'installation et maintenance de cuisines profesionnelles

recrute

- **2 Assistantes Commerciales**

Débutante motivée acceptée
Dynamique et volontaire.
Vous serez l'interlocutrice privilégiée de nos clients, parfaitement bilingue (anglais)

- **Comptable**

Pour l'ensemble des travaux de comptabilité, quotidienne (payes, déclarations, TVA…).

Pour ces postes basés à Suresnes (92)
Niveau BTS minimum est demandé.

Contacter Marie Pierre au
01 42 04 40 41
31M9424

La Brique Européenne
distributeur exclusif de HANSON BRICK,

recrute

UN(E) ASSISTANTE(E)

Rattaché à la DG, vous l'aiderez dans la préparation, l'exécution et le suivi des actions commerciales et vous prendrez en main une partie de la gestion des offres et du carnet de commandes. Vous avez 25/35 ans, vous êtes dynamique, organisé et autonome.
Vous avez une formation BAC + 2, vous parlez anglais et vous maîtrisez parfaitement Excel.
1 an d'expérience minimum en entreprise.

Adresser votre dossier (lettre + CV + photo + prétentions) à **La Brique Européenne**
5 av. Condorcet, B.P 29 91261 JUVISY Cedex

PROMOBEST
Paris 16ᵉ
recherche **CDD**
du 3/9 au 28/2/01
ASSISTANTE COMMERCIALE
Mi-temps.
Connaissance outil informatique.

Anglais apprécié.

SMIC + intéressement

Tél. pour RDV :
01 45 20 15 15

---

kiloutou LOCATION DE MATÉRIEL
Location de Matériel, leader mondial de la multilocation, recherche

dans le cadre de son expansion pour son agence de **Bobigny (93)**.

UNE SECRETAIRE

- Âgée de plus de 25 ans, vous êtes titulaire du BAC et avez une excellente présentation
- Dotée d'un fort sens du relationnel, vous êtes autonome, dynamique, organisée et disponible
- Vous savez faire preuve d'esprit d'initiative
- Vous maîtrisez les outils bureautiques et vous bénéficiez d'une expérience similaire
- Un domicile à proximité serait un plus apprécié.

Adresser lettre + CV + photo à : **KILOUTOU**
à l'attention de Laurent Carrefour de la Folie
93000 BOBIGNY
14M9295

Fabricant d'Objets de Décoration en bois situé dans la Creuse
recherche

Assistante de direction commerciale
BILINGUE ALLEMAND

Elle sera chargée des relations téléphoniques Clients,
des prises de commandes ainsi que de la fluidité des contacts entre le Directeur Commercial et l'équipe de vente (10 personnes).
Une bonne connaissance du réseau hôtelier France / Allemagne serait un plus.

Envoyer candidature
(lettre de motivation + CV + prétentions)
sous référence 07/ADC au journal
Le Marché du Travail - BP 100
92322 Châtillon cedex, qui transmettra

Secrétaire administrative

WORD, EXCEL. Résider le 75, 78, 92

CV, photo New Works
12, rue Lecointre 92310 Sèvres

URGENT
Société spécialiste en produits d'hygiène recherche une

ASSISTANTE COMMERCIALE

Polyvalente, autonome.
Pour secrétariat, relations clients, gestion administrative.
Maîtrise des logiciels WORD / EXCEL nécessaire.

Envoyer CV + lettre à :
DEB ARMA s.a. - Mme Noireau
25, avenue Ampère
91320 WISSOUS
02L387

 SHH
SECRETAIRES
BILINGUES

Cabinet d'avocats international (250 personnes)
Paris 8ème (Concorde) recherche :

VOTRE MISSION : Travail pour 2 avocats. Organisation du secrétariat relation client. Suivi de facturation. Frappe et correction de documents

VOTRE PROFIL : BTS, très bon niveau d'anglais. Excellente maîtrise de Word sur PC. Connaissance d'Excel et de Powerpoint serait un plus.

VOS ATOUTS : Dynamiques, motivées, réactives et sens de la confidentialité. Envoyer candidature et prétentions au
Cabinet Salans Hertzfeld & Heilbronn, 9, rue Boissy d'Anglas
75008 Paris sous réf. 00/Marché à l'attention de Mme Gautier ou par e-mail : mgautier@salans.com
48M9184

Allô affaires – Handelsfranzösisch © FELDHAUS VERLAG, Hamburg

L'essentiel d'une demande d'emploi

1. Poser sa candidature auprès d'entreprises susceptibles d'embaucher (lettre de candidature spontanée)
2. Répondre à une offre d'emploi (lettre de candidature /lettre de motivation)
3. Relancer des entreprises qui n'ont pas répondu (lettre de relance)
4. Le curriculum vitae (CV)

La Forme

- écrire des phrases courtes
- utiliser le présent de l'indicatif
- bannir les formules creuses, banales (par ex. Je sollicite par la présente ...)
- éviter tout ce qui n'est pas en sa faveur
- évoquer sa compétence
- ne pas employer de mots à connotation négative (par ex. licencier, handicap, contraintes ...)
- ne pas faire son propre éloge, laisser parler les faits pour soi
- soigner son style , son orthographe,
- une demande rédigée en anglais peut adopter une présentation à la française

La Présentation

- taper la lettre sur machine électronique ou sur traitement de texte (une lettre manuscrite peut être exigée)
- choisir un papier blanc uni
- inscrire ses coordonnées au bon endroit (en haut à gauche)
- rappeler les références de l'annonce (à gauche)
- mentionner le nom du destinataire (à droite)
- penser à la date (à droite)
- commencer le texte au premier tiers de la page
- ne pas se tromper de correspondant (Madame, Monsieur..)
- séparer les paragraphes
- signer la lettre (à gauche et assez près du texte)
- ne pas négliger l'enveloppe de forme rectangulaire; adresse tapée à la machine à droite, affranchissement suffisant

La lettre de candidature spontanée

Il faut:
- expliquer la raison de sa candidature : s'être bien informé avant sur l'entreprise en question
- présenter un projet justifiant le choix de ladite entreprise
- démontrer qu'on est la personne adéquate (voir CV)
- se référer à des personnes de connaissance communes
- proposer un entretien
- terminer par une formule de politesse

Cette lettre est toujours accompagnée d'un CV

Dominique Thomas
8, place Paradis
54700 Pont-à-Mousson   Pont-à-Mousson, le 29 avril ...

Monsieur,

Lors de votre dernière journée portes ouvertes , j'ai eu la possibilité de connaître votre entreprise.

Les informations reçues de vos collaborateurs et l'environnement de travail m'incitent à poser ma candidature.

Mes derniers stages, comme l'indique mon CV ci-joint, m'ont fait découvrir des marchés potentiels qui seraient susceptibles de vous intéresser.

Je serais heureux de vous en parler de vive voix.

Espérant que vous accueillerez favorablement ma demande, je vous prie de croire, Monsieur, à mes sentiments dévoués.

P. J.: CV

Domonique Thomas
8, place Paradis
54700 PONT A MOUSSON
Tél: 03 83 98 34 92   26 ans , célibataire

FORMATION

1996   Baccalauréat B

1996-1998   DUT Techniques de commercialisation
              Stage de huit semaines à la FNAC (voir appréciation ci-jointe)
              Stage de onze semaines aux Galeries Lafayette (voir certificat ci-joint)

1999   Stage de négociation commerciale chez Négocia

CONNAISSANCES PRATIQUES

              Informatique, dactylographie

LANGUES ETRANGERES

              Anglais (niveau Bac + 2, cours d'anglais économique à la CCIP suivi actuellement)

Vos nom et prémon
Votre adresse
Votre numéro de téléphone

Monsieur
Nom de la société
Adresse   Lieu et date

Cher Monsieur,

Il y a quelques semaines, ma candidature retenait votre attention.

Mon expérience s'étant enrichie par une mission à haute responsabilité dans une
agence de publicité, je me permets de vous adresser un CV réactualisé.

Restant à votre entière disposition pour un nouvel entretien, je vous prie d'agréer,
Monsieur, l'expression de mes salutations distinguées.

Anna Jung
Krönenbarg 36
21079 Hamburg

EFACI
Ecole franco-allemande de commerce et d'industrie
53, rue d'Hauteville
75010 PARIS   Hambourg, le 3 novembre ...

Mesdames, Messieurs,

Etant intéressée d'approfondir mes connaissances en français économique, en comptabilité et en informatique, je vois dans la formation et les examens que vous proposez
la possibilité d'y parvenir.

Deux années passées en France amélioreront également mon français parlé et surtout
me feront encore mieux connaître le pays et la vie professionnelle .

Comme l'indique mon CV, je suis actuellement les cours de l'école de langues
étrangères à Hambourg et mes deux stages en Espagne et en Angleterre n'ont fait que
renforcer mon désir de choisir une formation qui intègre les langues étrangères.

Espérant que vous retiendrez ma candidature, je vous prie d'agréer, Mesdames, Messieurs, mes salutations distinguées.

Pièces jointes:

- CV avec photo
- justification des diplômes obtenus
- photocopie des bulletins scolaires
- 2 photos d'identité
- 1 enveloppe affranchie

Réponse à une annonce

Il faut:
- expliquer son intérêt pour le poste
- se présenter : ce qu'on apportera à l'entreprise
- solliciter un entretien   *ersuchen, bitten um*
- terminer par une formule de politesse.
- Elle est accompagnée d'un CV,
- elle doit souvent être manuscrite : la graphologie est très répandue dans les entreprises françaises.
- D'après une enquête récente, seulement 20% des recrutements ont été effectués grâce à une réponse à une petite annonce!

Société de conseil en études de marché

à VERSAILLES

recherche

SECRETAIRE

parlant couramment allemand.

Niveau BTS.

Maîtrise de Word et Excel.

Jacqueline Piquot
7, Bd. Albert 1er
57000 METZ

Groupe Clément
54, rue Boissonnade
75014 PARIS

Metz, le 21 octobre ...

Monsieur,

Votre annonce parue dans Le Marché du Travail du 20 octobre ... m'intéresse vivement.

Je suis bilingue de naissance et ma formation actuelle à l'Ecole supérieure de négociation commerciale (Négosup) me permet d'acquérir des connaissances approfondies sur les études de marché dans plusieurs pays européens.

J'ai fait un stage de 6 mois dans une société de biens d'équipement industriel à Sarrebruck, comme l'indique mon CV ci-joint.

Pendant ce stage j'ai travaillé avec les logiciels Word, Excel et Powerpoint dont je me sers encore actuellement.

Je serais très intéressée de travailler dans votre société et pourrais vous relater plus amplement, au cours d'un éventuel entretien, mes expériences professionnelles.

En vous remerciant de votre réponse, je vous prie d'agréer, Monsieur, mes salutations distinguées.

une enquête = Untersuchung

La lettre de relance

Il faut:

- rappeler sa candidature au destinataire, au cas où on n'a pas reçu de réponse
- réexpédier sa lettre et son CV au bout d'un certain temps, au cas où on a reçu une réponse négative
- réactualiser son CV au cas où on a suivi entretemps des stages, des cours de perfectionnement etc.

Le curriculum vitae (C.V.)

Il faut:

- indiquer l'état civil en haut à gauche (nom/ prénom/ adresse/ numéro de téléphone/ âge/ situation de famille)
- énumérer les éléments de sa formation par ordre chronologique. Le dernier diplôme obtenu peut être le premier de la liste (spécifier les mentions)
- mentionner les stages et séminaires ayant rapport avec le poste
- déterminer les grands axes de sa formation / de son expérience professionnelle
- donner des informations complémentaires à son métier :
    - langues : notions d'anglais
      connaissances moyennes en anglais
      anglais courant ...
    - informatique: connaissances des systèmes et des logiciels
    - divers et centres d'intérêt : publications / service militaire / loisirs .
      (A mentionner seulement si cela apporte un plus!)
- ne pas parler du salaire et ne pas indiquer de références
- ne pas dépasser deux pages (idéal: une page) / taper à la machine (la présentation doit être impeccable!)
- employer des phrases courtes (pas plus de 25 mots par phrase) / séparer les rubriques
- ne pas joindre de documents au C.V., ni de photographie (que sur demande: elle est alors collée en haut à droite du C.V.)
- envoyer C.V. et lettre d'accompagnement dans une même enveloppe /vérifier l' orthographe du nom du destinataire / affranchir suffisamment.
- Le C.V. chronologique est le plus classique et le plus utilisé : il remonte le temps en commençant par le dernier emploi occupé.
  Il est déconseillé aux jeunes diplômés n'ayant pas encore de biographie professionnelle !

Curriculum vitae

Sylvia Franke
Wilseder Ring 12
D- 21079 Hamburg
Tél. : 040/762 12 13

26 ans
célibataire

Formation:

- études secondaires au lycée Heisenberg, Hambourg
- 1991 :   baccalauréat
- 1991-1992 : séjour au-pair dans une famille parisienne
- 1992-1993 : école de langues étrangères à Hambourg pour secrétaires trilingues-
                     première langue: anglais, deuxième langue: français, troisième langue:
                     espagnol.
- 1993 :   diplôme de la Chambre de Commerce de Londres
- 1993-1995 : école supérieure de tourisme à Strasbourg formant au marketing
                     touristique international

Expériences professionnelles:

- 1995 :   stage de 3 mois comme conseillère dans l'agence de voyage Sans
                     Frontières à Mulhouse
- 1995-1999 : études universitaires de management touristique à Bochum
- 1997 :   stage de 10 semaines comme animatrice pour enfants dans un
                     village de vacances à Barcelone

Anglais, français, espagnol parlés et écrits couramment
Allemand, langue maternelle

Loisirs : flamenco et jogging

L'essentiel d'une demande d'emploi

1. Pour une candidature spontanée:

La solide réputation de votre société m'incite à postuler pour un poste de ...
La croissance régulière de votre entreprise a soulevé mon intérêt ...
J'ai appris par le bulletin de notre association professionnelle que votre comptable partait à la
   retraite ...
Monsieur XY m'a conseillé de prendre contact avec vous.

2. Pour répondre à une annonce:

Votre annonce parue ce jour dans le Figaro m'a vivement intéressé(e) / a retenu mon attention /
   a éveillé mon intérêt.
Suite à votre annonce parue dans ..., le ...
Votre offre d'emploi citée ci-dessus m'incite à vous répondre immédiatement.
Me référant à l'annonce publiée dans ...

3. Pour parler de sa motivation:

Désirant perfectionner mes connaissances en ...
Etant désireux (se) de découvrir des technologies de pointe ...
Bénéficiant d'une longue expérience dans le secteur ..., je souhaite contribuer à la réussite de
   votre projet.
Ayant fait des études de commerce, je souhaite ...
Compte tenu de ma formation, je pense être capable de m'intégrer/ de m'adapter très
   rapidement.
Je souhaite mettre mon expérience au service de votre équipe commerciale ...
Je me suis depuis toujours intéressé(e) aux problèmes / d'environnement/ des jeunes ...
Je cherche aujourd'hui à utiliser mes compétences au sein d'une grande institution financière.

4. Pour parler de ses expériences:

Je parle couramment l'anglais / J'ai des (bonnes) connaissances en italien.
Je maîtrise bien les logiciels professionnels ...
Je viens de terminer mon apprentissage en tant que ... / J'ai un C.A.P (certificat d'aptitude
   professionnelle) de
Je viens de passer le Brevet des Collèges / le Baccalauréat / un Brevet de Technicien (B.T.) / un
   Baccalauréat professionnel /un Diplôme d'Etudes Universitaires générales (D.E.U.G.) ...
J'ai fait un stage en entreprise d'une durée de 3 mois.
J'assure les tâches de secrétariat et de comptabilité depuis 10 ans ...
J'ai travaillé pendant 6 ans comme ..., ce qui m'a permis de me familiariser avec le travail de ...
Responsable de la logistique des transports spéciaux depuis 5 ans, je suis en mesure de ...
Je bénéficie de 7 ans d'expérience professionnelle dans le secteur ...
Je suis spécialisé(e) en/dans ...
J'ai effectué différents stages en entreprise.
J'ai assuré le service .../ J'ai contribué au développement de ... / J'ai été chargé(e) de/ Je me
   suis occupé(e) du service ...

5. Pour écrire son C.V.

Célibataire/ marié(e) / divorcé(e)
Objectif
Formation (école élémentaire / collège / lycée / stage / université / apprentissage ...)
Expériences professionnelles
Langues étrangères: lu, parlé, écrit / notions d'espagnol / connaissances de base / pratique
    professionnelle de l'anglais / anglais courant / bilingue allemand-français
Divers: centres d'intérêt / connaissances particulières (culturelles, sportives, techniques) /
    recherches personnelles (voyages)

6. Pour se référer à son C.V.:

Mon C.V. ci-joint vous donnera les renseignements essentiels.
Comme l'indique mon C.V. ...

7. Pour terminer:

Si un poste est actuellement vacant dans vos services, je vous prie de bien vouloir me le faire
    savoir.
Au cours d'un éventuel entretien, je pourrais vous préciser ...
Je me tiens à votre disposition pour un premier contact.
Restant à votre entière disposition pour tout entretien ...
Je souhaite vous rencontrer ... / Dans l'attente de vous rencontrer ...
Je serais heureux de pouvoir m'entretenir avec vous.
Dans l'attente de vous rencontrer pour vous donner de vive voix toutes les informations
    souhaitées, ...
Souhaitant vous présenter plus amplement mes compétences et ma motivation lors d'un
    entretien ...
J'espère que vous réserverez à ma demande un accueil favorable.
Dans l'espoir que vous donnerez une suite favorable à ma candidature, ...
Je vous remercie de l'attention que vous voudrez bien m'accorder ...
En vous remerciant de votre réponse ...

Allô affaires – Handelsfranzösisch © FELDHAUS VERLAG, Hamburg

Exercices de vocabulaire et de grammaire

1. Soupe aux lettres

A	R	E	M	U	N	E	R	A	T	I	O	N	N	E
M	E	R	L	N	I	E	M	P	L	O	I	M	C	V
E	C	O	N	G	E	T	U	P	M	E	R	J	O	B
T	R	A	V	A	I	L	M	R	O	F	E	R	I	E
I	U	N	O	T	I	O	N	E	T	Q	U	O	P	V
E	T	P	N	E	Y	C	O	N	T	R	A	T	R	E
R	E	F	U	S	E	R	A	T	P	H	O	T	O	N
T	M	O	T	I	V	A	T	I	O	N	R	E	F	D
P	E	R	S	O	N	N	E	L	T	M	A	V	I	E
E	N	R	E	C	H	E	R	C	H	E	R	U	L	V
S	T	A	G	E	Z	S	A	L	A	I	R	E	X	R
C	A	N	D	I	D	A	T	U	R	E	V	D	T	S
C	U	R	R	I	C	U	L	U	M	V	I	T	A	E
B	I	C	O	N	N	A	I	S	S	A	N	C	E	S
B	A	C	R	C	E	R	T	I	F	I	C	A	T	S

2. Mettez l'adjectif verbal ou le participe présent

1. Nous vous assurons une rémunération (motiver).
2. Nous recrutons du personnel (naviguer).
3. (Savoir) que vous vous intéressez à cette tâche, nous vous proposons ce poste.
4. Jeune fille (aimer) jouer avec les enfants cherche une place de fille au pair.
5. (Détenir) les diplômes exigés dans votre annonce, ...
6. Nous recherchons une personne (avoir) le permis de conduire et (posséder) un véhicule.
7. Toute personne (souhaiter) un CDI est priée de nous contacter.
8. (Avoir vu) votre annonce ce matin dans le journal, ...
9. J'ai besoin d'un pâtissier (travailler) seul.
10. Toute candidate (débuter) est acceptée.
11. Si vous répondez à la description (suivre), contactez-nous!
12. (Exercer) cette fonction depuis 4 ans, je me sens capable de ...
13. Il nous reste quelques places (vaquer) en informatique.
14 (Espérer) votre approbation, je vous contacterai dans les jours prochains.
15. Nous offrons des salaires (motiver) (suivre) votre qualification
16. (Rester) à votre disposition pour vous donner tous renseignements complémentaires ...

3. Posez des questions (avec l'inversion)

Exemple: Oui, nous acceptons **les débutants.**
      Les débutants sont-ils acceptés?

1. En effet, **le stage** durera 3 mois.
2. Oui, **notre magasin** est situé dans l'agglomération.
3. C'est bien ça, **les postes** proposés sont à temps partiel.
4. Non, **le permis de conduire** n'est pas exigé.
5. Oui, la formation débute **le 15 octobre.**
6. C'est vrai, **des connaissances en comptabilité** sont demandées
7. Oui, **nos collaborateurs** parlent tous l'anglais.
8. Bien sûr, **il vous faut** maîtriser parfaitement l'informatique dans tous les domaines.
9. Oui, **la période d'essai** dure 6 mois.
10. Mais oui, **la participation aux bénéfices** est aussi accordée aux débutants.

4. Texte à trous

Mots à utiliser: entretiens - lettres - contrat - s'inscrire - recherche - annonces - langue étrangère - boulots - mois - entreprise - poste - sélectionner - temps partiel - offres d'emploi - travaillait - sûr - fermes - stage - tenir compte - besoin - active - débordé - diffuser - vivre - soigner - expériences - fois - emploi - ANPE (2x) - profiter - recrutement - responsabilité

La prospection

C'est la phase active de la ……… d'un ……….

Il faut ……… comme si on ………. Se lever à 7 heures et ……… son aspect.

Première chose à faire: ……… à ……… et y aller au moins une ……… par semaine. De nombreuses

entreprises passent par l' ……… pour ……… leurs ……….

Répondre aux ……… sans attendre, afin de ne pas être ……….

Ne pas se laisser décourager par le ……… qui ne tombe pas.

Pour combattre le sentiment d'inutilité, ……… de cette période pour suivre des conférences sur

différents sujets, apprendre une ………, faire un ……… ou des petits ……… à ……… .

Toutes les .... sont bonnes à prendre.

Compter environ trois à quatre .... pour une recherche ....

Le temps nécessaire à une .... pour .... un candidat varie de deux semaines à trois mois.

Tout dépend du mode de ...., du niveau de .... exigé par le .... et au .... plus ou moins urgent de l'entreprise. Il faut toujours en ....

Pour être .... d'obtenir des .... et deux à trois offres .... , il faut envoyer 100 à 150 .... , c'est-à-dire 10 à 15 lettres par semaine!

5. Que signifient ces abréviations?

1. le BAC
2. le CV
3. le CAP
4. le BTS
5. une PME
6. une PMI
7. un CDD
8. un CDI
9. l'ANPE

6. Cherchez l'intrus!

1. embaucher - recruter - travailler - engager
2. l'apprenti - l'ouvrier - le stagiaire - le bachelier
3. l'emploi - le travail - le bureau - le poste
4. l'artisan - l'employé - le personnel - le fonctionnaire
5. le diplôme - les connaissances - le certificat - le bulletin scolaire
6. les petites annonces - la lettre de candidature - le CV - la lettre de motivation

7. Mettez la préposition qui convient

1. un contrat .... durée déterminée

2. une formation .... correspondance

3. des informations .... les débouchés professionnels

4. l'horaire .... travail

5. le droit .... congés payés

6. bénéficier .... la protection sociale

7. travailler .... équipe

8. se tenir .... la disposition .... qn.

9. être .... grève

10. partir .... retraite anticipée

8. Texte à trous

> **Employez les mots suivants:** apprendre - régulièrement - majorité - concurrence - semaine - messages - rubriques - officiels - province - hebdomadaires - quotidiens - annonce - jours - régionale - réponses - source- -

Aujourd'hui une .... entraîne en moyenne 200 à 600 ....

La .... est donc partout présente et les délais de sélection d'autant plus longs.

La .... des petites annonces (P.A.) paraissent dans les grands ....

(Le Monde, Les Echos,Le Figaro et France-Soir). Les meilleurs .... sont le lundi, le mardi et le mercredi.

Les .... (Le Point, L'Express) sont également une bonne .... d'offres d'emploi, surtout pour les cadres.

Pour ceux qui désirent travailler en .... , il est préférable de regarder la presse quotidienne .... en fin de ....

Les organismes .... comme l'ANPE ou l'APEC ne sont pas à négliger et publient .... des annonces.

Il faut regarder dans toutes les .... (par ex. comptabilité/ finances/ marketing/ production/ santé) car les frontières ne sont pas toujours bien claires entre chaque domaine.

Avant de répondre à une annonce il faut .... à décoder les .... de l'entreprise!

ANPE : Agence Nationale Pour l'Emploi
APEC : Agence Pour l'Emploi des Cadres

9. Trouvez les mots qui correspondent aux définitions suivantes:

1. Ensemble d'indications sur les capacités, les diplômes et les activités d'une personne.
   le contrat de travail - le curriculum vitae - la lettre de candidature

2. Vacances auxquelles les salariés ont droit annuellement.
   les jours fériés - le treizième mois - les congés payés

3. Ouvriers participant à la fabrication d'un produit.
   la main d'oeuvre - les stagiaires - les manoeuvres

4. Période pendant laquelle on apprend un métier manuel.
   les études - la formation commerciale - l'apprentissage

5. Interruption collective du travail.
   la grève - la retraite - le chômage

10. Répondez à une des annonces et définissez les mots suivants:

- l'apprentissage (m.)
- la rémunération
- le poste à pourvoir
- l'embauche (f.)
- le stage
- la gestion des stocks

Bureaux

LO HD62036 M43
Société de commerce
international
Secteur Nancy
recherche

SECRETAIRE-COMPTABLE
Connaissance Word
Excel indispensable.
Anglais souhaité.
Disponibilité immédiate.
Rémunération brute
90.000 F à 102.000 F.

Envoyer lettre de motivation + CV avec photo au
journal Houdemont HD
243/90.

LO HD62041 M43
Société banlieue Nancy
recherche

1 SECRETAIRE
EXPERIMENTEE
Sténo indispensable.
Connaissances Word
Excel exigées.
Envoyer candidature + CV
au journal Houdemont
HD1244/90 qui transmettra

LC HD62206 M43
Société regionale recherche, pour son P.-D.G.
**1 ASSISTANTE
DE DIRECTION**
Vous avez 30 ans ou plus
et au moins 5 ans d'expérience. Poste à pourvoir
début septembre. Rémunération suivant expérience.
Ecrire au journal
HD1246/90 qui transmettra (lettre + CV + photo).

Bureaux

LO HD61325 M64
Société recherche
pour ses etablissements
nanceens et toulois
**Plusieurs SECRETAIRES
ASSISTANTES**
dans le secteur du commerce de pièces automobiles. Travail à mi-temps,
au minimum baccalaureat
exigé.Salaire suivant compétences commerciales,
administratives et informatiques.
Ecrire au journal sous ref.
Houdemont n° HD 1220.90.

Bureaux

LO PN54930
Société chaudronnerie 40
employés embauche
COMPTABLE qualifie,
paies, saisie, charges (logiciel Cegid (sis II), region
Pont-a-Mousson.Ecrire au
journal Pont-a-Mousson
sous numero
PN1024/41A.

Apprentis

La Centre de formation
des apprentis
de la restauration
recherche pour
les entreprises des
**APPRENTIS EN SALLE
ET EN CUISINE**
Tél. 03.83.35.07.40
... apprentissage
le meilleur acces à l'emploi

Personnels divers

LO HD61610 M61
PME en expansion
recherche 2 personnes
motivees :
**SECRETAIRE
COMMERCIALE**
ayant la maitrise de l'allemand, de bonnes
connaissances en anglais
et des connaissances
informatiques
MAGASINIER
pour la preparation des
commandes, gestion des
stocks, expeditions.
Envoyer CV et lettre de
motivation manuscrite a
L'Est Républicain
Houdemont n° HD
1230/90 qui transmettra

Stages Formation

LO HD61330 M62
Pour la rentrée
**STAGE DE
FORMATION**
débouchant sur CDI
dans la vente.
Il faut dynamisme, bonne
presentation.
Ecrire P. VERTE, 16, rue
Pichard, 57950 Montigny.

**Corris Fundraising
SARL**

JOB POUR ETUDIANTS
CAP 2
Campagne de recrutement d'adhérents pour
une des plus grandes
organisations de protection de l'environnement
en France. Si tu es un(e)
étudiant(e) de moins de
26 ans, disponible durant
5 semaines pour travailler
dans une equipe dynamique, alors appelle-nous
au **03.89.89.70.62.**

Représentation

LO HD58164 M50
S.A. au capital de 15 MF
industriel, fabricant
25 ans d'existence
RECHERCHE

COMMERCIAUX

✔ Formation assurée
et suivie
✔ Rendez-vous fournis
✔ Véhicule de société
objectif
✔ Remuneration elevee
✔ Fixe + commissions
✔ Soutien logistique terrain
Tél. 33.33.44.61.51

Représentation

CT HD61549 M62
SUCA, confiserie depuis
1851, recherche
REPRESENTANT (E)
possedant voiture
Visites boulangers, pâtissiers. Clientèle existante
importante. Secteur 25, 39,
52, 70, 90. Fixe + 10 %.
Envoyer CV manuscrit,
photo : 8, rue Moliere,
93106 Montreuil cedex ou
telephoner matin de 8 h a
8 h 30 au 01.42.87.59.51.

Personnel spécialisé

LO HD60487 M64
SOCIETE NANCEIENNE
recherche

MECANICIENS
pour centre autos

MECANICIENS
pour atelier de renovation,
boites de vitesses et
moteurs

MECANICIENS
pour usine de deconstruction automobile

MECANICIENS
poids lourds

RESPONSABLES
- ATELIERS
Salaires motivants suivant
qualifications.
Envoyer lettre manuscrite
+ curriculum vitae detaillé,
sous reference.

LC HD61391 M64
Cherche

PATISSIER qualifié
libre de suite,
sachant travailler seul
Tél. 03.83.42.20.34
le matin

Vendeurs

LO HD61540 M62
URGENT
recherche

VENDEURS
(HOMMES/FEMMES)
CDI
Embauche dans les
5 jours possible.
Références appréciées.
Téléphoner ce jour et
demain, de 9 h 30 à 12 h
et de 14 h 30 à 18 h au

03.83.40.76.03

11. Après avoir lu ces demandes d'emploi, rédigez vous-même trois petites annonces:

    a) Vous êtes étudiant/e et cherchez un job en France pour les vacances.

    b) Vous faites des études/ une formation professionnelle exigeant un stage à l'étranger.

    c) Vous avez terminé votre formation/vos études et désirez travailler en France.

12. Définissez les mots suivants:

    – les tâches du secrétariat
    – les charges sociales
    – le permis
    – la maîtrise des langues
    – dégagé des obligations militaires

FEMME 41 ans, licenciée économique, CNAM technique comptable et gestion financière, initiation juridique, 13 années expérience comme comptable, responsable comptabilité générale, analytique et administrative, recherche emploi, grande mobilité géographique, compétente, rigueur, discrétion et disponibilité.

JEUNE FILLE 20 ans, BAC action communication et administrative 1re année de BTS, assistante de gestion PME-PMI, expérience professionnelle dans un cabinet d'avocat, notions d'anglais, logiciels Word 6 et Excel 7, mobile, discrète, organisée recherche un emploi d'agent administratif.

Urgent, homme 35 ans, cherche place stable **CHAUFFEUR LIVREUR** en messagerie, permis VL, plus de 10 ans d'expérience. Téléphone 06.07.63.33.17 ou 03.83.51.20.40 heures repas.

JEUNE FEMME 24 ans, niveau assistante de direction avec formation assistante commerciale PME-PMI, 15 mois d'expérience anglais lu écrit, parlé, cherche poste de secrétaire, maîtrise de Word 6 et 7, Excel 7, publisher, Internet, bonne présentation, prise d'initiative et de responsabilités, véhicule.

MEDDA José, DUT gestion des entreprises et administrations (option finance comptabilité), Cambridge First Certificate English For Business stage de 2 mois chez CFE Audit et Conseil cherche emploi '

HOMME 27 ans, secrétaire Bureautique connaissance du secteur BTP, très bonne maîtrise de logiciels Word 6 et Excel 5, possibilité d'un contrat CIE.

FEMME, 43 ANS, BEPC, BEP agent administratif, 20 années d'expérience professionnelle, assure les tâches de secrétariat, comptabilité jusqu'au bilan, paies, charges sociales, accueil, maîtrise l'outil informatique : Word, notions juridiques. Mobile.

HOMME 26 ans, BEP agricole brevet technique agricole, stages à l'Office national des forêts, recherche place comme pépiniériste motivé et sérieux, permis + véhicule, dégagé des obligations militaires.

13. Choisissez une des demandes de recrutement et répondez-y en tenant compte du profil exigé.

Exercices de rédaction

1. Vous êtes élève/étudiant(e) et désirez travailler pendant les grandes vacances en France.
   - vous aimez la nature : possibilité d'aider pendant les différentes récoltes ou dans des fermes ou lors des vendanges (en automne)
   - vous aimez les enfants : possibilité de faire du baby-sitting, de l'animation dans des camps de vacances, dans des terrains de camping ou dans des colonies de vacances
   - vous aimez le monde : possibilité de travailler à Eurodisney ou dans d'autres parcs d'attractions
   - Ecrivez une lettre de motivation et votre C.V.

2. Vous faites des études en Allemagne qui exigent que vous fassiez un stage de 3 mois au moins dans une entreprise à l'étranger. Vous avez choisi la France.
   Ecrivez une lettre de motivation et joignez-y votre C.V.

Exercices de conversation téléphonique

1. Vous avez trouvé une offre d'emploi qui vous semble intéressante : il s'agit d'une ferme spécialisée dans l'agriculture biologique qui a besoin d'aide dans la culture des légumes et dans l'élevage de moutons.
   Vous avez un peu d'expérience dans ce domaine et vous désirez rester 3 mois pour améliorer votre français.
   Vous demandez des renseignements sur l'hébergement, sur la rémunération et sur les conditions de travail.
   Les réponses vous satisfont, vous enverrez sous peu votre C.V. et votre lettre de motivation.
   Vous attendez une confirmation par écrit de votre employeur.

2. Vous êtes étudiant(e) et désirez travailler à temps partiel à Disneyland à Marne-la-Vallée.
   Vous avez entre 18 et 25 ans, vous parlez l'anglais couramment.
   Vous désirez savoir la date limite pour poser sa candidature et surtout s'il est possible de travailler à temps partiel. Vous seriez particulièrement intéressé(e) de travailler à l'accueil.
   Demandez des informations sur la durée maximum du contrat de travail, sur les horaires, sur l'hébergement et la rémunération.
   Proposez d'envoyer immédiatement tous les papiers nécessaires.

24. Juli 2003

Traduisez!

Les emplois-jeunes

Ils ont été créés en1997.
Ils sont possibles dans une des trois fonctions publiques (Etat, hôpitaux et collectivités territo-
riales) ainsi que dans les établissements publics et dans les grandes entreprises (EDF-GDF,
RATP,SNCF,La Poste) et les associations.
L'aide de l'Etat correspond à 80% du SMIC (soit € 15.600,– par an).
Dans l'éducation et la police, tous les jeunes sont payés au SMIC.
Depuis 1997,138 250 postes ont été créés. Le gouvernement a promis de créer 350.000 em-
plois jusqu'à l'été 2000.
Actuellement, le rythme des embauches est de 1500 par semaine.
Il y a autant de femmes que d'hommes. Les jeunes recrutés ont généralement moins de 25
ans.
Leurs niveaux de formation sont divers: 2/3 ont un niveau égal au bac.
Parmi eux, 78 % étaient à la recherche d'un emploi et 85% étaient inscrits à l'ANPE.
Les emplois-jeunes sont prévus pour une durée de cinq ans.

(d'après „Les dossiers de l'actualité, La Croix, novembre 1998)

Questions
Que signifient les abréviations du texte?
Quels sont les avantages et les inconvénients de cette forme d'emploi?

Traduisez!

L'intérim, un travail temporaire parfois définitif

Plus de 8 millions de contrats d'intérim ont été conclus en 1997 et les professionnels pré-
voient de passer cette année le cap des 10 millions [1]. La durée moyenne des contrats est de 2
semaines. Beaucoup de gens apprécient ce satut, d'autant qu'il sert parfois de tremplin vers
un contrat à durée indéterminée (CDI). Pour les jeunes, le travail temporaire permet souvent
d'acquérir leurs premières expériences professionnelles. Cependant, dans l'intérim plus
qu'ailleurs, il est recommandé de posséder des qualifications reconnues. Sans cela, on vous
confiera principalement des tâches de manutention. Que ce soit en informatique, en gestion
ou encore dans le bâtiment, ceux qui ont une vraie spécialisation technique seront donc les
bienvenus. En effet, quand une entreprise appelle une agence, c'est pour se faire envoyer un
candidat avec le profil demandé. Aujourd'hui, les grosses sociétés implantées sur tout le territoire détiennent les 2/3 du marché.
Enfin, se présenter avec son CV dans une agence ne suffit pas. Rien de tel que de passer régulièrement pour montrer que vous êtes disponible! Tout chômeur indemnisé peut très bien travailler en intérim, à condition qu'il en informe l'ASSEDIC [2]. Suspendus pendant la mission, ses
droits reprendront ensuite.
Le recours au travail temporaire est interdit pour remplacer du personnel gréviste.
Le contrat liant l'entreprise à l'agence de travail temporaire doit comporter le motif justifiant
le recours aux travailleurs temporaires, le nombre de travailleurs demandés (qualification, horaires, caractéristiques de l'emploi), les modalités de rémunération et le terme de la mission.

1) Chiffres du Ministère du Travail
2) Associations pour l'emploi dans l'industrie et le commerce (private Arbeitslosenversiche-
   rung)

Comment débuter?

Bien que les entreprises commerciales recherchent massivement des vendeurs, elles ne sont pas prêtes à embaucher des débutants: recruter un vendeur qui n'est pas fait pour la vente *prête* coûte trop cher. Elles préfèrent prendre des garanties en ne sélectionnant que les candidats ayant déjà une expérience dans la vente.
Chez Kraft Jacobs Suchard (géant américain du café, du chocolat et de la confiserie) tous les candidats doivent avoir effectué un stage de vente dans le secteur de la grande consommation. Même chose pour le groupe André et à l'UAP où une première expérience dans la vente est indispensable. Chez Pernod-Ricard, on précise que la petite taille des entreprises ne permet pas de recruter de vrais débutants.
Les jeunes vendeurs doivent montrer dans leur candidature qu'ils ont de l'énergie, le goût et l'autonomie nécessaires pour exercer leur métier.
Les diplômes ne suffisent pas à compenser le manque d'expérience, sauf s'ils comprennent des stages de longue durée. Chez André, on ne court pas après les titulaires de diplômes „longs comme le bras". Pour être un bon vendeur, il faut surtout être travailleur, sérieux et pouvoir animer une petite équipe.
Mais en plus des diplômes et de l'expérience professionnelle, les recruteurs de commerciaux donnent de l'importance aux qualités personnelles des candidats. D'où l'importance d'indiquer dans le CV ses traits de personnalité (esprit d'initiative, d'autonomie dans des activités sportives, par ex.).
Lors des premiers entretiens de recrutement, les candidats sont testés en groupe (jeux de rôle). Les étapes suivantes comportent des entretiens individuels ou des tests de personnalité. Ces derniers peuvent durer de dix minutes à une heure (questionnaires, situations à commmenter, séries logiques à compléter, histoires à imaginer ...)
L'entretien le plus décisif est celui que le candidat passe avec le chef de service car son expérience lui donne le plus de poids dans le processus de recrutement.
Les entreprises apprécient particulièrement la cooptation pour recruter. „Quatre-vingts pourcent de nos (UAP) recrutements sont effectués grâce à la cooptation. L'inspecteur demande aux personnes de son équipe si elles connaissent quelqu'un susceptible de convenir au poste. C'est un moyen qui garantit une bonne insertion dans l'équipe et qui repose sur une sorte d'engagement moral du nouvel arrivant par rapport à celui qui l'a coopté."

D'après un texte paru dans „Les métiers de la vente", Le Monde de l'éducation 1994

Aux portes de la formation

JEUNES DE 16 à 25 ANS SORTIS DE FORMATION INITIALE

VOUS POUVEZ...
– acquérir une qualification professionnelle de niveau V (CAP, BEP)
– si vous êtes à la recherche d'un premier emploi, accéder à des stages ou à des contrats en alternance.

EN VOUS INFORMAT AUPRES DE:
– Mission locale
– Permanence d'Accueil, d'Information et d'Orientation (PAIO)
– Chambres d'Agriculture de Commerce et de Métiers
– Votre ancien établissement scolaire
– Agence Nationale pour l'Emploi (ANPE)
– Centre d'Information et d'Orientation (CIO)
– Centre d'Information Jeunesse (CIJ)

DEMANDEURS D'EMPLOI OU BENEFICIAIRE DU REVENU MINIMUM D'INSERTION

VOUS POUVEZ...
accéder à des stages ou des contrats de travail particuliers prévoyant des formations complémentaires.

EN VOUS INFORMANT AUPRES DE:
– ANPE la plus proche
– Agence pour l'Emploi des Cadres (APEC)
– ASSEDIC

SALARIES, AGENTS DE LA FONCTION PUBLIQUE

VOUS POUVEZ...
Améliorer vos connaissances ou vous adapter aux impératifs économiques en:
– suivant des actions de formation développées par votre enterprise ou votre administration,
– suivant des stages à votre initiative et à titre individuel.

EN VOUS INFORMANT AUPRES DE:
– votre direction (responsable du personnel, de formation...)
– votre comité d'enterprise, syndicat,
– votre administration,
– FONGECIF ou l'organisme collecteur du CIF de votre branche professionelle.

Vocabulaire Français/Allemand
Vokabelverzeichnis Französisch/Deutsch

abaissement, l' (m)	Senkung
abandonner	aufgeben
abonné,e (m/f)	Abonnent/in
aboutir	führen, zu etw.
abréviation, l' (f)	Abkürzung
absent, e	abwesend
absolument	unbedingt
accélérer	beschleunigen
accepter	annehmen
accompagner	begleiten
accord, l' (m), se mettre d'accord	Einigung, sich einigen
accorder	gewähren
accroître	steigern
accueil, l' (m)	Empfang
accueillir	empfangen
accusé (m)de réception (f)	Empfangsbestätigung
achat, l' (m)	Kauf
acheminement, l' (m)	Beförderung
acheminer	auf den Weg bringen
acheteur, l' (m)	Käufer
acier inox, l' (m)	Edelstahl
acquérir	erwerben
acquisition, l' (f)	Erwerb
activité, l' (f)	Beschäftigung
admettre	anerkennen, zugeben
adorer	anhimmeln, anbeten
adresser; s'adresser à qn.	senden; sich wenden an
aéroport, l' (m)	Flughafen
affaire, l' (f)	Angelegenheit, Geschäft
affiche, l' (f)	Plakat
afin de	um zu
africain, e	afrikanisch
âge, l' (m)	Alter
agencement, l' (m)	Einrichtung
agglomération, l' (f)	Siedlung, Vorort
agir; s'agir; il s'agit de	handeln; sich handeln um; es handelt sich um
agrafe, l' (f)	Heftklammer
agrafer	heften
agréable	angenehm
agréer	entgegennehmen, annehmen
agro-alimentaire	Agrar-Nahrungsmittel
aider	helfen
ailleurs	anderswo, nebenbei
aimer faire qc.	gern etw tun
ainsi que	sowie
ajouter	hinzufügen
alimentaire	Nahrungs-
allégé, e	leicht, erleichtert
allemand, e	deutsch
altérer	verändern

aménager	einrichten
amiable, à l'amiable	gütlich
ampoule, l' (f)	Glühbirne
an, l' (m)	Jahr
analogue	gleich, ähnlich
ancien, ne	alt
ancienneté, l' (f)	Alter, Dienstalter
année, l' (f)	Jahr
annexe, l' (f); en annexe	Anlage; als Anlage
annonce, l' (f)	Anzeige
annuaire, l' (m)	Telefonbuch
annuel, le	jährlich
annulation, l' (f)	Annullierung, Aufhebung
annuler	rückgängig machen
ANPE; Agence Nationale Pour l'Emploi	Arbeitsamt
appareil, l' (m)	Apparat / Gerät
appel d'offres, l' (m)	Ausschreibung
appel, l' (m)	Ruf/Anruf
appeler	an-rufen
applicable	anwendbar
appliquer	anwenden
apprécier	schätzen
apprenti, l' (m)	Lehrling
apprentissage, l' (m)	Lehre
approbation, l' (f)	Zustimmung
approprié, e	geeignet
approuver	zustimmen
approvisionner	versorgen
approvisionner, s'approvisionner	eindecken, sich eindecken
après-vente, le service après-vente	Kundendienst
argument, l' (m)	Argument
arrivage, l' (m)	Wareneingang
arrivée, l' (f)	Ankunft
arriver	ankommen
article de toilette, l' (m)	Toilettenartikel
article, l' (m)	Artikel
artificiel, le	künstlich
artisan, l' (m)	Handwerker
artisanal, e	handwerklich
ascenseur, l' (m)	Fahrstuhl
aspect, l' (m)	Aussehen
assistance, l' (f)	Hilfe, Unterstützung
Association des Consommateurs, l' (f)	Verbraucherverband
association, l' (f)	Verband / Verein
assortiment, l' (m)	Sortiment
assumer	übernehmen, auf sich nehmen
assurance, l' (f)	Versicherung
assurer	versichern
atelier, l' (m)	Werkstatt
atteindre	erreichen

attendre; s'attendre à qc.	er/warten; mit etw rechnen
attention, l' (f) à l'attention de	zu Händen von
atterrir	landen
attirer	anlocken, auf sich lenken, anziehen
attirer l'attention sur qc.	Aufmerksamkeit auf etw. lenken
attitré, e; le client attitré	Stammkunde
au cas où; pour le cas où; (+ cond.)	falls
aucun, e	keinerlei
augmenter	erhöhen, steigern
aujourd'hui	heute
auprès de	bei (Institutionen/ Personen)
aussitôt que possible	so schnell wie möglich
autant	soviel
autoriser	berechtigen
autoroute, l' (f)	Autobahn
autre	andere(r,s)
autrefois	damals
avance, à l'avance	voraus, im voraus
avant	vor (zeitlich)
avantage, l' (m)	Vorteil
avantageux, -euse	vorteilhaft
avarié, e	beschädigt, defekt, schadhaft
avérer, s'avérer	bewahrheiten, sich bew.
avion, l' (m)	Flugzeug
avis d'expédition, l' (m)	Versandanzeige
avis, l' (m) à mon avis	Meinung, meiner M. nach
avoir, l'(m)	Guthaben, Gutschrift
avoisinant, e	benachbart
avoisiner	angrenzen, liegen um
B.N.P.	Banque Nationale de Paris
baisse, la	Senkung
baisser	senken
ballot, le	Ballen
bancaire; virement bancaire, le	bank-..; Banküberweisung
bas, se	niedrig
base, la	Basis, Grundlage
baser sur	begründen auf
basse saison, la; hors saison	Zwischensaison, außer S.
bateau, le;	Schiff
bâtiment, le	Gebäude
beaucoup de	viel
belge	belgisch
bénéficier de	in den Genuss kommen, etwas erhalten
besoin, le; avoir besoin de	Bedarf; etw brauchen
bicyclette, la	Fahrrad
bidon, le	Kanister
bien-fondé, le	Berechtigung, Triftigkeit
bijou, le	Schmuck
biodégradable	biologisch abbaubar
bip, le; le bip sonore	Piepton

Allô affaires – Handelsfranzösisch © FELDHAUS VERLAG, Hamburg

biscuit, le	Keks
bleu clair	hellblau
blé, le	Weizen
bleu foncé	dunkelblau
bloqué, e	blockiert
bois, le b. de chauffage	Holz, Brennholz
boîte individuelle,la	Einzelschachtel
boîte, la	Dose,Schachtel
bon de commande, le	Bestellschein
bon marché	preiswert, billig
bon, le; le b. de caisse	Kassenzettel
bon, le; le b. de livraison	Lieferschein
bonbonne, la	Korbflasche
bord, le	Rand
bordereau d'envoi, le	Frachtbegleitschein
bosse, la	Beule, Buckel
bout, le; au bout de	Ende, Spitze; nach (Ablauf von)
bouteille, la	Flasche
bouton, le	Knopf
brancher	anschließen (elektr.)
bref, brève	kurz
bricolage, le	Basteln, Heimwerken
bricoleur, le	Heimwerker
bris, le	Bruch
brisé, e	gebrochen
briser	zerbrechen
brochure, la	Broschüre
bruit, le	Lärm
bureau, le	Büro / Schreibtisch
but, le	Ziel
C.C.P.	Compte Chèque Postal
cabine téléphonique, la	Telefonzelle
cacher	verstecken
cadeau, le	Geschenk
cageot, le	Stiege, Obstkiste _Steige_
cagette, la _Steige_	Obstkiste
caisse, la	Kiste / Kasse
calculer	berechnen
caler, être calé, e	stauen, einkeilen, gestaut
calendrier, le	Kalender
camionneur, le	LKW-Fahrer
campagne de presse, la	Pressekampagne
campagne publicitaire, la	Werbekampagne
cancérigène	krebserregend
caoutchouc, le	Gummi
CAP; Certificat d'Aptitude Professionnelle, le	Facharbeiterbrief
cap, le	(Grenz)zahl
car	da, denn, weil
carré, e	quadratisch
carte de crédit, la	Kreditkarte

carte, la	Karte
carte, la c. à puce	Chipkarte
carton ondulé, le	Wellpappe
carton, le	Karton
cas, le; dans le cas où; au cas où	Fall; falls
catalogue, le	Katalog
cause, la	Grund
CCIP (Chambre de Commerce et d'Industrie de Paris)	Industrie- und Handelskammer Paris
CDD; Contrat à Durée Déterminée	befristeter Arbeitsvertrag
CDI; Contrat à Durée Indéterminée	unbefristeter Arbeitsvertrag
célibataire	ledig
centaine, la	Hundert
cependant	jedoch, dennoch
céréales, les (f, pl.)	Getreide
cerise, la	Kirsche
certainement	sicherlich
certificat d'origine, le	Ursprungszeugnis
cesser de	aufhören zu
chaîne d'hôtels, la	Hotelkette
chaleur, la	Hitze, Wärme
chambre double, la	Doppelzimmer
champ, le	Feld
chapitre, le	Kapitel
charge, la; être à la charge de qn	Last; zu den Lasten sein
charge, la; être en charge de	Last; zuständig sein
chariot élévateur, le	Gabelstapler
chauffage, le ch. central	Zentralheizung
chauffer	erwärmen
chef, le ch. de rayon	Abteilungsleiter
chemin de fer, le; par ch. de f.	Eisenbahn, per Eisenbahn
chèque, le; par chèque	Scheck, mit Scheck
chercher	suchen
cheval, le; chevaux, les	Pferd
chiffre d'affaires, le	Umsatz
chimique	chemisch
choc, le	Stoß
choisir	aussuchen, wählen
choix, le	Auswahl
chômage, le	Arbeitslosigkeit
chope, la	Becher
ci-inclus, e	anbei/beigefügt
ci-joint	beigefügt
Cie; Compagnie, la	Gesellschaft
cintre, le	Kleiderbügel
ciseaux, les (m)	Schere
citer	nennen, zitieren
clair, e	hell
client, le; cliente, la	Kunde, Kundin
clientèle, la	Kundschaft

coffrets cadeau de 20 couleurs — *Geschenkkästen von*

climat, le	Klima
code postal, le	Postleitzahl,
colis, le; colis postal	Paket; Postpaket
collaborateur, -trice, le, la	Mitarbeiter/in
collaboration, la	Zusammenarbeit
colle, la	Klebstoff
coller	kleben
colorant, le	Färbemittel
coloris, le	Farbton
combattre	bekämpfen
combien	wieviel
combiné, le	Hörer (Telefon-)
commande, la	Auftrag, Bestellung
commander	bestellen
comme	wie/ da
comment (interrog.)	wie
commerçant, e	Handels- ...
commerce, le	Handel
commercial, e	Handels-
commercialisation, la	Vermarktung
commettre	begehen (z. B. Irrtum)
commun, e	gemeinsam
commune, la	Gemeinde
communication téléphonique, la	Telefongespräch
communiquer qc. à qn.	mitteilen (jdm etw)
compagnie aérienne, la	Luftfahrtgesellschaft
comparer	vergleichen
compenser	kompensieren, ausgleichen
compétent, e	zuständig, kompetent
compétitif, compétitive	konkurrenzfähig
complémentaire	zusätzlich
complet, complète	vollständig
compléter	vervollständigen
comporter	enthalten
composer	wählen (am Telefon)
composition, la	Zusammensetzung
compréhension, la	Verständnis
compromettre	bloßstellen, in Verlegenheit bringen
comptant, payer comptant	bar zahlen
compte, le	Konto
compter	zählen, rechnen
compter parmi	zählen zu
compter sur qc	rechnen mit etw.
concerner, concernant	betreffen, betreffend
concerner;en ce qui concerne	betreffen; betreffend
concession, la	Konzession, Zugeständnis
concevoir (p.p. conçu, e) pour	konzipieren, schöpfen, geschaffen für
conclure	abschließen
concurrence, la	Konkurrenz, Mitbewerber
condition, la	Bedingung

conditions générales de vente (f, pl)	allgem. Verkaufsbedingungen
conducteur, le	Fahrer
confiance, la	Vertrauen
configuration, la	Konfiguration
confirmer	bestätigen
confiserie, la	Zuckerware
confiture, la	Marmelade
confondre	verwechseln
conforme; conformément à	entsprechend
conformité, la; non-conformité	Übereinstimmung, Nichtübereinstimmung
congé, le	Urlaub
conscient, être conscient de	bewusst, sich e. S. bewusst sein
conseiller	raten
conseiller, le	Berater
consentir à	einwilligen
conséquence, la	Konsequenz, Folge
conservation, la	Konservierung
conserve, la	Konserve
conserver	behalten
considérable	beträchtlich
considération, la	Achtung, Hochachtung
considération, la; prendre en c.	Erwägung, in Erwägung ziehen
consigne, la	Vorschrift
consignes d'emploi,les (f)	Gebrauchsanweisung
consister en	bestehen aus
consommateur, le	Verbraucher
constat d'avarie, le	Schadensmeldung
constat, le	Gutachten
constater	feststellen
constation, la	Feststellung
construire	bauen, errichten
consulter	konsultieren, zu Rate ziehen
contact, le	Kontakt
contacter qn.	Kontakt aufnehmen, s. in Verbindung setzen mit jdm
contenir	enthalten
contenter, se	begnügen, sich
contenu, le	Inhalt
continuer	fortfahren
contraint, être contraint à	gezwungen, gezw. sein zu
contrarier	verärgern
contrat de vente, le	Kaufvertrag
contrat, le	Vertrag
contravention, la	Geldstrafe
contretemps, le	Unannehmlichkeit
contribuer	beitragen
contrôle, le	Kontrolle
contrôler	kontrollieren
convaincre	überzeugen
convaincu; être convaincu, e de	überzeugt sein

Allô affaires – Handelsfranzösisch © FELDHAUS VERLAG, Hamburg

convenir	zusagen
convenir de	übereinkommen
conversation, la	Unterhaltung, Gespräch
convivialité, la	Kundenfreundschaft (hier)
cooptation, la	Zuwahl
coordonnées, les (f)	Daten, Personalien (Name, Anschr.)
corporel, le	körperlich
correspondant, le	Geschäftsfreund
correspondre	entsprechen
corriger	korrigieren
côte, la	Küste
coton, le	Baumwolle
coudre, cousu (p. p.)	nähen
couleur, la	Farbe
coup de téléphone, le	Anruf
couper	schneiden, zuschneiden, unterbrechen
cour, la	Hof
courant, e	laufend, geläufig
courrier séparé, le; par c. s.	getrennte Post; mit getrennter Post
cours, le, au cours de	währenddessen
cours, le; en cours	Lauf, laufend
coussin, le	Kissen
coût, le	Kosten
couteau, le	Messer
coûter	kosten
coûteux, se	kostspielig
couvercle, le	Deckel
couvert, le	Besteck
couverture, la c. en laine	Decke, Wolldecke
couvrir, couvert (p.p.)	decken
craie, la	Kreide
craindre	fürchten
craquelure, la	Rissebildung
création, la	Gründung
crèche, la	Kinderkrippe
crédit documentaire, le	Akkreditiv
créditer de	gutschreiben
créer	gründen, erschaffen, erfinden
croire	glauben
croissance, la	Wachstum
croître	wachsen
croûte, la	Rinde
cru, e	roh
crustacé, le	Krustentier
ct.; courant	des Monats
cuiller, la	Löffel
cuir, le	Leder
CV ;curriculum vitae, le	Lebenslauf
danger, le	Gefahr
date, la	Datum

dater de	datieren
débordé, e	überlastet
débouché, le	Absatz, Berufsmöglichkeit
débrouiller, se débrouiller	zurechtkommen
début, le	Beginn, Anfang
débuter	anfangen
déceler	aufdecken, ans Licht bringen
déception, la	Enttäuschung
décevoir	enttäuschen
décharger	entladen
déchiré, e	zerrissen
décider de faire qc	entscheiden (etw zu tun)
décision, la	Entscheidung
décollé, e	abgelöst (Geleimtes)
déconseiller	abraten
décorer	dekorieren
découpe, la	Zuschneiden
découverte, la	Entdeckung
découvrir	entdecken
décrocher	abnehmen
dédommagement, le	Entschädigung
dédommager	entschädigen
dédouanement, le	Verzollung
déduire	abziehen
défaut, le; faire défaut	Mangel; fehlen
défectueux, -euse	schadhaft
déficit, le	Defizit
défilé de modes, le	Modenschau
définitif, définitive	endgültig
déforestation, la	Waldzerstörung
dégager qc.	entwickeln, abgeben
dégager, se dégager de	trennen, ablehnen
dégât, le	Schaden
dégradation, la	Beschädigung, Verfall
déguster	probieren, kosten
déjà	schon
délai de livraison, le	Lieferfrist
délai, le	Frist
délavé, e	verwaschen
demande d'offre, la	Anfrage
demande, la; la demande de;	An/Nachfrage; Anfrage nach;
demander à qn. de faire qc.	bitten, (jdn etw zu tun)
demander qc. à qn.	bitten, (jdn um etw)
démarche, la	Vorgehen
démarrer	anspringen, in Gang setzen
demi-heure, la	halbe Stunde
démonstration, la	Vorführung
dentaire	Zahn-
dentifrice, le	Zahnpasta
départ, le; départ usine	Abfahrt; ab Werk

Allô affaires – Handelsfranzösisch © FELDHAUS VERLAG, Hamburg

dépasser	überschreiten, übersteigen
dépêcher, se	sich beeilen
dépendre de	abhängen von
dépenser	ausgeben (Geld)
dépliant, le	Faltblatt
déposer	ablegen
dépôt, le	Lager, Depot
dérangement, le	Störung
déranger	stören
dernier, dernière (nachgestellt)	voriger, vorige
dernier, dernière (vorgestellt)	letzter, letzte / neuester, neueste
dès; dès que	sofort nach; sobald
désagrément, le	Unannehmlichkeit
description, la	Beschreibung
desséché, e	vertrocknet
désignation, la	Bezeichnung
désirer faire qc.	wünschen (etw zu tun)
désolé(e), être désolé(e)	bedauern, betrübt sein
dessert, le	Nachtisch
dessin, le	Zeichnung
dessus, le	Oberteil
destinataire, le	Empfänger
destiné à, être destiné à	bestimmt sein für
destiner	bestimmen
détaché, e	abgelöst
détail technique, le	technische Einzelheit
détail, le	Einzelheit
détaillé, e	ausführlich
détecter	ausmachen, auffinden
détenir	besitzen
détérioré, e	schadhaft
détruire	vernichten, zerstören
développement, le	Förderung
développer	entwickeln
devenir	werden
deviner	raten, erraten
devis, le	Kostenvoranschlag
devoir	verdanken, müssen
devoir; être dû à qc	sollen, müssen, zuzuschreiben
différence, la	Unterschied, Differenz
différent, e	unterschiedlich
différer de	sich unterscheiden
difficulté, la	Schwierigkeit
diffuser	verbreiten
dimension, la	Maß, Ausmaß
direct, e	direkt
directeur, le	Leiter, Direktor
disponible	verfügbar
disposer de	verfügen über
disposition, la; être à la disp. de	Verfügung, zur Verfügung stehen

disposition, la; prendre...	Vorkehrungen treffen
distingué, e	vorzüglich
distinguer, se d.	unterscheiden, sich untersch.
distributeur, le	Vertrieb, Verteiler
diviser	unterteilen
divorcé, e	geschieden
documentation, la	Unterlagen, Dokumentation
données, les (f)	Daten
donner lieu à qc.	Anlass geben
doré, être doré, e	vergoldet
dossier, le	Akte, Vorgang
double	doppelt
double, le	Doppel
doux, douce	mild, süß
douzaine, la	zwölf
drap de bain, le	Badelaken
dûment	ordnungsgemäß
durée, la	Dauer
ébréché, e	Sprung haben
échalote, l' (f)	Schalotte
échanger	tauschen
échantillon, l' (m)	Muster
échéance, l' (f)	Fälligkeit, Fristablauf
école primaire, l' (f)	Grundschule
écologique	ökologisch
économique	sparsam
écoulé, e	vergangen, abgesetzt, verkauft
écoulement, l' (m)	Absatz, Verkauf
écouler	absetzen, verkaufen
écrasé, e	zerdrückt
écrin, l' (m)	Etui
écrire	schreiben
écrit, par écrit	schriftlich
EDF-GDF; Electricité et Gaz de France	Staatliche Gas- und Elektrizitätswerke
éducatif	erzieherisch, Lehr-...
effectuer	ausführen, durchführen
effervescent, e	(auf)brausend
effet, l' (m); à cet effet	Zweck, zu diesem Zweck
efficace	wirksam
également	auch / ebenso
éléphant, l' (m)	Elefant
élevé, e	hoch, erhöht
emballage, l' (m)	Verpackung
emballer	einpachen
embarquer	verschiffen
embarrassant, e	misslich
emploi, l' (m)	Arbeitstelle
employer	beschäftigen
employeur, l' (m)	Arbeitgeber
empresser, s'empresser	sich beeilen

Allô affaires – Handelsfranzösisch © FELDHAUS VERLAG, Hamburg

en cas de; en aucun cas;	im F. von, bei; keinesfalls
en ce qui concerne;	betreffend
en moins	weniger
en tout cas	in jedem Fall
enchanter	verzaubern, begeistern
encore	noch
endommager, endommagé	beschädigen, beschädigt
endroit, l' (m)	Ort
enfant, l' (m/f)	Kind
engagement, l' (m); prendre des engagements	Verpflichtungen eingehen
ennui, l '(m)	Ärger
enquête, l '(f)	Untersuchung
enregistrer	aufnehmen
ensemble	zusammen
entente, l' (f)	Verständigung
entièrement	völlig
entraîner	nach sich ziehen
entre-temps	inzwischen
entrepôt, l' (m)	Lager
entreprise, l' (f)	Unternehmen
entrer en	treten in (Geschäftsbeziehungen)
entretenir	pflegen
entretien téléphonique, l' (m)	Telefongespräch
entretien, l' (m)	Gespräch, Unterhaltung/ Wartung
enveloppe, l' (f)	Briefumschlag
environ	circa
envoi, l' (m)	Sendung
envoyer	schicken, senden
épais, se	dick, dickflüssig
épaisseur, l' (f)	Lage, Dicke, Schicht
épeler	buchstabieren
éponge, l' (f)	Frottee, Schwamm
épuiser; s'épuiser	aufbrauchen; zur Neige gehen
équipement de camping, l' (m)	Campingausrüstung
erreur, l' (f)	Irrtum
escarpin, l' (m)	Pumps
escompte, l', (m)	Skonto
espace vide, l' (m)	Leerraum
espèce, l' (f)	Art
espérer	hoffen
essai, l'(m); à titre d'essai	Versuch, versuchsweise
essayer	versuchen
essentiel, le	wesentlich
essor, l' (m)	Aufschwung
estimation, l' (f)	Schätzung
établir	erstellen
établissement, l' (m) horticole	Gärtnerei
établissements (Ets.), les (m)	Geschäft/Unternehmen
étagère, l' (f)	Regalbrett
étanche	wasserdicht

4.114   Si nous accordiez des facilités de paiement nous commanderions ...

4.67   une éventuelle assistance aussi publicitaire

étant donné	da, aufgrund, wegen
état, l' (m); être en état de faire qc	Zustand; in der Lage sein, etw. zu tun
Etats Unis, les (m, pl)	Vereinigte Staaten
été, l' (m)	Sommer
étendu, e	weitreichend
étiquette, l' (f)	Etikett
étonner	erstaunen
étrange	fremdartig
étranger, l' (m); à l'étranger	Ausländer; im Ausland
être d'accord	einverstanden sein
être reconnaissant à qn. de faire qc.	jdm dankbar sein (etw zu tun)
étroit, e	eng
étudier	studieren, prüfen
étui, l' (m)	Etui
européen, ne	europäisch
éviter	vermeiden
exact, e	exakt
examiner	prüfen, untersuchen
excellent, e	ausgezeichnet
exceptionnel, exceptionnelle	ausgezeichnet
exclu, e	ausgeschlossen
exclusivité, l' (f)	Allein-..., Exklusivität
excuser qc.; s'excuser de qc.	entschuldigen; sich für etwas entschuldigen
exécuter	ausführen
exécution, l' (f)	Ausführung
exercer	ausüben
exigeant, e	anpruchsvoll
exigence, l' (f)	Anspruch
exiger	verlangen, fordern
expédier	abschicken, versenden
expéditeur, l' (m)	Absender
expérience, l' (f)	Erfahrung
expert, l' (m)	Experte
explication, l' (f)	Erklärung
exploiter	ausbeuten
exportateur, l' (m)	Exporteur
exposer	darstellen, herausstellen
expression, l' (f)	Ausdruck
extérieur, e	außerhalb, außer Haus
extérieur, l' (m)	Äußeres
extrême	äußerst
extrêmement	besonders
fabricant, le	Hersteller, Fabrikant
fabriquer; fabriquer à la main	herstellen; handfertigen
face, la; faire face à	Front; begegnen, entgegentreten
faciliter	erleichtern
facteur, le	Faktor
facturation, la	Rechnungsstellung
facture consulaire, la	Konsulatsfaktura
facture, la	Rechnung

facturer	in Rechnung stellen
fait, le	Tatsache
falloir; il faut; il me faut	notwendig sein; es ist nötig; ich brauche
familiariser, se	vertraut machen, sich
faux, fausse	falsch
favoriser	begünstigen
fêlé, e	rissig, gespalten, gesprungen
férié; le jour férié	Feiertag
ferme	fest(stehend)
fermoir à menotte, le	Karabinerschließe
fève, la	Bohne
fibre d'emballage, la	Verpackungsfaser
fiche technique, la	Datenblatt (techn.)
fiche, la	Zettel
fidéliser	als Stammkunde gewinnen
fidélité, la	Treue
figurer	auftreten
figurine, la	Figur, kl. Statue
filiale, la	Filialgeschäft
filière, la	Branche
fin, fine	dünn, fein
fin, la	Ende
finir	be/enden
finition, la	Verarbeitung
firme, la	Firma
fixer	festlegen
flacon, le	Flakon, Fläschchen
floriculture, la	Blumenzucht
foin, le	Heu
fois, la	Mal
foncé, e	dunkel
fonction, la; en fonction de	Funktion, Rolle; entsprechend
fonctionnaire, le	Beamter
fonctionner	funktionieren
fond, à fond	Grund, gründlich
fonder	gründen
fonte, la	Gusseisen
forêt, la	Wald
forfait, le	Pauschale
formation, la	Ausbildung
formule de politesse, la	Höflichkeitsformel
formuler	formulieren, schriftl. darlegen
fort, e	stark
fournir qc	liefern, beliefern
fournisseur, le	Lieferant
fourniture, la	Lieferung, Beschaffung
fourniture, la f. scolaire	Schulmaterial
fourré, e	gefüllt
fragrance, la	Wohlgeruch
fraîcheur, la	Frische

un taille-crayon = Bleistiftanspitzer
une gomme = Gummi (hier Radiergummi)

frais de transport, les (m, pl.)	Frachtkosten
frais techniques, les (m, pl)	Kosten für technischen Aufwand
frais, fraîche	frisch
frais, les (m)	Kosten
français, e	französisch
franco domicile	frei Haus
fréquenter	besuchen
frêt aérien, le	Luftfracht
friteuse, la	Fritiergerät
froid, le	Kälte
froissé, e	knitterig, zerknüllt
fromage, le	Käse
fructueux, euse	fruchtbar
fruit, le	Frucht
fruits de mer, les (m)	Meeresfrüchte
galerie marchande, la	Einkaufspassage
gamme de produits, la	Produktpalette
gamme, la; moyenne gamme	Sortiment, Skala; mittlerer Güte
gant, le	Handschuh
garantir	garantieren
garder	behalten, bewahren
gare, la	Bahnhof
gastronomique	gastronomisch
gâteau, le petit	Kuchen /Kekse
gaz toxique, le	giftiges Gas
gêne, la	Unannehmlichkeit
général, e	allgemein
généralement; en général	im Allgemeinen
genre, le	Art
gentillesse, la	Freundlichkeit
gérer	leiten
gestion, la	Verwaltung
glisser, se glisser	unterlaufen
gobelet, le	Becher
gomme, la	Radiergummi
goût, le	Geschmack
grâce à	dank
grand lit, le	franz. Bett
gratuit, e	kostenlos
grenat, le	Granat
grève, la	Streik
griffe, la	Marke, Markenzeichen
groupe, le	Konzern
guide, le/la	Führer, Fremdenführer
H.T. (Hors taxes)	Steuer nicht inbegriffen
habillement, l' (m)	Bekleidung
habitude, l' (f)	Gewohnheit
habituel, habituellement	gewöhnlich
haut de gamme, être h. d. g.	hochwertig
haut niveau, d'un h. n.	hochklassig

Allô affaires – Handelsfranzösisch © FELDHAUS VERLAG, Hamburg

haut, -e	hoch
hauteur, la	Höhe
hebdomadaire, l' (m)	Wochenzeitung
hébergement, l' (m)	Unterbringung
herbes, les (f)	Kräuter
hésiter à faire qc.	zögern (etw zu tun)
hiver, l' (m)	Winter
honorer	ehren
hôpital, l' (m)	Krankenhaus
horaire, l' (m)	Arbeitszeit /Zeitplan
horloge, l' (f) parlante	Zeitansage
hôtelier, l'	Hotelier
housse de couette, la	Bettbezug
huile d'olive, l' (f)	Olivenöl
humide	feucht
humidité, l' (f)	Feuchtigkeit
hypercontent, e	mehr als zufrieden
idée, l' (f)	Idee /Vorstellung
ignorer	nicht wissen
imaginer, s'imaginer	erfinden, sich vorstellen
impatienter, s'	ungeduldig werden
impayé, e	unbezahlt
impeccable	tadellos
impérativement	unbedingt
implanté, e	ansässig
importance, l' (f)	Ausmaß, Größe
important, e	größer /bedeutend /wichtig
importateur, l' (m)	Importeur
impôt, l' (m)	Steuer
impression, l' (f)	Eindruck
imprimante, l' (f)	Drucker
imprimer	drucken, bedrucken
improductif, ive	unergiebig
imputer à	zuschreiben
imputable à	zurückzuführen auf, anrechenbar
incendie, l' (m)	Brand
inchangé, e	unverändert
incident, l' (m)	Vorfall
inciter	veranlassen
inciter qn à faire qc.	jdn. zu etw. bringen
incomber	obliegen, zustehen
incomplet, incomplète	unvollständig
indemniser	entschädigen
indéniable	unleugbar, nicht abzuleugnen
indépendant	unabhängig
indicatif, l' (m)	Vorwahl
indication, l' (f)	Angabe
indiquer	angeben, zeigen
indispensable	unerlässlich, unentbehrlich
individuellement	einzeln, individuell

indulgence, l' (f)	Nachsicht, Langmut
inférieur, e	niedriger, schlechter
influence, l' (f)	Einfluss
information, l' (f)	Information
informer qn	mitteilen (jdm etw)
informer qn. de qc.;	jdn über etw informieren;
initial, e	erste,er,es;anfänglich
innovation, l' (f)	Neuerung
insertion, l' (f)	Eingliederung
installer	installieren
instant, l' (m)	Moment
instruction, l' (f)	Anleitung, Anweisung
insuffisant, e	ungenügend, unzureichend
intact, e	unbeschädigt
intention, l' (f);	Absicht;
interdit, e	verboten, untersagt
intéressé, e être i. par	interessiert; interessiert sein an etw
intéresser à, s'	sich für etw. interessieren
intérêt, l' (m)	Interesse
intérêts, les (m, pl)	Zinsen
intérim, l' (m)	Zeitarbeit, Zwischenzeit
interlocuteur, l' (m)	Gesprächsteilnehmer
intermédiaire, l'(m); par l'interm.	mittels
interprète, l' (m/f)	Dolmetscher
introduire	einführen
inutilité, l' (f)	Nutzlosigkeit
invendable	unverkäuflich
investir	investieren
invitation, l' (f)	Einladung
irrévocable	unwiderruflich
jardin d'enfants, le	Kindergarten
jardin, le	Garten
jardinage, le	Gartenarbeit
jetable	wegwerf-
jeu, le ; jeux, les	Spiel, Spiele
joindre	erreichen (telef.)
joindre qc. à qc.	beifügen, etw. einer Sache
joint,e/ci-joint, e	beigefügt/ anbei
jouet, le	Spielzeug
jouir de	genießen
journal, le / journaux, les	Zeitung
juridiction, la	Rechtsprechung
jusqu'à	bis
justification, la	Rechtfertigung
justifier	begründen
laboratoire, le	Laboratorium
lacté, e	Milch-
laine, la	Wolle
lait solaire, le	Sonnenmilch
lait, le	Milch

lancement, le	Einführung
lancer	auf den Markt bringen, einführen, werfen
langue, la	Sprache
large; 1 m de large	breit; 1m breit
largement	weitgehend
laverie, la	Wäscherei
le lancement	Einführung
ledit, ladite	besagter, besagte
légèrement	leicht
législation, la	Recht, Rechtsprechung
lendemain, le	Folgetag
lettre à valeur déclarée	Wertbrief
lettre recommandée, la	Einschreiben
lier	verbinden
lieu, avoir lieu	stattfinden
lieu, le	Ort
lieu; en premier lieu	an erster Stelle
ligne directe, la	Durchwahl
ligne, la	Linie
ligne, la; être en ligne	Leitung; verbunden sein
lin, le	Leinen
liquide, le	Flüssigkeit
lire	lesen
liste de prix, la	Preisliste
litige, le	Streitfall
lits jumeaux, chambre à l. j.	Zweibettzimmer
livrable	lieferbar
livraison, la	Lieferung
livrer à qn	liefern
local, le	Raum
localisé, e	angesiedelt
logo de société, le	Firmenzeichen
lors	anlässlich
lors de	bei (zeitlich)
lot, le	Gebinde
louer	mieten
m³, mètre cube, le	Kubikmeter
machine, la	Maschine
machine à laver, la	Waschmaschine
maçonnerie, la	Maurer(tätigkeit)
magasin, le	Geschäft/ Laden
main d'oeuvre, la	Arbeitskraft, Handarbeit
main, la	Hand
maintenir	aufrechterhalten
maison, la	Firma, Haus
maîtrise, la	Beherrschung
maîtriser	beherrschen
majorer de	erhöhen um
majorité, la	Mehrheit
mal (adv.)	schlecht

croître — steigen, wachsen

accélérer (Geschwindigkeit)
augmenter = Preis
élever (det)
majorer nos prix — erhöhen um / Preiserhöhen

maladie, la	Krankheit
malentendu, le	Mißverständnis
malgré	trotz
malgré tout	trotz allem
manière, la	Art und Weise
manoeuvre, le *main d'oeuvre (1) Hilfsarbeiter (1), Arbeitskraft (2) = Handhabung (3) = manières*	Hilfsarbeiter
manque, le manque de	Mangel an
manquer	fehlen
manquer de	unterlassen, fehlen lassen an
manutention, la	Handhabung
marchandise, la	Ware
marche, la	Verlauf, Lauf
marché, le	Markt
marcher	gehen/funktionieren
marge de bénéfice, la	Gewinnspanne
marier qc. à qc.	zusammenstellen
marocain, e	marrokkanisch
matériel de publicité, le	Werbematerial
matériel de bureau, le	Büromaterial
matériel, le	Material
matière, la	Material, Stoff
matière, la m. première	Rohstoff
matière, la m. grasse	Fettgehalt
matinée, la	Morgen
mauvais, e	schlecht
mécanicien, le	Mechaniker
mélange, le	Mischung
melon, le	Melone
même; de même	sogar; ebenso
même; être à même de	sogar; bereit sein (etw zu tun)
menacer qn de	drohen, bedrohen
ménager; l'article électro-ménager	elektr. Haushaltsartikel
mentionner	angeben
menu, le	Gericht (Nahrungsm.)
message, le	Nachricht, Botschaft
mesure, être en m.	Maßnahme, in der Lage sein
mesure, la	Maß
métier à tisser, le	Webstuhl
mettre en communication	verbinden
meuble, le	Möbel
minable	kläglich
mine, la	Mine
miracle, le	Wunder
mise au point, la	Klarstellung, Richtigstellung, Ausarbeitung (Projekt)
mise en vente, la	Verkaufsvorgang
mode, le	Modus
modèle, le	Modell, Muster
moderne	modern
modifier	ändern
moins; au moins;de moins	weniger; mindestens

mois, le	Monat
moisi, e	verschimmelt
moitié, la	Hälfte
monnaie, la	Währung/Kleingeld
montage, le	Bau
montagneux, se	gebirgig
montant, le	Betrag
montre à bracelet, la	Armbanduhr
montre, la	Uhr
morceau, le	Stück
motif, le	Anlass
mou, molle	weich
mouchoir, le	Taschentuch
mouillé, e	nass, feucht
moule, le	Model, Gießform
moulin à céréales, le	Getreidemühle
moulin, le	Mühle
moyen de transport, le	Transportmittel
moyen, le	Mittel, Art
moyen, moyenne	mittlere/r
moyennant	mittels
moyenne, la; en moyenne	Durchschnitt; durchschnittlich
multiple	vielfältig
multiplicité, la	Vielfalt
mutuel, mutuelle	beiderseitig
N/Ref. (notre référence)	Zeichen (unser)
nature, la	Natur
naturel, naturelle	natürlich / Natur-
navré, e	betrübt
ne ... que	nur
néanmoins	nichtsdesdoweniger
nécessaire	notwendig
négligé, e	ungepflegt, nachlässig
négligent, e	fahrlässig
négocier	verhandeln
nettoyer à sec	chemisch reinigen
neuf, neuve	neu
No. (numéro, le)	Nummer
noble, le	Adeliger
Noël	Weihnachten
nombre, le	Anzahl
nombreux, nombreuse	zahlreich
non-respect, le	Nichteinhaltung
notamment	insbesondere
note de service, la	Dienstanweisung
noter	notieren
nouveau, nouvelle	neu
nouveauté, la	Neuigkeit
nuire	schaden
numéro, le	Nummer

numéro, le n. vert	kostenloser Anruf
objet promotionnel, l' (m)	Werbeobjekt
obligé, être obligé, e de	verpflichtet, verpflichtet sein
obtenir	erhalten (durch Einsatz), erlangen
occasion, l' (f)	Gelegenheit
occasionner, occasionné	verursachen, verursacht
occuper, s'	beschäftigen, sich
odeur, l' (f)	Geruch
odorant, e	wohlriechend
offre, l' (f)	Angebot
offrir (à)	anbieten (zu)
oignon, l' (m)	Zwiebel
omettre de	unterlassen, vergessen
omission, l' (f)	Unterlassung
or gris, l' (m)	Weißgold
or jaune, l' (m)	Gelbgold
or rose, l' (m)	Rotgold
ordinateur, l'(m)	Computer
ordre, l' (m)	Auftrag
organiser	organisieren
orge, l' (m)	Gerste
origine, l' (f)	Ursprung, Herkunft
où	wo
oubli, l' (m)	Versehen
oublier	vergessen
outil, l' (m)	Werkzeug
outillage, l' (m)	Werkzeug (gesamtes)
outre, en outre	außer, außerdem
ouvrier, l' (m)	Arbeiter
ouvrir	öffnen
P.J. (Pièce(s) Jointe(s))	Anlage (als)
p.o. (par ordre)	per Auftrag
page, la; à la page ...	Seite, auf Seite
paiement, le	Zahlung
paille, la	Stroh
palmier, le	Palme
panneau,le d'informations	Informationstafel
pantalon, le	Hose
papeterie, la	Schreibwaren
papier à lettres, le	Briefpapier, Briefbogen
papier de soie, le	Seidenpapier
paquet, le	Paket
par bateau	per Schiff
par le train	per Eisenbahn
paraître	scheinen, erscheinen
parapluie, le	Regenschirm
parce que	weil
parfois	manchmal
partager	teilen
partenaire, le	Partner

participer	teilnehmen
particules de calage PVC, les (f)	Füllmaterial aus PVC
particulièrement	besonders
partie, la; en partie	Teil; zum Teil
partie, la; faire partie de	Teil; ein Teil sein, dazugehören
partiel, partielle	teil(weise), Teil-
partir; à partir de	abfahren; ab, von ... an
parvenir, faire parvenir	zugehen, zugehen lassen
passé, e	verblasst
passer (commande)	erteilen
passer	verbringen/ überreichen
pasteurisé, e	pasteurisiert
pâté de volaille, le	Geflügelpastete
pâte, la	Teig, Nudel
pâté, le	Pastete
patienter	gedulden, sich ged.
payer	bezahlen
payer comptant	bar zahlen
peau, la	Haut, Leder
pêche, la	Fischerei
pellicule à bulles, la	Blasenfolie
pendant	während
perdre	verlieren
performance, la	Leistung
période d'essai, la	Probezeit
permanent, e	ständig
permettre	erlauben
permis, le; de conduire	Führerschein
persécuter	verfolgen
perte, la	Verlust
perturber	stören
peu; sous peu	wenig; in Kürze
pharmacopée, la	Arzneibuch
pièce, la	Stück, Teil
piqué, le	Piqué (Webart)
piscine, la	Schwimmbad
plaindre, se	beklagen, sich
plaire	gefallen
plaisir, le; avec plaisir	Freude; gern, mit Freuden
pli, le; sous ce pli	Brief(umschlag); als Anlage
plié, e	zusammengelegt
pluie, la pluie acide	Regen, saurer Regen
plume, la	Feder
plusieurs	mehrere
plutôt	eher
PME; Petites et Moyennes Entreprises	klein- und mittelständische Unternehmen
PMI; Petites et Moyennes Industries	kleine und mittlere Industriebetriebe
poids, le	Gewicht
poignée, la	Griff
point de vue, le	Standpunkt

poursuivre

nicht fortsehen (relation d'affaires) und Achtung

poisson, le	Fisch
poli, être poli, e	höflich, höflich sein
ponctualité, la	Pünktlichkeit
populariser	bekannt machen
port dû	unfrei
port, le	Hafen
portable, le	Handy
portatif, portative	tragbar
porte, la	Tür
porter	tragen
porter sur	beinhalten, sich beziehen auf
posséder	besitzen
possibilité, la	Möglichkeit
possible	möglich
postuler	sich bewerben
potentiel, le	Potential
pourri, e	verfault, verdorben
pourtant	dennoch
pourvoir	besetzen versehen mit
pousser	wachsen
pouvoir	können
pouvoir d'achat, le	Kaufkraft
préavis, le	Ankündigung
précédent, e	vorhergehend
préciser	genauer angeben
précision, la	Präzision, genaue Angabe
préférer	bevorzugen
préjudice, le; porter préjudice	Nachteil, Schädigung; Schaden zufügen
premier, première	erster, erste
prendre congé de qn.	verabschieden, sich
prendre en charge, être pris en ch.	Kosten übernehmen
préparatif, le	Vorbereitung
présence, la	Gegenwärtigkeit
présentation, la	Präsentation
présente, la	Schriftstück, vorliegendes S.
présenter	präsentieren, zeigen
préserver	schützen
pressant, e	dringend
prestation, la	Leistung
prêt, -e; être prêt à faire qc.	bereit , bereit sein (etw zu tun)
preuve, la	Beweis
prévenir	benachrichtigen
prévoir, prévu, e	vorhersehen, vorgesehen
prier qn. de faire qc.	jdn bitten (etw zu tun)
principal	hauptsächlich
principe, le	Prinzip
printemps, le	Frühling
priorité, la	Vorrang, Priorität
pris sur	entnommen von
privé, e	privat

Allô affaires – Handelsfranzösisch © FELDHAUS VERLAG, Hamburg

prix, le	Preis
probablement	wahrscheinlich
procédé, le	Vorgang
procéder	vorgehen
procurer; se procurer	beschaffen; sich verschaffen
produire, se produire	geschehen
produit alimentaire, le	Nahrungsmittel
produit diététique, le	Reformkost
produit, le	Produkt
progresser	voranschreiten
prolonger	verlängern
promesse, la	Versprechen
promotion, la	Sonderangebot
prompt, e; promptement	rasch
proposer à qn. de faire qc.	vorschlagen (jdm etw zu tun)
proposition, la	Vorschlag
propre	eigene
propriétaire, le, la	Besitzer
propriété, la	Besitz
prospectus, le	Prospekt, Faltblatt
protection, la	Schutz
provenance, la	Herkunft
provenir	stammen
proximité, la	Nähe
publicitaire	Werbe ...
publicité, la	Werbung
puisque	weil, da
puissance, la	ici: Stärke
purement et simplement	lediglich
qu'est-ce que	was (Objekt im Satz)
qu'est-ce qui	was (Subjekt im Satz)
qualité, la	Qualität
quand	wann, wenn
quant à	bezüglich
quantité, la	Menge
quartier, le	Viertel
que	was
quel, quelle	welcher, welche
question, la; en question	in Frage kommend
qui; à qui	wer; wem
quincaillerie, la	Eisenwarenhandel / ici:Eisenteile
quinzaine, la; sous q.	15 Tage, innerh. 2 Wochen
quitter	verlassen
quoi; à quoi	was; woran
quotidien, ne	tagtäglich
quotidien, le	Tageszeitung
rabais, le	Rabatt, Nachlass
raccrocher	auflegen (Telefon)
radiateur, le	Heizkörper
raison sociale, la	Geschäftsform, Firma

raisonnement, le	Schlussfolgerung
rang, le	Reihe
rapidement (adv.)	schnell
rapidité, la	Geschwindigkeit
rappeler	zurückrufen
rapport qualité-prix, le	Preis-Leistungs-Verhältnis
rapport, le	Verhältnis
rapport, le; par rapport à	in bezug auf/ gegenüber
RATP; Régie Autonome des Transports Parisiens	Pariser Verkehrsbetriebe
rayé, e	zerkratzt
rayon, le	Abteilung
rayure, la	Kratzer
réagir	reagieren
réaliser	verwirklichen, realisieren
récent, e	neu
récemment	kürzlich
réception, la	Empfang
recevoir	erhalten
rechargeable	wiederaufladbar
recherche, la	Suche, Recherche, Nachforschung
réclamation, la	Mängelrüge, Reklamation
réclame, la	Werbung
réclamer	reklamieren, fordern
récolte, la	Ernte
récolter	ernten
recommander	empfehlen
reconfirmer	rückbestätigen
reconnaissant, e	dankbar, anerkennend
recours, le	Rückgriff
recouvrir	bedecken
rectangulaire	rechteckig
rédaction, la	Entwurf
redevable	schuldig, noch schulden
réduction, la	Ermäßigung
réduire de	vermindern, verringern um
réduit, e	ermäßigt
réel, le	wahr...
référence, la	Referenz
référence, la; numéro de r.	Referenz, Bestellnummer
référer à, se	sich beziehen auf
reforestation, la	Aufforstung
réfrigérateur, le	Kühlschrank
réfrigération, la	Kühlung
refus, le	Ablehnung
refuser	ablehnen, verweigern, zurückweisen
régime, le; en régime ordinaire	Frachtgut (als)
région, la	Gegend / Region
règle, la	Lineal
règlement, le	Begleichung /Reglementierung
régler	bezahlen, regulieren

rendre service

regretter	bedauern
régularisation, la	Regulierung
régulier, régulière	regelmäßig
reine, la	Königin
rejeter	zurückwerfen
relancer	wieder in Schwung bringen
relatif, relative à	bezüglich
reliquat, le	Rest
remarquable	beachtlich
remarquer	bemerken
remboursement, le	Nachnahme
rembourser	zurückerstatten
remettre	übersenden, übergeben, zurückgeben
remise, la	Preisnachlaß
remplacer	ersetzen
remplacer par	ersetzen austauschen
remplir	füllen
rémunération, la	Vergütung
rencontre, la	Treffen
rencontrer	treffen, zusammentreffen
rendez-vous, le	Verabredung
rendre	machen, dazu machen, werden lassen
renom, le	Ruf
renommée, la	Ruf
renseignement, le	Auskunft
renseigner, se r.	erkundigen, sich erk.
rentabilité, la	Rentabilität
rentrée scolaire, la	Schuljahresbeginn
rentrée, la	Schulanfang
renvoyer	zurückschicken
répandre, se répandre sur	verbreiten, sich verbreiten auf
réparer	reparieren
répartir	verteilen
repas, le	Mahlzeit
repasser	bügeln
répéter	wiederholen
répondeur, le automatique	Anrufbeantworter
répondre	antworten
réponse, la	Antwort
reporter	verlegen (Termin)
reposer	ruhen
repousser	zurücksetzen
représentant, le	Vertreter
représentation, la	Vertretung
reprocher	vorwerfen
reproduire	wieder vorkommen; reproduzieren
réputation, la	Ruf
réserve, la	Vorrat
réserver	reservieren
réserves, les (f) d'usage	übliche Vorbehalte

se renseigner sur tous les détails

résider	bestehen
résistant, e	widerstandsfähig, robust
résister à	standhalten, widerstehen
résoudre	lösen
respecter	einhalten
responsabilité, la	Verantwortung
responsable	verantwortlich
responsable, le/la	Verantwortliche/r
ressemble, à	ähneln
ressentir	empfinden, Nachwirkungen haben
ressource, la	Einnahmequelle/Reichtum
rester	bleiben
résultat, le	Ergebnis
retard, le	Verspätung
retenir; retenir l'attention	zurückhalten; Aufmerksamkeit auf sich ziehen
retirer	herausnehmen
retour, le	Rückkehr
retraite, la	Ruhestand
rétrécir	einlaufen, schrumpfen
réunir, se	zusammenkommen
révéler	enthüllen, aufdecken
revendeur, le	Wiederverkäufer
réviser	revidieren, nachprüfen
revoir	durchsehen, erneut durchs.
revue, la	Zeitschrift
rez de chaussée, le	ebenerdig, Parterre
riche	reich
rigoureusement (adv.)	streng, genau
rigueur, la; le délai de rigueur	Strenge; verbindliche Frist
ristourne, la	Rückvergütung
riz, le	Reis
robuste	robust, solide
rompre	brechen, abbrechen
roue, la	Rad
route, la; route nationale	Straße; Bundesstraße
rupture, la	Unterbrechung
s'informer de qc.	informieren, sich über etw
sac à dos, le	Rucksack
sac à main, le	Handtasche
sac de couchage, le	Schlafsack
sac, le	Tasche, Sack
sachet, le	Tüte
sain, e	gesund
saisonnier, saisonnière	saisonbedingt
salaire, le	Lohn, Gehalt
salarié, e	Lohn-Gehaltsempfänger
saler	salzen
salle de réunion, la	Versammlungsraum/saal
salon professionnel, le	Fachmesse
salutation, la	Gruß

Allô affaires – Handelsfranzösisch © FELDHAUS VERLAG, Hamburg

sans cesse	andauernd
sans engagement	freibleibend
satisfaire	zufriedenstellen
satisfait, e; être satisfait, e de	zufrieden; zufrieden über etw sein
sauf imprévu	wenn nichts dazwischenkommt
sauver	retten
savoir; à savoir	wissen; das heißt
savon, le	Seife
sceller, sceller sous	einschweißen, einschw. unter
sec, sèche	trocken
secrétaire, la	Sekretärin
secteur, le	Bereich
sein; au sein de	mitten in
selon	gemäß
semaine, la; par semaine	Woche; pro Woche
semblable	ähnlich
sembler	scheinen
sentiment, le	Gefühl
séparément	getrennt
séparer	trennen
sérieux, se	ernsthaft
serti, e de	gefasst mit
service achats, le	Einkaufsabteilung
service administratif, le	Verwaltung
service après-vente, le	Kundendienst
service de nettoyage à sec, le	Reinigung (chem.)
service export, le	Exportabteilung
service contentieux, le	Rechtsabteilung
service administratif, le	Verwaltungsabteilung
services postaux, les (m, pl.)	Post(dienste)
serviette, la	Handtuch / Mappe
servir	dienen
seul, e	einzig, allein
siècle, le	Jahrhundert
sigle, le	Abkürzung
signaler _à qn_	hinweisen,ankündigen, aufmerksamen machen
signataire, le	Unterzeichner
signature, la	Unterschrift
signe, le	Zeichen
signer	unterschreiben
sincèrement	aufrichtig
sinon	wenn nicht
situé, e	gelegen
SMIC; Salaire Minimum Interprofessionnel de Croissance, le	gesetzlicher Mindestlohn
SNCF; Société Nationale des Chemins de Fer Français, la	Französische Eisenbahnen
soie, la	Seide
soigné, e	gepflegt
soigneux, se	sorgfältig

soin, le; avec soin	Sorgfalt; mit Sorgfalt
soirée, la	Abend
solide	solide, stark, robust
solliciter	ersuchen, bitten um
somme, la	Summe
sorte, la	Sorte
sortie, la	Einführung
sortir	verlassen
souhaiter	wünschen
souligner	unterstreichen
soumettre	unterbreiten
source, la	Quelle
soustraire	abziehen
souvent	oft
spécial, e	Sonder-
spécialité, la	Spezialität
spécifier	spezifizieren
spécimen, le	Exemplar
spontané, e	unaufgefordert
stage, le	Praktikum
stagiaire, le, la	Praktikant/in
stand, le	(Messe)Stand
standardiste, le, la	Telefonist/in
station service, la	Tankstelle
stipuler	festsetzen, angeben, verabreden
stock, le; en stock	Lagervorrat; auf Lager
stylo, le	Stift
stylo feutre, le	Filzstift
stylo-à-bille, le	Kugelschreiber
stylo-plume, le	Füllfederhalter
subir	erleiden
substance, la	Substanz
substitution, la	Ersatz
succès, le	Erfolg
successeur, le	Nachfolger
succursale, la	Filiale
sudaméricain, e	südamerikanisch
suggérer	vorschlagen
suite, la; suite à	Folge; in Beantwortung...
suivant	folgend, nach
suivre	befolgen
sujet, le; au sujet de	Angelegenheit; bezüglich
superbe	wunderschön
superficie, la	Fläche
supérieur, e	höher, überlegen, besser
supermarché, le	Supermarkt
supplément, le	Aufschlag
supplémentaire	zusätzlich
sûr, e	sicher
sur demande	auf Anfrage

en tant que lettre à valeur déclarée

9 m4 en tant que

surexploitation, la	Ausbeutung (gnadenlose)
surface, la	Oberfläche
surface, la; la grande surface	Fläche; großer Supermarkt
surgelé, e	tiefgefroren
surpris, e	überrascht
surtout	vor allem
surveiller	überwachen
sus-mentionné, e	oben aufgeführt
susceptible de	geeignet für
suspendre, suspendu, e	aufhängen, aufgehängt
système de réfrigération, le	Kühlsystem
T.T.C. (Toutes Taxes Comprises), (f)	alle Gebühren inbegriffen
T.V.A.(La Taxe sur la Valeur Ajoutée)	Mehrwertsteuer
taché, e	befleckt
tache, la	Fleck
tâche, la	Aufgabe
tâcher de	bemühen, sich bem. um
taille, la	Größe
taille-crayon, le	Anspitzer
tandis que	dahingegen
tant, en tant que	so, als
tard, au plus tard	spät, spätestens
tardif, ve; tardivement	spät, verspätet
tarif, le	Preisliste, Preis
taux, le	Rate, Prozentsatz
tel, telle	solch...
télécarte, la	Telefonkarte
télécopie, la; par télécopie	Fax; per Fax
téléphone mobile, le; portable	tragbares Telefon (Handy)
témoigner	bezeugen
temporaire	zeitlich
temps, le; de t. à autre	von Zeit zu Zeit
temps, le; à temps	Zeit; rechtzeitig
temps, le; à temps partiel	Zeit; Teilzeit
tenir à ce que	Wert legen darauf, dass
tenir à qc.	wert auf etw. legen
tenir compte de qc.	berücksichtigen
tente, la	Zelt
terme, le	Zeitpunkt
tester	testen
texture, la	Beschaffenheit
thon, le	Thunfisch
tige, la	Stengel, Steg
timbre, le	Briefmarke
tisser	weben
tissu, le	Stoff
titre de civilité, le	Anrede
titre, le; à titre exceptionnel	Titel; ausnahmsweise
tomber en panne	kaputtgehen
tonalité, la	Telefonzeichen

tondeuse à gazon, la	Rasenmäher
tort, le; avoir tort	Schuld, Unrecht haben
total, le	Gesamtheit
toutefois	jedoch
train, le	Eisenbahn;
traite, la	Tratte, Wechsel
traiter	behandeln
tranche, la	Teil, Scheibe
transaction, la	Transaktion, Geschäft
transitaire, le	Spediteur
transmettre	übergeben /übermitteln
transparent, e	durchsichtig, transparent
travail, le	Arbeit
tremplin, le	Sprungbrett
triple	dreifach
troisième	dritte
trop	zu, zuviel
tropical, e	tropisch
trou, le	Loch
tube, le	Tube
typiquement	typisch
ultérieur, e	spätere/r, weitere/r
unique	einzigartig
uniquement	einzig, allein
unité, l' (f)	Einheit, Stück
urgence, l' (f)	Dringlichkeit
usage, l' (m)	Gebrauch, Benutzung
usine, l' (f)	Fabrik
ustensile, l' (m)	Gerät (mechan.)
usure, l' (f)	Abnutzung, Verschleiß
utile	nützlich
utiliser	benutzen, einsetzen
vacancier, le	Urlauber
vacant, e	offen, frei (Stelle)
vaisselle, la	Geschirr
valable	gültig
valeur, la	Wert
valoir	wert sein
vaquer	unbesetzt sein (Stelle)
varier	ändern, variieren
végétal, e	pflanzlich
veille, la	Vortag
veiller à ce que	darauf bedacht sein, dass
veiller à qc	auf etw. achten
vendanges, les (f)	Weinlese
vendeur, le	Verkäufer
vendeur, le en gros	Großhändler
vendre; se vendre	verkaufen; sich verkaufen(lassen)
venir de	stammen aus
vente, la	Verkauf

vérification, la	Prüfung
vérifier	prüfen
verre, le	Glas
vers ... heures	gegen, um etwa ... Uhr
verser	einzahlen
verso, le	Rückseite
vêtement, le	Bekleidung
via Paris	über Paris
vice de fabrication, le	Fabrikationsfehler
vide; sous vide	leer; luftdicht
vieux, vieil, vieille	alt
vigueur, la; être en v.	Gültigkeit; in Kraft sein
virement, le	Überweisung
virer	überweisen
viser	anpeilen
visite, la; rendre visite à qn	Besuch; besuchen
visser	schrauben
visualisé, e	sichtbar gemacht
vite	schnell
vitrage, le	Verglasung
vitrine, la	Schaufenster
vivement	lebhaft
voir	sehen
voix, la; de vive voix	Stimme; mündlich
vol de retour, le	Rückflug
volet, le	Fensterladen
volume, le	Umfang
voyage, le	Reise

Vokabelverzeichnis Französisch/Deutsch
Vocabulaire Français/Allemand

Abend	soirée, la; soir, le
abfahren; ab, von ... an	partir; à partir de
Abfahrt; ab Werk	départ, le; départ usine
abgelöst	détaché, e
abgelöst (Geleimtes)	décollé, e
abhängen von	dépendre de
Abkürzung	abréviation, l' (f)
Ablauf, nach A. von	bout, le; au bout de
ablegen	déposer
ablehnen,verweigern, zurückweisen	refuser
Ablehnung	refus, le
abnehmen (Telefon)	décrocher
Abnutzung, Verschleiß	usure, l' (f)
Abonnent/in	abonné,e l' (m/f)
abraten	déconseiller
Absatz (v. Waren)	débouché, le
Absatz, Verkauf	écoulement, l' (m)
abschicken, versenden	expédier
abschließen	conclure
Absender	expéditeur, l' (m)
absetzen, verkaufen	écouler
Absicht	intention, l' (f);
Abteilung	rayon, le
Abteilungsleiter	le chef de rayon
abwesend	absent, e
abziehen	déduire, soustraire
achten, auf etw. a.	veiller à qc
Achtung, Hochachtung	considération, la
Adeliger	noble, le
afrikanisch	africain, e
Agrar-/Nahrungsmittel	agro-/ alimentaire
ähneln	ressembler
ähnlich	semblable
Akkreditiv	crédit documentaire, le
Akte, Vorgang	dossier, le
alle Gebühren inbegriffen	T.T.C. (Toutes Taxes Comprises)
Allein- ..., Exklusivität	exclusivité, l'(f)
allgem. Verkaufsbedingungen	conditions générales de vente(f, pl)
allgemein	général, e
alt	vieux, vieil, vieille
alt, antik	ancien, ne
Alter	âge, l' (m)
Alter, Dienstalter	ancienneté, l' (f)
Amtszeichen (Telefon)	tonalité, la
an-rufen	appeler
An/Nachfrage; Anfrage nach	demande, la; la demande de;
anbei, beigefügt	ci-joint, ci-inclus,e
anbieten (zu)	offrir (à)
andauernd	sans cesse
andere (r, s)	autre

ändern	modifier
anderswo, nebenbei	ailleurs
anerkennen, zugeben	admettre
anfangen	débuter
Anfrage	demande d'offre, la
Angabe	indication, l' (f)
angeben, vermerken	mentionner, indiquer
Angebot	offre, l' (f)
Angelegenheit, Geschäft	affaire, l' (f)
angenehm	agréable
angesiedelt	localisé, e
angrenzen, liegen um	avoisiner
anhimmeln, anbeten	adorer
ankommen	arriver
Ankündigung	préavis, le
Ankunft	arrivée, l' (f)
Anlage; als Anlage	annexe, l' (f); en annexe; P.J. (Pièce(s) Jointe(s))
Anlass	motif, le
Anlass geben	donner lieu à qc.
anlässlich	lors *de*
Anleitung, Anweisung	instruction, l' (f)
anlocken, auf sich lenken	attirer
annehmen	accepter
Annullierung, Aufhebung	annulation, l' (f)
anpeilen	viser
anpruchsvoll	exigeant, e
Anrede	titre de civilité, le
Anruf	coup de téléphone, le
Anruf, Aufruf	appel, l' (m)
Anrufbeantworter	répondeur automatique, le
ansässig	implanté, e
anschließen (elektr.)	brancher
Anspitzer	taille-crayon, le
anspringen, in Gang setzen	démarrer
Anspruch	exigence, l' (f)
Antwort	réponse, la
antworten	répondre
anwendbar	applicable
anwenden	appliquer
Anzahl	nombre, le
Anzeige	annonce, l' (f)
Apparat / Gerät	appareil, l' (m)
Arbeit	travail, le
Arbeiter	ouvrier, l' (m)
Arbeitgeber	employeur, l' (m)
Arbeitsamt	ANPE; Agence Nationale Pour l'Emploi
Arbeitskraft, Handarbeit	main d'oeuvre, la
Arbeitslosigkeit	chômage, le
Arbeitstelle, Anstellung	emploi, l' (m)
Arbeitsvertrag, befristeter A.	CDD; Contrat à Durée Déterminée

Arbeitszeit /Zeitplan	horaire, l' (m)
Ärger	ennui, l '(m)
Argument	argument, l' (m)
Armbanduhr	montre à bracelet, la
Art	espèce, l' (f), genre, le
Art und Weise	manière, la
Artikel	article, l' (m)
Arzneibuch	pharmacopée, la
auch / ebenso	également
auf Anfrage	sur demande
auf den Markt bringen, werfen	lancer sur le marché
aufbrauchen; zur Neige gehen	épuiser; s'épuiser
aufdecken, ans Licht bringen	déceler
auffinden	détecter
Aufforstung	reforestation, la
Aufgabe	tâche, la
aufgeben	abandonner
aufhängen, aufgehängt	suspendre, suspendu, e
aufhören zu	cesser de
auflegen (Telefon)	raccrocher
Aufmerksamkeit auf etw. lenken	attirer l'attention sur qc.
aufnehmen	enregistrer
aufrechterhalten	maintenir
aufrichtig	sincèrement
Aufschlag	supplément, le
Aufschwung	essor, l' (m)
Aufsetzen,Entwurf (e. Briefes)	rédaction, la
Auftrag	ordre, l' (m)
Auftrag, Bestellung	commande, la
auftreten	figurer
Ausarbeitung (Projekt)	mise au point, la
ausbeuten	exploiter
Ausbeutung (gnadenlose)	surexploitation, la
Ausbildung	formation, la
Ausdruck	expression, l' (f)
ausführen	exécuter
ausführlich	détaillé, e
Ausführung	exécution, l' (f)
Ausgang	sortie, la
ausgeben (Geld)	dépenser
ausgeschlossen	exclu, e
ausgezeichnet	excellent, e
Auskunft	renseignement, le
Ausländer; im Ausland	étranger, l' (m); à l'étranger
Ausmaß, Größe	importance, l' (f)
Ausschreibung	appel d'offres, l' (m)
Aussehen	aspect, l' (m)
aussuchen, wählen	choisir
ausüben	exercer
Auswahl	choix, le

außer, außerdem	outre, en outre
Äußeres	extérieur, l' (m)
außergewöhnlich	exceptionnel, exceptionnelle
außerhalb, außer Haus	extérieur, e; à l'exterieur
äußerst	extrême
äußerst, besonders	extrêmement
Autobahn	autoroute, l' (f)
Badelaken	drap de bain, le
Bahnhof	gare, la
Ballen	ballot, le
Banküberweisung	virement bancaire, le
Banque Nationale de Paris	B.N.P.
bar	comptant
bar zahlen	payer comptant
Basis, Grundlage	base, la
Basteln, Heimwerken	bricolage, le
bauen, errichten	construire
Baumwolle	coton, le
be/enden	finir
beachtlich	remarquable
Beamter	fonctionnaire, le
Becher	gobelet, le; chope, la
Bedarf; etw brauchen	besoin, le; avoir besoin de
bedauern	regretter
bedauern, betrübt sein	désolé(e), être désolé(e)
bedecken	recouvrir
Bedingung	condition, la
befleckt	taché, e
befolgen	suivre
Beförderung	acheminement, l' (m)
begegnen, entgegentreten	faire face à
begehen (z. B. Irrtum)	commettre
Beginn, Anfang	début, le
begleichen, bezahlen	régler, honorer
Begleichung/Reglementierung	règlement, le
begleiten	accompagner
begnügen, sich	contenter, se
begründen, begründen auf	justifier, baser sur
begünstigen	favoriser
behalten	conserver
behalten, bewahren	garder
behandeln	traiter
beherrschen	maîtriser
Beherrschung	maîtrise, la
bei (Institutionen/Personen)	auprès de
bei (zeitlich)	lors de
bei, mittendrin	au sein de
beiderseitig	mutuel, mutuelle
beifügen, etw. einer Sache	joindre qc. à qc.
beigefügt	joint, e/ci-joint

beinhalten, sich beziehen auf	porter sur
beitragen	contribuer
bekämpfen	combattre
bekannt machen	populariser
beklagen, sich	plaindre, se
Bekleidung	habillement, l' (m)
Bekleidung (einz. Teil)	vêtement, le
belgisch	belge
bemerken	remarquer
bemühen, sich bem. um	tâcher de
benachbart	avoisinant,e
benachrichtigen	prévenir
benutzen, einsetzen	utiliser
Berater	conseiller, le
berechnen	calculer
berechtigen	autoriser
Berechtigung, Triftigkeit	bien-fondé, le
Bereich	secteur, le
bereit , bereit sein (etw zu tun)	prêt, -e; être prêt à faire qc., être à même de
berücksichtigen	tenir compte de qc.
besagter, besagte	ledit, ladite
beschädigen, beschädigt	endommager, endommagé
beschädigt,defekt, schadhaft	avarié, e
Beschädigung, Verfall	dégradation, la
beschaffen; sich verschaffen	procurer; se procurer
Beschaffenheit	texture, la
beschäftigen	employer
beschäftigen, sich besch.	occuper, s'occuper de
Beschäftigung	activité, l' (f)
beschleunigen	accélérer
Beschreibung	description, la
besetzen, versehen mit	pourvoir de
Besitz	propriété, la
besitzen	posséder, détenir
Besitzer	propriétaire, le
besonders	particulièrement (adv.)
bestätigen	confirmer
Besteck	couvert, le
bestehen (in)	résider
bestehen aus	consister en *l.*
bestellen	commander
Bestellnummer	référence, la; numéro de r., le
Bestellschein	bon de commande, le
bestimmen	destiner
bestimmt sein für	destiné à, être destiné à
Besuch	visite, la
besuchen	fréquenter, rendre visite à qn
beträchtlich	considérable
Betrag	montant, le
betreffen; betreffend	concerner; en ce qui concerne; concernant

betrübt	navré, e
Beule, Buckel	bosse, la
Bettbezug	housse de couette, la
bevorzugen	préférer
bewahren, schützen	préserver
bewahrheiten, sich bew.	s'avérer
Beweis	preuve, la
bewusst, sich e. S. bewusst sein	conscient, être conscient de
bezahlen	payer
bezahlen, regulieren	régler
Bezeichnung	désignation, la
bezeugen	témoigner
Bezug, in bezug auf/gegenüber	par rapport (m) à
bezüglich	au sujet de, quant à, relatif à
biologisch abbaubar	biodégradable
bis	jusqu'à
bitten, (jdn etw zu tun)	demander à qn de faire qc., prier qn de faire qc.
Blasenfolie	pellicule à bulles, la
bleiben	rester
blockiert	bloqué, e
bloßstellen, in Verlegenheit bringen	compromettre
Blumenzucht	floriculture, la
Bohne	fève, la
Branche	filière, la
Brand	incendie, l' (m)
brausend	effervescent, e
brechen, abbrechen	rompre
breit; 1 m breit	large; 1 m de large
Briefmarke	timbre, le
Briefpapier, Briefbogen	papier à lettres, le
Briefumschlag	enveloppe, l' (f)
Broschüre	brochure, la
Bruch	bris, le
buchstabieren	épeler
bügeln	repasser
Büro / Schreibtisch	bureau, le
Büromaterial	matériel de bureau, le
Campingausrüstung	équipement de camping, l' (m)
chemisch	chimique
chemisch reinigen	nettoyer à sec
Chipkarte	carte à puce, la
circa	environ
da, aufgrund, wegen	étant donné
da, denn, weil	car
dahingegen	tandis que
damals	autrefois
dank	grâce à
dankbar, anerkennend	reconnaissant, e
dankbar, jdm dankbar sein (etw zu tun)	être reconnaissant à qn. de faire qc.
darauf bedacht sein, dass	veiller à ce que

darstellen, herausstellen	exposer
das heißt	à savoir
Daten	données, les (f)
Daten, Personalien (Name, Anschr.)	coordonnées, les (f)
Datenblatt (techn.)	fiche technique, la
datieren	dater de
Datum	date, la
Dauer	durée, la
Decke, Wolldecke	couverture, la c. en laine
Deckel	couvercle, le
decken	couvrir, couvert (p.p.)
Defizit	déficit, le
dekorieren	décorer
dennoch	pourtant
deutsch	allemand, e
dick, dickflüssig	épais, se
dienen	servir
Dienstanweisung	note de service, la
Dienstleistung	prestation, la
dieses Monats	ct.; courant
direkt	direct, e
Dolmetscher	interprète, l'(m/f)
Doppel	double, le
doppelt	double
Doppelzimmer	chambre double, la
Dose, Schachtel	boîte, la
dreifach	triple
dringend	pressant, e
Dringlichkeit	urgence, l'(f)
dritte/r	troisième
drohen, bedrohen	menacer qn de
drucken, bedrucken	imprimer
Drucker	imprimante, l' (f)
dunkel	foncé, e
dunkelblau	bleu foncé
dünn, fein	fin, fine
Durchschnitt; durchschnittlich	moyenne, la; en moyenne
durchsehen, erneut durchs.	revoir
durchsichtig, transparent	transparent, e
Durchwahl	ligne directe, la
ebenerdig, Parterre	rez de chaussée, le
Edelstahl	acier inox, l' (m)
eher	plutôt
ehren, begleichen	honorer
eigene	propre
Eigentümer	propriétaire, le/la
ein/auszahlen	verser
Einbau	montage, le
eindecken, sich eindecken	approvisionner, s'approvisionner
Eindruck	impression, l' (f)

Allô affaires – Handelsfranzösisch © FELDHAUS VERLAG, Hamburg

Einfluss	influence, l' (f)
einführen	introduire, lancer
Einführung	lancement, le/ introduction, l' (f)
Eingliederung	insertion, l' (f)
einhalten	respecter
Einheit, Stück	unité, l' (f)
Einigung, sich einigen	accord, l' (m), se mettre d'accord
Einkaufsabteilung	service achats, le
Einkaufspassage	galerie marchande, la
Einladung	invitation, l' (f)
einlaufen, schrumpfen	rétrécir
Einnahmequelle/Reichtum	ressource, la
einpacken	emballer
einrichten	aménager
Einrichtung	agencement, l' (m)
Einschreiben	lettre recommandée, la
einschweißen, einschw. unter	sceller, sceller sous
einverstanden sein	être d'accord
einwilligen	consentir à
Einzelheit	détail, le
einzeln, individuell	individuellement
Einzelschachtel	boîte individuelle, la
einzig, allein	seul, e
einzigartig	unique
Eisenbahn, Zug	train, le
Eisenbahn, per Eisenbahn	chemin de fer, le; par ch. de f.
Eisenwarenhandel, Eisenteile	quincaillerie, la
Elefant	éléphant, l' (m)
Empfang (Personen)	accueil, l' (m)
Empfang (Waren)	réception, la
empfangen (Personen)	accueillir
Empfänger	destinataire, le
Empfangsbestätigung	accusé (m)de réception (f)
empfehlen	recommander
empfinden, Nachwirkungen haben	ressentir
Ende	fin, la
endgültig	définitif, définitive
eng	étroit, e
entdecken	découvrir
Entdeckung	découverte, la
entgegennehmen, annehmen	agréer
enthalten	contenir, comporter
enthüllen, aufdecken	révéler
entladen	décharger
entnommen von	pris sur
entschädigen	dédommager, indemniser
Entschädigung	dédommagement, le
entscheiden (etw zu tun)	décider de faire qc
Entscheidung	décision, la
entschuldigen, sich entschuldigen	excuser, s'excuser de qc

entsprechen	correspondre
entsprechend	conforme; conformément à
enttäuschen	décevoir
Enttäuschung	déception, la
entwickeln	développer
entwickeln, abgeben (z. B. Gase)	dégager qc.
er/warten; mit etw rechnen	attendre; s'attendre à qc..
Erfahrung	expérience, l' (f)
erfinden, sich vorstellen	imaginer, s'imaginer
Erfolg	succès, le
Ergebnis	résultat, le
erhalten	recevoir
erhalten (durch Einsatz), erlangen	obtenir
erhöhen um	majorer de
Erklärung	explication, l' (f)
erkundigen, sich erk.	renseigner, se r.
erlauben	permettre
erledigen, durchführen	effectuer
erleichtern	faciliter
erleiden	subir
ermäßigt	réduit, e
Ermäßigung	réduction, la
ernsthaft	sérieux, se
Ernte	récolte, la
ernten	récolter
erreichen	atteindre
erreichen (telef.)	joindre
Ersatz	substitution, la
ersetzen, austauschen durch	remplacer par
erstaunen	étonner
erste,er,es;anfänglich	initial, e
erstellen	établir
erster,erste	premier, première
ersuchen, bitten um	solliciter
erteilen (Auftrag)	passer (commande)
Erwägung, in Erwägung ziehen	considération, la; prendre en c.
erwärmen	chauffer
Erwerb	acquisition, l' (f)
erwerben	acquérir
erzieherisch, Lehr-...	éducatif
Etikett	étiquette, l' (f)
Etui	étui, l' (m), écrin, l' (m)
europäisch	européen, ne
exakt	exact, e
Exemplar	spécimen, le
Experte	expert, l' (m)
Exportabteilung	service export, le
Exporteur	exportateur, l' (m)
Fabrik	usine, l' (f)
Fabrikationsfehler	vice de fabrication, le

Allô affaires – Handelsfranzösisch © FELDHAUS VERLAG, Hamburg

Facharbeiterbrief	CAP; Certificat d'Aptitude Professionnelle
Fahrer	conducteur, le
Fahrrad	bicyclette, la
Fahrstuhl	ascenseur, l' (m)
Faktor	facteur, le
Fall; falls	cas, le; dans le cas où; au cas où
Fälligkeit, Fristablauf	échéance, l' (f)
falls	au cas où; pour le cas où;
falsch	faux, fausse
Faltblatt	dépliant, le
Farbe	couleur, la
Färbemittel	colorant, le
Farbton	coloris, le
Fax; per Fax	télécopie, la; par télécopie
Feder	plume, la
Federhalter	stylo-plume, le
fehlen	manquer
Feiertag	jour férié, le
Feld	champ, le
Fensterladen	volet, le
fest (stehend)	ferme
festlegen	fixer
festsetzen, angeben, verabreden	stipuler
feststellen	constater
Feststellung	constatation, la
Fettgehalt	matière grasse, la
feucht	humide
Feuchtigkeit	humidité, l' (f)
Figur, Schaufensterpuppe	figurine, la
Filiale	succursale, la
Filialgeschäft	filiale, la
Filzstift	stylo feutre, le
Firma	firme, la
Firma, Haus	maison, la; firme, la
Firmengruppe, Konzern	groupe, le
Firmenzeichen	logo de société, le
Firmenzeichen (Abkürzung)	sigle, le
Fisch	poisson, le
Fischerei	pêche, la
Fläche; großer Supermarkt	surface, la; la grande surface
Fläche	surface, la
Flakon, Fläschchen	flacon, le
Flasche	bouteille, la
Fleck	tache, la
Flughafen	aéroport, l' (m)
Flugzeug	avion, l' (m)
Flüssigkeit	liquide, le
Folge; in Beantwortung	suite, la; suite à
folgend, nach	suivant
Folgetag	lendemain, le

Förderung	développement, le
formulieren, schriftl. darlegen	formuler
fortfahren	continuer
Frachtbegleitschein	bordereau d'envoi, le
Frachtgut (als)	régime, le; en régime ordinaire
Frachtkosten	frais de transport, les (m, pl.)
Frage, in Frage kommend	question, la; en question
franz. Bett	grand lit, le
Franz. Eisenbahnen	Société Nationale des Chemins de Fer S.N.C.F., la
französisch	français, e
Französische Eisenbahnen	SNCF; Société Nationale des Chemins de Fer Français
frei Haus	franco domicile
freibleibend	sans engagement
fremdartig	étrange
Freude; gern, mit Freuden	plaisir, le; avec plaisir
Freundlichkeit	gentillesse, la; amabilité, l' (f)
Freundlk. gegenüb. Kunden	(hier) convivialité, la
frisch	frais, fraîche
Frische	fraîcheur, la
Frist	délai, le
Fritiergerät	friteuse, la
Frottee, Schwamm	éponge, l' (f)
Frucht	fruit, le
fruchtbar	fructueux, euse
Frühling	printemps, le
führen, zu etw.	aboutir à
Führer, Fremdenführer	guide, le/la
Führerschein	permis, le; de conduire
füllen	remplir
Füllmaterial aus PVC	particules de calage PVC, les (f)
Funktion, Rolle; entsprechend	fonction, la; en fonction de
funktionieren	fonctionner
fürchten	craindre
Gabelstapler	chariot élévateur, le
garantieren	garantir
Garten	jardin, le
Gartenarbeit	jardinage, le
Gärtnerei	établissement horticole, l' (m)
gastronomisch	gastronomique
ge/zerbrochen	brisé, e
Gebäude	bâtiment, le
Gebinde	lot, le
gebirgig	montagneux, se
Gebrauch, Benutzung	usage, l' (m)
Gebrauchsanweisung	consignes d'emploi, les (f)
gedulden, sich ged.	patienter
geeignet	approprié, e
geeignet für	susceptible de
Gefahr	danger, le
gefallen	plaire

Allô affaires – Handelsfranzösisch © FELDHAUS VERLAG, Hamburg

gefasst mit (b. Schmuck)	serti, e de
Geflügelpastete	pâté de volaille, le
Gefühl	sentiment, le
gefüllt	fourré, e
gegen, um etwa ... Uhr	vers ... heures
Gegend, Region	région, la
Gegenwärtigkeit	présence, la
gehen, funktionieren	marcher
Gelbgold	or jaune, l' (m)
Geldstrafe	contravention, la
gelegen	situé, e
Gelegenheit	occasion, l' (f)
gemäß	selon
Gemeinde	commune, la
gemeinsam	commun, e
genauer angeben	préciser
genießen	jouir de
Genuss, in den Genuss kommen	bénéficier de
gepflegt	soigné, e
Gerät (mechan.)	ustensile, l' (m)
gern etw tun	aimer faire qc.
Gerste	orge, l' (m)
Geruch	odeur, l' (f)
Gesamtheit	total, le
Geschäft, Laden	magasin, le
Geschäft, Transaktion	transaction, la
Geschäft, Unternehmen	établissements (Ets.), les (m)
Geschäftsform, Firma	raison sociale, la
Geschäftsfreund	correspondant, le
geschehen	produire, se produire
Geschenk	cadeau, le
geschieden	divorcé, e
Geschirr	vaisselle, la
Geschmack	goût, le
Geschwindigkeit	rapidité, la
Gesellschaft	Cie; Compagnie
Gespräch, Unterhaltung/Wartung	entretien, l' (m)
Gesprächsteilnehmer/in	interlocuteur, l' (m) interlocutrice, l' (f)
gesund	sain, e
Getreide	céréales, les (f,pl.)
Getreidemühle	moulin à céréales, le
getrennt	séparément
getrennte Post, mit getr. P.	courrier séparé, le; par courrier séparé
gewähren	accorder
Gewicht	poids, le
Gewinnspanne	marge de bénéfice, la
Gewohnheit	habitude, l' (f)
gewöhnlich	habituel, habituellement
gezwungen, gezw. sein zu	contraint, être contraint à
Giftgas	gaz toxique, le

Glas	verre, le
glauben	croire
gleich, ähnlich	analogue
Glühbirne	ampoule, l' (f)
Granat	grenat, le
Griff	poignée, la
Größe	taille, la
größer/bedeutend/wichtig	important, e
Großhändler	vendeur en gros, le
Grund	cause, la
Grund, gründlich	fond, à fond
gründen	fonder
gründen, erschaffen, erfinden	créer
Grundschule	école primaire, l' (f)
Gründung	création, la
Gruß	salutation, la
gültig	valable
Gültigkeit; in Kraft sein	vigueur, la; être en v.
Gummi	caoutchouc, le
Gußeisen	fonte, la
Gutachten	constat, le
Güte, mittlere Güte (Qual.)	moyenne gamme, la
Guthaben, Gutschrift	avoir, l'(m)
gütlich	amiable, à l'amiable
gutschreiben	créditer de
Hafen	port, le
halbe Stunde	demi-heure, la
Hälfte	moitié, la
Hand	main, la
Handel	commerce, le
handeln; sich handeln um; es handelt sich um	agir; s'agir; il s'agit de
Handels-	commercial, e; commerçant, e
Handhabung	manutention, la
Handschuh	gant, le
Handtasche	sac à main, le
Handtuch / Mappe	serviette, la
Handwerker	artisan, l' (m)
handwerklich	artisanal, e
Handy, Mobiltelefon	portable, le; téléphone mobile, le
hauptsächlich	principal
Haushalts-/elektr. Haushaltsartikel	ménager; l'article électro-ménager
Haut, Leder	peau, la
Heftklammer	agrafe, l' (f)
heften	agrafer
Heftmaschine	agrafeuse, l' (f)
Heimwerker	bricoleur, le
Heizkörper	radiateur, le
helfen	aider
hell	clair, e

hellblau	bleu clair
Herabsetzung	abaissement, l' (m)
herausnehmen, zurückziehen	retirer
Herkunft	provenance, la
herstellen; handfertigen	fabriquer; fabriquer à la main
Hersteller, Fabrikant	fabricant, le
Heu	foin, le
heute	aujourd'hui
Hilfe, Unterstützung	assistance, l' (f)
Hilfsarbeiter	manoeuvre, le
hinausgehen, herausbringen	sortir
hinweisen,ankündigen, aufmerks. machen	signaler
hinzufügen	ajouter
Hitze, Wärme	chaleur, la
hoch	haut, e
hoch, erhöht (P.reise)	élevé, e
hochklassig	haut niveau, d'un h. n.
hochwertig	haut de gamme, être h. d. g.
Hof	cour, la
hoffen	espérer
höflich, höflich sein	poli, être poli, e
Höflichkeitsformel	formule de politesse, la
Höhe	hauteur, la
höher, überlegen, besser	supérieur, e
Holz, Brennholz	bois, le b. de chauffage
Holzwolle	fibre d'emballage, la (de bois)
Hörer, Telefonhörer	combiné, le
Hose	pantalon, le
Hotelier	hôtelier, l' (m)
Hotelkette	chaîne d'hôtels, la
Hundert	centaine, la
Idee, Vorstellung	idée, l' (f)
im Allgemeinen	généralement; en général
im Auftrag	p.o. (par ordre)
im Fall von, bei	en cas de
Importeur	importateur, l' (m)
in jedem Fall	en tout cas
Industrie- und Handelskammer Paris	CCIP
	(Chambre de Commerce et d'Industrie de Paris)
Industriebetriebe, kleine und mittlere	PMI; Petites et Moyennes Industries
Information	information, l' (f)
informieren	informer qn.de qc.;
informieren, sich über etw	s'informer de qc.
Inhalt	contenu, le
insbesondere	notamment
installieren	installer
Interesse	intérêt, l' (m)
interessiert; interessiert sein an etw	intéressé, e; être i. par
investieren	investir
inzwischen	entre-temps

Irrtum	erreur, l' (f)
Jahr	an, l' (m)
Jahr (Dauer)	année, l' (f)
Jahrhundert	siècle, le
jährlich	annuel, le
jedoch	toutefois
jedoch, dennoch	cependant
Kalender	calendrier, le
Kälte	froid, le
Kanister	bidon, le
Kapitel	chapitre, le
kaputtgehen	tomber en panne
Karabinerschließe	fermoir à menotte, le
Karte	carte, la
Karton	carton, le
Käse	fromage, le
Kassenzettel	bon, le ; le b. de caisse
Katalog	catalogue, le
Kauf	achat, l' (m)
Käufer	acheteur, l' (m)
Kaufkraft	pouvoir d'achat, le
Kaufvertrag	contrat de vente, le
keinerlei	aucun, e
keinesfalls	en aucun cas
Keks	biscuit, le
Kind	enfant, l' (m/f)
Kindergarten	jardin d'enfants, le
Kinderkrippe	crèche, la
Kirsche	cerise, la
Kissen	coussin, le
Kiste / Kasse	caisse, la
kläglich	minable
Klarstellung, Richtigstellung	mise au point, la
Klebstoff	colle, la
Kleiderbügel	cintre, le
Klima	climat, le
knitterig, zerknüllt	froissé, e
Knopf	bouton, le
kompensieren, ausgleichen	compenser
Konfiguration	configuration, la
Königin	reine, la
Konkurrenz, Mitbewerber	concurrence, la
konkurrenzfähig	compétitif, compétitive
können	pouvoir
Konsequenz, Folge	conséquence, la
Konserve	conserve, la
Konservierung	conservation, la
Konsulatsfaktura	facture consulaire, la
konsultieren, zu Rate ziehen	consulter
Kontakt	contact, le

Allô affaires – Handelsfranzösisch © FELDHAUS VERLAG, Hamburg

Kontakt aufn, s. in Verbindg. setzen m. jmd	contacter qn.
Konto	compte, le
Kontrolle	contrôle, le
kontrollieren	contrôler
Konzession, Zugeständnis	concession, la
konzipieren, schöpfen, geschaffen für	concevoir (p. p. conçu,e) pour
Korbflasche	bonbonne, la
körperlich	corporel, le
korrigieren	corriger
Kosten	coût, le
kosten	coûter
Kosten	frais, les
Kosten für technischen Aufwand	frais techniques, les (m, pl)
Kosten übernehmen	prendre en charge, être pris en ch.
kostenlos	gratuit, e
kostenloser Anruf	numéro, le n. vert
Kostenvoranschlag	devis, le
kostspielig	coûteux, se
Krankenhaus	hôpital, l' (m)
Krankheit	maladie, la
Kratzer	rayure, la
Kräuter	herbes, les (f)
krebserregend	cancérigène
Kreditkarte	carte de crédit, la
Kreide	craie, la
Krustentiere	crustacés, les (m)
Kubikmeter, m³	mètre cube, le
Kuchen/Keks	gâteau; le petit g.
Kugelschreiber	stylo-à-bille, le
Kühlschrank	réfrigérateur, le
Kühlsystem	système de réfrigération, le
Kühlung	réfrigération,la
Kunde, Kundin	client, le; cliente, la
Kundendienst	service après-vente, le
Kundschaft	clientèle, la
künstlich	artificiel, le
kurz	bref, brève
kürzlich	récemment
kürzlich, neu	récent, e
Küste	côte, la
Laboratorium	laboratoire, le
Lage, Dicke, Schicht	épaisseur, l' (f)
Lager	entrepôt, l' (m)
Lager, Depot	dépôt,le
Lagervorrat; auf Lager	stock, le; en stock
landen	atterrir
Lärm	bruit, le
Last, zu Lasten sein	charge, la; être à la charge de qn
Last, zuständig sein	charge, la; être en charge de
Lauf, laufend	cours, le; en cours

laufend, geläufig	courant, e
Lebenslauf	CV ; curriculum vitae, le
lebhaft	vivement
Leder	cuir, le
ledig	célibataire
lediglich	purement et simplement
leer; luftdicht, im Vakuum	vide; sous vide
Leerraum	espace vide, l' (m)
Lehre	apprentissage, l' (m)
Lehrling	apprenti, l' (m)
leicht	légèrement
leicht, erleichtert	allégé, e
Leinen	lin, le
Leistung	performance, la
leiten	gérer
Leiter, Direktor	directeur, le
Leitung; verbunden sein	ligne, la; être en ligne
lesen	lire
letzter, letzte/neuester, neueste	dernier, dernière (vorgestellt)
Lieferant	fournisseur, le
lieferbar	livrable
Lieferfrist	délai de livraison, le
liefern	livrer
liefern, beliefern	fournir qc
Lieferschein	bon, le; le b. de livraison
Lieferung	livraison, la
Lieferung, Beschaffung	fourniture, la
Lineal	règle, la
Linie	ligne, la
LKW-Fahrer	camionneur, le
Loch	trou, le
Löffel	cuiller, la
Lohn, Gehalt	salaire, le
Lohn-Gehaltsempfänger/in	salarié, e, le/la
lösen	résoudre
Luftfahrtgesellschaft	compagnie aérienne, la
Luftfracht	frêt aérien, le
machen, dazu machen, werden lassen	rendre
Mahlzeit	repas, le
Mal	fois, la
manchmal	parfois
Mangel; fehlen	défaut, le; faire défaut
Mangel an	manque, le manque de
Mängelrüge, Reklamation	réclamation, la
Marke, Markenzeichen	griffe, la
Markt	marché, le
Marmelade	confiture, la
marrokkanisch	marocain, e
Maschine	machine, la
Maß	mesure, la

Maß, Ausmaß	dimension, la
Maßnahme, in der Lage sein	mesure,la; être en m. de
Material	matériel, le
Material, Stoff	matière, la
Maurer(tätigkeit)	maçonnerie, la
Mechaniker	mécanicien, le
Meeresfrüchte	fruits de mer, les (m)
mehrere	plusieurs
Mehrheit	majorité, la
Mehrwertsteuer	T.V.A. = La Taxe sur la Valeur Ajoutée
Meinung, meiner M. nach	avis, l' (m) à mon avis
Melone	melon, le
Menge	quantité, la
Messe, Fachmesse	salon professionnel, le
Messer	couteau, le
mieten	louer
Milch	lait, le
milchhaltig	lacté, e
mild, süß	doux, douce
Mindestlohn, gesetzlicher M.	SMIC; Salaire Minimum Interprofessionnel
Mine	mine, la
Mischung	mélange, le
misslich	embarrassant, e
Mißverständnis	malentendu, le
Mitarbeiter/in	collaborateur, -trice
mitteilen (jdm etw)	informer (qn de qc.); communiquer (qc. à qn)
Mittel, Art	moyen, le
mittels	moyennant, par l'intermédiaire (m) de
mittlere/r	moyen, moyenne
Möbel	meuble, le
Model, Gießform	moule, le
Modell, Muster	modèle, le
Modenschau	défilé de modes, le
modern	moderne
Modus	mode, le
möglich	possible
Möglichkeit	possibilité, la
Moment	instant, l' (m)
Monat	mois, le
Morgen	matinée, la
Mühle	moulin, le
müssen	devoir
Muster	échantillon, l' (m)
nach sich ziehen	entraîner
Nachfolger	successeur, le
Nachlass, Preisnachlass	remise, la
nachlässig	négligent, e
Nachnahme	remboursement, le
Nachricht, Botschaft	message, le
Nachsicht, Langmut	indulgence, l' (f)

Nachteil, Schädigung; Schaden zufügen	préjudice, le; porter préjudice
Nachtisch	dessert, le
Nähe	proximité, la
nähen	coudre, cousu (p.p.)
Nahrungs-	alimentaire
Nahrungsmittel	produit alimentaire, le
nass, feucht	mouillé, e
Natur	nature, la
natürlich/Natur-	naturel, naturelle
nennen, zitieren	citer
neu (neuartig)	nouveau, (nouvel), nouvelle
neu (unbenutzt)	neuf, neuve
Neuerung	innovation, l' (f)
Neuigkeit	nouveauté, la
nicht wissen	ignorer
Nichteinhaltung	non-respect, le
nichtsdesdoweniger	néanmoins
niedrig	bas, basse
niedriger, schlechter	inférieur, e
noch	encore
notieren	noter
notwendig	nécessaire
notwendig sein; es ist nötig; ich brauche	falloir; il faut; il me faut
Nummer	numéro, le
nur	uniquement, seulement, ne...que
nur, einzig, allein	uniquement
nützlich	utile
Nutzlosigkeit	inutilité, l' (f)
oben aufgeführt	sus-mentionné, e
Oberfläche	superficie, la
Oberteil	dessus, le
obliegen, zustehen	incomber
Obstkiste	cagette, la
offen, frei (Stelle)	vacant, e
öffnen	ouvrir
oft	souvent
ökologisch	écologique
Olivenöl	huile d'olive, l' (f)
ordnungsgemäß	dûment
organisieren	organiser
Ort	endroit, l' (m); lieu, le
Paket; Postpaket	colis, le; colis postal
Paket	paquet, le
Palme	palmier, le
Pariser Verkehrsbetriebe	RATP; Régie Autonome des Transports Parisiens
Partner	partenaire, le
Pastete	pâté, le
pasteurisiert	pasteurisé, e
Pauschale	forfait, le
per Eisenbahn	par le train

Allô affaires – Handelsfranzösisch © FELDHAUS VERLAG, Hamburg

per Schiff	par bateau
Pferd	cheval, le; chevaux, les
pflanzlich	végétal, e
pflegen	entretenir
Piepton	bip sonore, le
Piqué (Webart)	piqué, le
Plakat	affiche, l' (f)
Post(dienste)	services postaux, les (m, pl.)
Postleitzahl	code postal, le
Postscheckkonto	Compte Chèque Postal = C.C.P., le
Potential	potentiel, le
Praktikant/in	stagiaire, le, la
Praktikum	stage, le
Präsentation	présentation, la
präsentieren, zeigen	présenter
Präzision, genaue Angabe	précision, la
Preis	prix, le
Preis-Leistungs-Verhältnis	rapport qualité-prix, le
Preisliste	liste de prix, la
Preisliste, Preis	tarif, le
preiswert, billig	bon marché
Pressekampagne	campagne de presse, la
Prinzip	principe, le
privat	privé,e
Probezeit	période d'essai, la
probieren, kosten	déguster
Produkt	produit, le
Produktpalette	gamme de produits, la
Prospekt, Faltblatt	prospectus, le
prüfen	vérifier
prüfen, untersuchen	examiner
Prüfung	vérification, la
Pumps	escarpin, l' (m)
Pünktlichkeit	ponctualité, la
quadratisch	carré, e
Qualität	qualité, la
Quelle	source, la
Rabatt, Nachlass	remise, la; rabais, le
Rad	roue, la
Radiergummi	gomme, la
Rand	bord, le
rasch	prompt, e; promptement
Rasenmäher	tondeuse à gazon, la
Rate, Prozentsatz	taux, le
raten	conseiller
raten, erraten	deviner
Raum	local, le
reagieren	réagir
rechnen mit etw.	compter sur qc
Rechnung, in Rechnung stellen	facture, la; facturer

Rechnungsstellung	facturation, la
Recht, Rechtsprechung	législation, la
rechteckig	rectangulaire
Rechtfertigung	justification, la
Rechtsabteilung	service contentieux, le
Rechtsprechung	juridiction, la
rechtzeitig	à temps
Referenz	référence, la
Reformkost	produit diététique, le
Regalbrett	étagère, l' (f)
regelmäßig	régulier, régulière
Regen, saurer Regen	pluie, la pluie acide
Regenschirm	parapluie, le
Regulierung	régularisation, la
reich	riche
Reihe	rang, le
Reinigung (chem.)	service de nettoyage à sec, le
Reis	riz, le
Reise	voyage, le
reklamieren, fordern	réclamer
Rentabilität	rentabilité, la
reparieren	réparer
reservieren	réserver
Rest	reliquat, le
retten	sauver
revidieren, nachprüfen	réviser
Rinde	croûte, la
Rissebildung	craquelure, la
rissig, gespalten, gesprungen	fêlé, e
robust, solide	robuste
roh	cru, e
Rohstoff	matière, la m. première
Rotgold	or rose, l' (m)
rückbestätigen	reconfirmer
Rückflug	vol de retour, le
rückgängig machen	annuler
Rückgriff	recours, le
Rückkehr	retour, le
Rucksack	sac à dos, le
Rückseite	verso, le
Rückvergütung	ristourne, la
Ruf	renom, le; renommée, la; réputation, la
ruhen	reposer
Ruhestand	retraite, la
saisonbedingt	saisonnier, saisonnière
saisonweise	saisonnièrement
salzen	saler
Schaden	dégât, le
schaden, jmd. sch.	nuire (à qn)
Schadensmeldung	constat d'avarie, le

Allô affaires – Handelsfranzösisch © FELDHAUS VERLAG, Hamburg

schadhaft	défectueux, -euse
Schalotte	échalote, l' (f)
schätzen, jmd; etwas sch.	apprécier; estimer
Schätzung	estimation, l' (f)
Schaufenster	vitrine, la
Scheck, mit Scheck	chèque, le ; par chèque
scheinen	sembler
scheinen, erscheinen	paraître
Schere	ciseaux, les (m)
schicken, senden	envoyer
Schiff	bateau, le;
Schlafsack	sac de couchage, le
schlecht	mal (adv.)
schlecht	mauvais, e (adj.)
Schlussfolgerung	raisonnement, le
Schmuck	bijou, le
schneiden, zuschneiden, unterbrechen	couper
schnell	rapidement, vite (adv.)
schon	déjà
schrauben	visser
schreiben	écrire
Schreibwaren	papeterie, la
schriftlich	écrit, par écrit
Schriftstück, vorliegendes Schriftst.	présente, la
Schulanfang	rentrée, la
Schuld, Unrecht haben	tort, le; avoir tort
schuldig, noch schulden	redevable
Schuljahresbeginn	rentrée scolaire, la
Schulmaterial	fourniture scolaire, la
Schutz	protection, la
schützen	protéger
Schwierigkeit	difficulté, la
Schwimmbad	piscine, la
sehen	voir
Seide	soie, la
Seidenpapier	papier de soie, le
Seife	savon, le; savonnette, la
Seite, auf Seite	page, la; à la page ...
Sekretärin	secrétaire, la
senden	envoyer, adresser
Sendung	envoi, l' (m)
senken	baisser
Senkung, Rückgang	baisse, la
sich beeilen	dépêcher, se; s'empresser
sich bewerben	postuler, poser sa candidature
sich beziehen auf	référer à, se
sich für etw. interessieren	intéresser à, s'
sich unterscheiden	différer de
sicher	sûr, e
sicherlich	certainement

sichtbar machen	visualiser
Siedlung, Vorort	agglomération, l' (f)
Skonto	escompte, l', (m)
so schnell wie möglich	aussitôt que possible
so, als	tant, en tant que
sofort nach; sobald	dès ; dès que
sogar; ebenso	même; de même
solch...	tel, telle
solide, stark, robust	solide
sollen, müssen	devoir
Sommer	été, l' (m)
Sonder-	spécial, e
Sonderangebot	offre spéciale, l' (f); promotion, la
Sonnenmilch	lait solaire, le
Sorgfalt; mit Sorgfalt	soin, le; avec soin
sorgfältig	soigneux, se
Sorte	sorte, la
Sortiment	assortiment, l' (m)
Sortiment, Skala	gamme, la
soviel	autant
sowie	ainsi que
sparsam	économique
spät, spätestens	tard, au plus tard
spät, verspätet	tardif, ve; tardivement
spätere/r, weitere/r	ultérieur, e
Spediteur	transitaire, le
Speisenfolge, Menu	menu, le
Spezialität	spécialité, la
spezifizieren	spécifier
Spiel, Spiele	jeu, le ; jeux, les
Spielzeug	jouet, le
Sprache	langue, la
Sprung haben	ébréché, e; être ébréché
Sprungbrett	tremplin, le
Staatliche Gas- und Elektrizitätswerke	EDF-GDF; Electricité et Gaz de France, la
stammen	provenir
stammen aus	venir de
Stammkunde	client attitré, la
Stammkunde (als) gewinnen	fidéliser
Stand (Messe)	stand, le
standhalten, widerstehen	résister à
ständig	permanent, e
Standpunkt	point de vue, le
stark	fort, e
Stärke, Kraft	puissance, la
stattfinden	lieu, avoir lieu
stauen, einkeilen, gestaut	caler; être calé, e
steigern	accroître
steigern, steigen, erhöhen	augmenter
Stelle, an erster Stelle	lieu; en premier lieu

Stengel, Steg	tige, la
Steuer	impôt, l' (m)
Steuer nicht inbegriffen	H.T. (Hors taxes)
Stiege, Obstkiste	cageot, le
Stimme; mündlich	voix, la; de vive voix
Stoff	tissu, le
stören	déranger, perturber
Störung	dérangement, le
Stoß	choc, le
Straße; Bundesstraße	route, la; route nationale
Streik	grève, la
Streitfall	litige, le
streng, genau	rigoureusement (adv.)
Strenge; verbindliche Frist	rigueur, la; le délai de rigueur
Stroh	paille, la
Stück, Teil	pièce, la; morceau, le
studieren, prüfen	étudier
Substanz	substance, la
Suche, Recherche, Nachforschung	recherche, la
suchen	chercher
südamerikanisch	sudaméricain, e
Summe	somme, la
Supermarkt	supermarché, le
tadellos	impeccable
Tafel, Informationstafel	panneau, le; panneau d'informations, le
Tageszeitung	quotidien, le
tagtäglich	quotidien, ne
Tankstelle	station service, la
Tasche, Sack	sac, le
Taschentuch	mouchoir, le
Tatsache	fait, le
tauschen, austauschen	échanger
technische Einzelheit	détail technique, le
Teig, Nudel	pâte, la
Teil; zum Teil	partie, la; en partie
Teil sein, dazugehören	faire partie de
teil(weise), Teil-	partiel, partielle
Teil, Scheibe	tranche, la
teilen	partager
teilnehmen	participer
Telefonbuch	annuaire, l' (m)
Telefongespräch	communication téléphonique, la; entretien téléphonique, l' (m)
Telefonist/in	standardiste, le, la
Telefonkarte	télécarte, la
Telefonzelle	cabine téléphonique, la
testen	tester
Thunfisch	thon, le
tiefgefroren	surgelé, -e
Titel; ausnahmsweise	titre, le; à titre exceptionnel

Toilettenartikel	article de toilette, l' (m)
tragbar	portatif, portative
tragbares Telefon (Handy)	téléphone mobile, portable, le
tragen	porter
Transportmittel	moyen de transport, le
Tratte, Wechsel	traite, la
Treffen	rencontre, la
treffen, zusammentreffen	rencontrer
trennen	séparer
trennen, entbinden	dégager, se dégager de
treten in (Geschäftsbeziehungen)	entrer en
Treue	fidélité, la
trocken	sec, sèche
tropisch	tropical, e
trotz	malgré
trotz allem	malgré tout
Tube	tube, le
Tür	porte, la
Tüte	sachet, le
typisch	typique(ment)
über (Paris)	via (Paris)
übereinkommen	convenir de
Übereinstimmung, Nichtübereinstimmung	conformité, la; non-conformité, la
übergeben/übermitteln	transmettre
überlastet	débordé, e
übernehmen, auf sich nehmen	assumer
überraschen, überrascht sein	surprendre, être surpris, e
überschreiten, übersteigen	dépasser
übersenden, übergeben, zurückgeben	remettre
überwachen	surveiller
überweisen	virer
Überweisung	virement, le
überzeugen	convaincre
überzeugt sein	convaincu; être convaincu, e de
übliche Vorbehalte	réserves (f) d'usage, les
Uhr	montre, la
um zu	afin de
Umfang	volume, le
Umsatz	chiffre d'affaires, le
unabhängig	indépendant
Unannehmlichkeit	contretemps, le; désagrément, le; gêne, la
unaufgefordert	spontané, e
unbedingt	absolument, impérativement
unbefristeter Arbeitsvertrag	CDI; Contrat à Durée Indéterminée, le
unbeschädigt	intact, e
unbezahlt	impayé, e
unergiebig	improductif, ive
unerlässlich, unentbehrlich	indispensable
unfrei	port dû
ungeduldig werden	s'impatienter

Allô affaires – Handelsfranzösisch © FELDHAUS VERLAG, Hamburg

ungenügend, unzureichend	insuffisant, e
ungepflegt, nachlässig	négligé, e
unleugbar, nicht abzuleugnen	indéniable
Unterbrechung	rupture, la
unterbreiten	soumettre
Unterbringung	hébergement, l' (m)
Unterhaltung, Gespräch	conversation, la
Unterlagen, Dokumentation	documentation, la
unterlassen, fehlen lassen an	manquer de
unterlassen, vergessen	omettre de
Unterlassung	omission, l' (f)
unterlaufen	glisser, se glisser
Unternehmen	entreprise, l' (f)
Unternehmen, kleine u. mittelständische U.	PME; Petites et Moyennes Entreprises
unterscheiden, sich untersch.	distinguer, se d.
Unterschied, Differenz	différence, la
unterschiedlich	différent,e
unterschreiben	signer
Unterschrift	signature, la
unterstreichen	souligner
Untersuchung	enquête, l' (f)
unterteilen	diviser
Unterzeichner	signataire, le
unverändert	inchangé, e
unverkäuflich	invendable
unvollständig	incomplet, incomplète
unwiderruflich	irrévocable
Urlaub	congé, le
Urlauber	vacancier, le
Ursprung, Herkunft	origine, l' (f)
Ursprungszeugnis	certificat d'origine, le
variieren	varier
Verabredung	rendez-vous, le
verabschieden, sich	prendre congé de qn.
verändern	altérer
veranlassen, jmd. zu etw. bringen	inciter qn à faire qc.
verantwortlich	responsable
Verantwortliche/r	responsable, le/la
Verantwortung	responsabilité, la
Verarbeitung	finition, la
verärgern	contrarier
Verband / Verein	association, l' (f)
verbinden (am Telefon)	mettre en communication
verbinden, binden	lier
verblasst	passé, e
verboten, untersagt	interdit, e
Verbraucher	consommateur, le
Verbraucherverband	Association des Consommateurs, l' (f)
verbreiten	diffuser
verbreiten, sich verbreiten auf	répandre, se répandre sur

verbringen/überreichen	passer
verdanken, müssen	devoir
Vereinigte Staaten	Etats Unis, les (m, pl)
verfault, verdorben	pourri, e
verfolgen	persécuter
verfügbar	disponible
verfügen über	disposer de
Verfügung, zur Verfügung stehen	disposition, la; être à la disp. de
vergangen, abgesetzt, verkauft	écoulé, e
vergessen	oublier
Verglasung	vitrage, le
vergleichen	comparer
vergoldet	doré, être doré, e
Vergütung	rémunération, la
Verhältnis	rapport, le
verhandeln	négocier
Verkauf	vente, la
verkaufen; sich verkaufen (lassen)	vendre; se vendre
Verkäufer	vendeur, le
Verkaufsvorgang	mise en vente, la
verlangen, fordern	exiger
verlängern	prolonger
verlassen	quitter
Verlauf, Lauf	marche, la
verlegen (Termin)	reporter
verlieren	perdre
Verlust	perte, la
Vermarktung	commercialisation, la
vermeiden	éviter
vermindern, verringern um	réduire de
vernichten, zerstören	détruire
Verpackung	emballage, l' (m)
verpflichtet, verpflichtet sein	obligé, être obligé, e de
Verpflichtungen eingehen	engagement, l' (m); prendre des
Versammlungsraum/saal	salle de réunion, la
Versandanzeige	avis d'expédition, l' (m)
verschiffen	embarquer
verschimmelt	moisi, e
verschlechtert, beschädigt	détérioré, e
Versehen, Vergessen	oubli, l' (m)
versichern	assurer
Versicherung	assurance, l' (f)
versorgen	approvisionner
Verspätung	retard, le
Versprechen	promesse, la
Verständigung	entente, l' (f)
Verständnis	compréhension, la
verstecken	cacher
Versuch, versuchsweise	essai, l'(m); à titre d'essai
versuchen	essayer

verteilen	répartir
Vertrag	contrat, le
Vertrauen	confiance, la
vertraut machen, sich	familiariser, se
Vertreter	représentant, le
Vertretung	représentation, la
Vertrieb, Verteiler	distributeur, le
vertrocknet	desséché, e
verursachen, verursacht	occasionner, occasionné, e
vervollständigen	compléter
Verwaltung	gestion, la
Verwaltungsabteilung	service administratif, le
verwaschen	délavé, e
verwechseln	confondre
verwirklichen, realisieren	réaliser
verzaubern, begeistern	enchanter
Verzollung	dédouanement, le
viel	beaucoup de
Vielfalt	multiplicité, la
vielfältig	multiple
Viertel	quartier, le
vierzehn (15 Tage), in 2 Wochen	quinzaine, la; sous q.; dans 2 semaines
völlig	entièrement
vollständig	complet, complète
vor (zeitlich)	avant
vor allem	surtout
voranschreiten	progresser
voraus, im voraus	avance, à l'avance
Vorbehalte, übliche	réserves d'usage, les (f)
Vorbereitung	préparatif, le
Vorfall	incident, l' (m)
Vorführung	démonstration, la
Vorgang	procédé, le
Vorgehen	démarche, la
vorgehen	procéder
vorhergehend	précédent, e
vorhersehen, vorgesehen	prévoir, prévu, e
voriger, vorige	dernier, dernière(nachgestellt)
Vorkehrung, Vorkehrungen treffen	disposition, la; prendre des dispositions.
Vorrang, Priorität	priorité,la
Vorrat	réserve, la; le stock
Vorschlag	proposition, la
vorschlagen	suggérer, proposer à qn de faire qc.
Vorschrift	consigne, la
Vortag	veille, la
Vorteil	avantage, l' (m)
vorteilhaft	avantageux, -euse
Vorwahl	indicatif, l' (m)
vorwerfen	reprocher
vorzüglich	distingué, e

wachsen (z. B. Kapital)	croître
wachsen (Pflanzen), stoßen	pousser
Wachstum	croissance, la
wählen (am Telefon)	composer
wahr...	réel, le
während	pendant
während dessen	au cours de
wahrscheinlich	probablement
Währung/Kleingeld	monnaie, la
Wald	forêt, la
Waldzerstörung	déforestation, la
wann, wenn	quand
Ware	marchandise, la
Wareneingang	arrivage, l' (m)
was; woran, wozu	quoi; à quoi
was	que
was (Objekt im Satz)	qu'est-ce que
was (Subjekt im Satz)	qu'est-ce qui
Wäscherei	laverie, la
Waschmaschine	machine à laver, la
wasserdicht	étanche
weben	tisser
Webstuhl	métier à tisser, le
Weg , auf d. W. bringen	acheminer
wegwerf-	jetable
weich	mou, molle
Weihnachten	Noël
weil, da	parce que, puisque, car
Weinlese	vendanges, les (f)
Weißgold	or gris, l' (m)
weitgehend	largement
weitreichend	étendu, e
Weizen	blé, le
welcher, welche	quel, quelle
Wellpappe	carton ondulé, le
wenden, sich wenden an	s'adresser à qn.
wenig; in Kürze	peu; sous peu
weniger; mindestens	moins; au moins; de moins
weniger (fehlend)	en moins
wenn nicht	sinon
wenn nichts dazwischenkommt	sauf imprévu
wer; wem	qui; à qui
Werbe ...	publicitaire
Werbekampagne	campagne publicitaire, la
Werbematerial	matériel de publicité, le
Werbeobjekt	objet promotionnel, l' (m)
Werbung	publicité, la; réclame, la
werden	devenir
Werkstatt	atelier, l' (m)
Werkzeug	outil, l' (m)

Allô affaires – Handelsfranzösisch © FELDHAUS VERLAG, Hamburg

Werkzeug (gesamtes)	outillage, l' (m)
Wert	valeur, la
Wert auf etw. legen	tenir à qc.
Wert legen darauf, dass	tenir à ce que
wert sein	valoir
Wertbrief	lettre à valeur déclarée
wesentlich	essentiel, le
widerstandsfähig, robust	résistant, e
wie	comment (interrog.)
wie/da	comme
wieder in Schwung bringen	relancer
wieder vorkommen	reproduire, se repr.
wiederaufladbar	rechargeable
wiederholen	répéter
Wiederverkäufer	revendeur, le
wieviel	combien
Winter	hiver, l' (m)
wirksam	efficace
wissen	savoir
wo	où
Woche; pro Woche	semaine, la; par semaine
Wochenzeitung	hebdomadaire, l' (m)
Wohlgeruch	fragrance, la
wohlriechend	odorant, e
Wolle	laine, la
Wunder	miracle, le
wunderschön	superbe
wünschen	souhaiter
wünschen (etw zu tun)	désirer faire qc.
zählen zu	compter parmi
zählen, rechnen	compter
zahlreich	nombreux, nombreuse
Zahlung	paiement, le
Zahn-	dentaire
Zahnpasta	dentifrice, le
Zeichen	signe, le
Zeichen (unser)	N/Ref. (notre référence)
Zeichnung	dessin, le
Zeit; Teilzeit	temps, le; à temps partiel
Zeit, von Zeit zu Zeit	temps, le; de temps à autre
Zeitansage	horloge, l'(f) parlante
Zeitarbeit	travail d'intérim, le
zeitlich, zeitweise	temporaire
Zeitpunkt	terme, le
Zeitschrift	revue, la
Zeitung	journal, le/journaux, les
Zelt	tente, la
Zentralheizung	chauffage central, le
zerbrechen	briser
zerdrücken	écraser

zerkratzen	rayer
zerreißen	déchirer
Zettel	fiche, la
Ziel	but, le
Zinsen	intérêts, les (m, pl)
zögern (etw zu tun)	hésiter à faire qc.
zu Händen von	attention, à l'attention de
zu, zuviel	trop
Zuckerware	confiserie, la
zufrieden; zufrieden über etw sein	satisfait, e; être satisfait, e de
zufrieden, mehr als zufrieden	content, hypercontent, e
zufriedenstellen	satisfaire
zugehen, zugehen lassen	parvenir, faire parvenir
zurechtkommen	débrouiller, se débrouiller
zurückerstatten	rembourser
zurückhalten; Aufmerksamkeit auf sich ziehen	retenir; retenir l'attention
zurückrufen	rappeler
zurückschicken	renvoyer
zurücksetzen	repousser
zurückwerfen	rejeter
zurückzuführen auf, anrechenbar	imputable à
zusagen	convenir
zusammen	ensemble
Zusammenarbeit	collaboration, la
zusammengelegt	plié, e
zusammenkommen	réunir, se
Zusammensetzung	composition, la
zusammenstellen	marier qc. à qc.
zusätzlich	complémentaire, supplémentaire
Zuschneiden	découpe, la
zuschreiben	imputer à
Zustand; in der Lage sein, etw. zu tun	état, l' (m); être en état de faire qc
zuständig, kompetent	compétent, e
zustimmen	approuver
Zustimmung	approbation, l' (f)
Zuwahl	cooptation, la
zuzuschreiben	être dû à qc, être imputable à
Zweck, zu diesem Zweck	effet, l' (m); à cet effet
Zweibettzimmer	chambre à lits jumeaux, la
Zwiebel	oignon, l' (m)
Zwischensaison, außer S.	basse saison, la; hors saison
Zwischenzeit, in der	entre temps
zwölf, Duzend	douzaine, la

Allô affaires – Handelsfranzösisch © FELDHAUS VERLAG, Hamburg

Disque compact / CD

Inhaltsverzeichnis / Table des matières

Die Sprecher / Les speakers:

Françoise Délicourt
Jacky Nonnon
Ghislaine Reifner
Alain Schwer
Renate Wolf

Allô affaires – Handelsfranzösisch © FELDHAUS VERLAG, Hamburg